**Fernando Pessoa,
ou a Metafísica
das sensações**

Fernando Pessoa,
ou a Metafísica das sensações
JOSÉ GIL

Título original: *Fernando Pessoa,
ou la Métaphysique des sensations*

ISBN 978-65-86941-11-1
© Éditions de la Différence
© n-1 edições, 2018

*Embora adote a maioria dos usos editoriais do
âmbito brasileiro, a n-1 edições não segue necessariamente
as convenções das instituições normativas, pois considera
a edição um trabalho de criação que deve interagir
com a pluralidade de linguagens e a especificidade
de cada obra publicada.*

COORDENAÇÃO EDITORIAL Peter Pál Pelbart
    e Ricardo Muniz Fernandes
DIREÇÃO DE ARTE Ricardo Muniz Fernandes
ASSISTENTE EDITORIAL Inês Mendonça
TRADUÇÃO Miguel Serras Pereira e Ana Luisa Faria
PREPARAÇÃO Diogo Henriques
REVISÃO Flavio Taam
PROJETO GRÁFICO Érico Peretta

*A reprodução parcial deste livro sem fins lucrativos,
para uso privado ou coletivo, em qualquer meio impresso
ou eletrônico, está autorizada, desde que citada a fonte.
Se for necessária a reprodução na íntegra, solicita-se
entrar em contato com os editores.*

1ª edição | São Paulo | maio, 2020

n-1edicoes.org

Fernando Pessoa, ou a Metafísica das sensações

José Gil

TRADUÇÃO
Miguel Serras Pereira
e Ana Luisa Faria

n-1
edições

À memória de François Châtelet

Arre, acabemos com as distinções,
As sutilezas, o interstício, o entre,
A metafísica das sensações

ÁLVARO DE CAMPOS

11
Abreviaturas utilizadas das obras de Fernando Pessoa

12
PREFÁCIO

17
I **O LABORATÓRIO POÉTICO**

37
II **O ANALISADOR DE SENSAÇÕES**
1. As "sensações do abstrato"
2. O interior e o exterior: abrir e desfiar uma sensação
3. Transformação do espaço (e do tempo): o engendrar do infinito
4. Espaço abstrato e corpo sensível: as sensações e os órgãos
5. Ritmos e intensidade: a velocidade abstrata

95
III **A METAFÍSICA DAS SENSAÇÕES**
1. A "emoção metafísica"
2. A chave do mistério
3. Caeiro, o metafísico sem metafísica, e o seu discípulo Reis

131
IV **DEVIR-OUTRO E "DEVIR-SI PRÓPRIO"**
1. Nas origens da heteronímia: o trabalho do sonho
2. 1 = 2: o devir-"si próprio"
3. A expressão e os fluxos. singularidades e multiplicidades
4. No limiar da heteronímia: o devir-outro

183
V **POESIA E HETERONÍMIA**
1. A constelação heteronímica
2. O que é um heterônimo?
3. A arte da insinceridade
4. A vida

ABREVIATURAS UTILIZADAS DAS OBRAS DE FERNANDO PESSOA

OPP *Obra poética e em prosa* (introdução, organização e notas de António Quadros e Dalila Pereira da Costa), tomos I, II e III. Porto: Lello & Irmãos, 1986.
LD *Livro do desassossego* (organização de Jacinto do Prado Coelho), tomos I e II. Lisboa: Ática, 1982.
PI *Páginas íntimas e de autointerpretação* (textos estabelecidos por Georg Rudolf Lind e Jacinto do Prado Coelho). Lisboa: Ática, 1966.

PREFÁCIO

"A absurda excitabilidade de seu sistema, que o faz criar a partir de cada experiência e introjeta à força o elemento dramático nos mínimos acasos da vida, não permite que se possa de algum modo contar com ele; não é mais uma pessoa, no máximo um *rendez-vous* de pessoas, dentre as quais ora uma ora outra aparecem com segurança descarada. Justamente por isso é um grande comediante: todos os pobres seres sem vontade, que os médicos estudam de perto, surpreendem pelo virtuosismo de sua mímica, pela capacidade de transfigurar, de entrar praticamente em *qualquer caráter que desejem*."

Alguém poderia tomar as palavras acima como uma descrição particularmente aguda do poeta que inventou os heterônimos. No entanto, elas fazem parte de um fragmento póstumo de Nietzsche sobre o artista moderno, escrito à beira de sucumbir, em 1888 – ano que vem a ser, justamente, o do nascimento de Fernando Pessoa. Naquele transe crucial entre o comediante e o homem dionisíaco, Nietzsche encetaria, segundo Roberto Calasso, o "monólogo fatal" de uma metamorfose sem volta cuja borda é o abismo e o silêncio. A passagem insere-se numa caracterização polivalente da *décadence* como o "lugar arrebatador" em que se ocultam "os tesouros da modernidade" e a "embriaguez do niilismo", a ser vivida até a sua superação por exaustão. Entraria aí o dilema extremo do pensamento que mata o sujeito que o pensa, desvelando-o como simulação, se pretende o todo, ou mata a vida, por reduzi-la a representação, se renuncia ao todo.[1]

Não deixa de ser impressionante a afinidade entre o diagnóstico nietzscheano do artista moderno e a arquitetura da poesia, do pensamento e da personalidade em Pessoa. Não bastasse a cifra de seu próprio nome (persona, máscara e ninguém), Pessoa faz do próprio *rendez-vous de pessoas* (heterônimos que se alternam na "segurança descarada" com que comparecem, não obstante a incerteza intersticial em que se movem) o cerne do seu "drama em gente" e de sua constelação des/personalizante. Se a descrição nietzscheana caracterizaria o artista moderno como figura sintomática da decadência e do niilismo,

---

[1] Ver Roberto Calasso, "Monólogo fatal", em *Os 49 degraus,* São Paulo, Companhia das Letras, 1997, pp. 11-50. O citado texto de Nietzsche encontra-se na página 44.

nenhum artista moderno terá encarnado seus traços característicos de uma maneira tão cabal e, ao mesmo tempo, dado a eles o caráter de uma invenção e de uma *resposta à decadência e ao niilismo*, nascida do próprio decadentismo, como o fez Pessoa.[2] Nele, a histeria e a neurastenia, aventadas a certa altura como causas psiquiátricas da heteronímia ("a absurda excitabilidade de seu sistema" levando-o a "entrar praticamente em qualquer caráter que deseje", se usarmos ainda as palavras de Nietzsche), deixam de se apresentar como sintomas individuais para remeterem ao próprio sentido enigmático da cultura. Mais que isso, o sintoma é elevado à condição de uma fulgurante formulação poética e pensante que transforma o problema em solução artística originalíssima.

Em *Fernando Pessoa, ou a Metafísica das sensações,* José Gil vai ao núcleo dessa questão, examinando com fenomenal argúcia a prática da heteronímia como ficção instalada no cerne do sujeito poético. Para tanto, leva a sério, e às suas devidas consequências, a "doutrina das sensações" pessoana, o *sensacionismo*. Segundo essa teoria, nada é para nós – seja a realidade externa ou interna, percepções, sentimentos, pensamentos – senão sensações. A obra de Fernando Pessoa seria a extensão proliferante desse fundamento: o poeta se transformará ele próprio, e sua poesia, num laboratório de sensações, num campo de experiências em que se desdobrará em experimentador e experimentado, em um provocador observador de sensações que toma como programa de vida e obra o "sentir tudo de todas as maneiras".

As sensações, em seu primeiro jato, serão já objeto de uma consciência delas, e a consciência das sensações será objeto, por sua vez, de uma vertiginosa consciência da consciência. É nessa cadeia que se desenha o processo artístico e a projeção de seu "plano de consistência". Diz José Gil que "se o objetivo da poesia é suscitar, com palavras e ritmos, sensações que exprimem a vida bem melhor do que a vida exprime a si própria, o poeta tenderá a transformar-se em máquina de sentir literariamente", fazendo com que suas sensações, já analisadas e trabalhadas ao nascer, convertam-se num artifício ficcional que se torna conatural à sua maneira de sentir. Nas palavras de Pessoa, "qualquer sentimento natural, que eu tenho, desde logo, desde que nasce, se me transforma num sentimento da imaginação".

---

2 As vicissitudes desse gesto fundamental em Pessoa são acompanhadas por dentro no belo livro de Haquira Osakabe, *Fernando Pessoa – Resposta à decadência*, São Paulo, Iluminuras, 2013.

Se me transforma: a forma oblíqua, tão pessoana, indica que o próprio sentimento é vivido como o sentimento de um outro, e esse outro é um eu. "Ele (a singularidade Pessoa) foi levado a tomar como objeto esse sujeito que tomava como objeto as suas próprias sensações". Por isso mesmo, diz ele, "me converti na ficção de mim mesmo", alguém capaz, segundo José Gil, de transformar radicalmente a própria sensibilidade "de modo a poder sentir tudo artisticamente e de modo a que todo o sentir seja imediatamente artístico". O ser-estar, o pensar e o sentir, tornam-se o laboratório poético em que objeto e sujeito estão reciprocamente obliquados, e viver é estar obliquado no campo de uma espécie de *ficção do interlúdio* geradora de ficções.[3]

Assim, no *Livro do Desassossego*, do heterônimo Bernardo Soares, que José Gil toma como matricial de todo esse processo, um alguém atenta para as mínimas sensações intersticiais que lhe sobrevêm, sensações estas tomadas como ondas transportadoras de outras sensações que se lhes associam, sensações transformadas em arte, que são também sensações de um outro, múltiplo gerador de outros. "Escrever poemas", diz José Gil, "é escrever segundo a lógica da heteronímia, é iniciar um processo de devir-outro que deverá necessariamente levar à produção poética dos heterônimos". Sentir-se outro, ser outro desde o primeiro ato poético da sensação, implica fazer-se (poeticamente) outros. E só existirão os heterônimos, esses outros, porque cada um deles já é outro para si mesmo, e participando todos de um vertiginoso jogo caleidoscópico.

Assim, Alberto Caeiro, tomado como o mestre dos demais, "transforma-se em cada uma das partes desse conjunto sem totalidade que é a Natureza". Desprezando qualquer invocação metafísica do todo, e recusando-se a confundir as coisas, reconhecidas em sua simples presença, é como se dissesse: sou cada coisa a cada vez que a olho. Em outras palavras: *isto é isto* (embora a identidade de cada coisa só se segure no fato de ela não ser todas as outras). Ricardo Reis, assumido discípulo de Caeiro, mas incapaz de sustentar a mesma transparente (ou aparente) afirmatividade, "é um outro em cada presente que surge, para depois se desmoronar no fluxo do tempo". É como se dissesse: sou cada coisa a cada momento que vivo, mas tudo luta contra a morte e o tempo,

---

[3] A ideia de *obliquação* como constitutiva da ficção é desenvolvida por Alexandre Nodari em "A literatura como antropologia especulativa", Revista da ANPOLL, n. 38, pp. 75-85. Disponível em: https://revistadaanpoll.emnuvens.com.br/revista/article/viewFile/836/791. Acesso em 07/10/2018.

"desdobrando e fixando cada um dos múltiplos instantes presentes". Não é, no entanto, a multiplicidade dos instantes que nele prevalece, mas a "unidade da singularidade", isto é, a possibilidade de cada instante reverberar tudo. Em outras palavras: *tudo, nisto* (neste agora). Bernardo Soares experimenta as menores sensações de um cotidiano sem relevo, e as eleva, de camada em camada reverberantes, a instantâneos vislumbres de algo que se poderia dizer: *nisto* (neste quase nada), *tudo*. E Álvaro de Campos, que assoma como campeão das multiplicidades, contém em si, "prontos a desencadearem-se, os ritmos e os estilos de Reis, de Pessoa 'ele mesmo', de Caeiro e até de Bernardo Soares". Nele, sob todos os aspectos, do detalhe formal à convulsão existencial, trata-se de uma espécie de *tudo vezes tudo*.

Um gesto afirmativo final coroa a cerrada análise interpretativa que José Gil sustenta durante todo o livro, ao rechaçar aquelas exegeses que, incapazes de "aceitar que a lógica das multiplicidades seja uma lógica do pleno (porque sempre pressupunham um eu por trás dela)", fizeram de Pessoa "o poeta do não ser, do nada, do 'não amor', da ausência", um "fantasma" "habitado por um vazio central 'ontológico'". Evoca, em vez disso, a evidência do extraordinário *"poder de vida"* que emana dessa obra, das "experiências extraordinárias" que a habitam, das inumeráveis existências que nela se concentram, das "regiões incríveis da alma" em que ela mergulha, da festa da inteligência com que ela cria dispositivos "de plenitude e de vazio", "de amor e de desertificação", de ternura e de crueza, da atividade sem trégua e do trabalho incessante que atestam a sua "capacidade de sentir, de pensar, de assimilar a vida para a preservar, aumentar e a recriar".

É a afirmação contida nesse gesto final que preside a longa, minuciosa e fascinante aventura percorrida pelo livro que ora se inicia.

JOSÉ MIGUEL WISNIK

I

O laboratório poético

ELE TINHA O SEU LABORATÓRIO DE LINGUAGEM. Estava consciente disso, e espantava-se e maravilhava-se como se tudo se passasse fora dele. "No lado de fora de dentro", como ele próprio diria. Porque era realmente dentro dele que se produzia a obra, que se aceleravam os mecanismos que acompanham a produção de palavras, de metáforas, de versos, de poemas, de odes inteiras. Observava-se, examinava atentamente o trabalho rigoroso do poeta, as transformações sofridas por essa matéria-prima (as sensações) de que emergia a linguagem. Matéria-prima ou transformada, porque se tratava também dos efeitos das palavras sobre a receptividade dos sentidos; não importa: por uma dessas reviravoltas em cascata em que ele era mestre, e graças às quais o segundo se torna primeiro, o direito, avesso, ou o dentro, fora, o seu próprio laboratório poético transformou-se em matéria de linguagem; produtor de sensações aptas a converter-se em poema.

Talvez nunca a reflexão sobre o processo criador se tenha tanto e tão maciçamente integrado na obra de um autor. Diz-se muitas vezes, de modo banal: porque escrever se tornara para ele mais do que uma segunda vida. (É verdadeiro e falso, e os dois num sentido diferente daquele que, demasiado simples, se atribui à dicotomia, de origem romântica, literatura/vida.) Numa quantidade enorme de poemas, o questionamento acerca do sentir, acerca do movimento de construção da linguagem poética, acerca do ato de escrever no momento em que este se desencadeia, acerca do pensamento e da experiência, e da experiência do pensamento, acerca da realidade "esculpida" e criada pela palavra poética e acerca da realidade dita por certa sensação, não traça apenas os contornos dos "temas", mas oferece-se também como matéria sensível da língua trabalhada.

Não que ele escreva sobre a impossibilidade de escrever ou que se interrogue sobre o não sentido da escrita (a literatura era a única "verdade" de que nunca duvidou...); pelo contrário, escreve sobre a possibilidade infinita de escrever, sobre a incessante proliferação das palavras e das sensações: assiste à formação do poema perscrutando as próprias sensações, espreitando o seu jorrar, apanhando-as à passagem, vendo-as engastarem-se em palavras, enquanto estas suscitam novas sensações de uma outra realidade... Por vezes, com algum recuo, contempla o processo na globalidade; depois, bruscamente, em dois ou três versos, descreve-o, reproduzindo-o no próprio movimento da escrita. Que estou eu a sentir? De onde vem esta náusea que experimento agora? – pergunta ele no início da "Ode marítima"; e que me quer dizer esta náusea, qual é o seu sentido? E por que estas perguntas tornam mais dolorosa a minha angústia? E com que palavras irei dizê-la? E por que me faz pensar em partida? Numa partida ou em todas as partidas de todos os cais – ou será a partida de um Cais único, de um único Grande Cais, absoluto?... E o poema arranca no desdobramento gradual de emoções, que se desenvolverão cada vez mais depressa.

Mas Fernando Pessoa não se limitou a "assistir", como ele próprio diz, ao desenrolar dos mecanismos que presidiam ao nascimento da linguagem poética; ele os provocou, criou as condições experimentais, laboratoriais, que os tornaram possíveis: experimentou, com o maior rigor, a sua estética.

Num texto de 1919, em que estabelece a lista das obras de Bernardo Soares, esse "semi-heterônimo" autor do *Livro do desassossego*, ele classifica vários poemas sob a rubrica "Experiências de ultrassensação".[1] Numerosos fragmentos desse mesmo livro descrevem minuciosamente estas experiências de um ponto de vista ora psicológico, ora fenomenológico, ora literário, mas, quase sempre, com uma preocupação maior: captar a lógica da construção poética. E, sendo esta apreensão um elemento da construção, a definição da estética de Pessoa, a sua elaboração concreta, tornavam-se assim *a obra fazendo-se*: é por isso que o *Livro do desassossego*, com a sua escrita altamente trabalhada, apresenta, como tem sido frequentemente observado, esboços dos outros heterônimos e até falsos "sujeitos" que não atingem o estádio heteronímico e aparecem, aqui e ali, em estado embrionário.

Estas experiências têm por objetivo estudar as condições de possibilidade da produção poética: esclarecem os fundamentos da estética pessoana, não se referindo apenas a um aspecto particular da obra poética. Na realidade, é a obra na sua globalidade que se encontra em causa: se Pessoa liga diretamente as "ultrassensações" a certos poemas, é porque eles descrevem (como "A múmia") o estado experimental em que o poeta voluntariamente se colocou; mas toda a obra nasce igualmente destas experiências.

Em um nível mais elevado, a estética de Pessoa comporta uma arte poética[2] que considera as sensações como unidades primeiras, a partir das quais o artista constrói a sua linguagem expressiva. É surpreendente

---

1 *Livro do desassossego*, I. Lisboa: Ática, 1982, p. xxxix.
2 E uma teoria da literatura e dos gêneros literários, e uma classificação das artes, e uma teoria da linguagem etc. Atemo-nos aqui ao estudo da sua estética das sensações.

que esta teoria não tenha merecido maior atenção – tanto mais que, do começo ao fim da sua obra, Fernando Pessoa não para de falar, de pensar, de tomar como tema as sensações, a ponto de fundar um movimento literário, o "sensacionismo"; é que todas as questões clássicas da exegese da sua poesia (a heteronímia, a realidade, o sonho, a consciência, a vida etc.) giram à volta da sua doutrina das sensações. É, de resto, esta a ideia subjacente às páginas que se seguem.

Pessoa concebia a doutrina das sensações como uma ciência – e a atividade de analista, como aquilo que dava sentido à vida obscura de Bernardo Soares: "Reduzir a sensação a uma ciência, fazer da análise psicológica um método preciso como um instrumento de microscopio [sic] – pretensão que ocupa, sede calma, o nexo de vontade da minha vida...".[3] Em vários textos teóricos, em simples notas sem continuidade, Pessoa volta incessantemente ao mesmo tema: é preciso criar a ciência futura das sensações, fundar a sua objetividade investigando os princípios de método mais adequados.[4] Esta ciência é a ciência do sonho, quer dizer a arte: a arte, mais do que a ciência ou a filosofia, exprime a essência do real. É preciso visar a objetividade artística – noção formada por analogia, mas que extrai toda a sua força do paradoxo que contém: "O homem de ciência reconhece que a única realidade para si é ele próprio, e o único mundo real o mundo como a sua sensação lho dá. Por isso, em lugar de seguir o falso caminho de procurar ajustar as suas sensações às dos outros fazendo ciência objetiva, procura, antes, conhecer perfeitamente o seu mundo e a sua personalidade. Nada mais objetivo do que os seus sonhos. Nada mais seu do que a sua consciência de si. Sobre essas duas realidades requinta ele a sua ciência."[5]

A afirmação – que vale como um princípio constante da estética de Pessoa, repetido à saciedade em toda espécie de escritos – de que a única realidade é a que nos fornecem as nossas sensações não fundamenta nem um sensualismo nem um empirismo filosóficos. Pessoa interessa-se bem mais pelas consequências desse princípio para a sua concepção da literatura do que pelas suas implicações metafísicas. As sensações fornecem, aliás, apenas a matéria da arte (matéria, é certo que já elaborada) – é necessária toda uma construção teórica, implicando a consciência e o seu poder de abstração, para explicar a expressividade da linguagem

---

[3] LD, II, 301, p. 32.
[4] Ver, por exemplo, LD, II, 308 ("Educação sentimental"), p. 39.
[5] LD, II, p. 33.

poética. Não devemos, no entanto, crer que a "ciência" (ou a arte) das sensações tenha atingido o seu estádio último; pelo contrário, estamos apenas no início: "A meu ver, o historiador futuro das nossas próprias sensações poderá talvez reduzir a uma ciência precisa a sua atitude para com a sua consciência da sua própria alma. Por enquanto vamos em principio nesta arte difícil – arte ainda; química de sensações no seu estado alquímico por ora."[6] E, no entanto, é possível desde já alimentar as mais altas esperanças: "Talvez se descubra que aquilo a que chamamos Deus, e que tão patentemente está em outro plano que não a lógica e a realidade espacial e temporal, é um nosso modo de existência, uma sensação de nós em outra dimensão de ser [...]. Os sonhadores atuais são talvez os grandes precursores da ciência final do futuro. Não creio é certo, numa ciência final do futuro. Mas isso nada tem para o caso."[7]

Não é fortuitamente que Bernardo Soares encara a possibilidade futura de conhecer Deus enquanto um dos nossos modos de existência: as experiências a que ele se submete provocam a desestruturação da "realidade espacial e temporal" comum, criando uma "lógica outra", um outro real. Neste sentido, o *Livro do desassossego* é o melhor diário-testemunho que o experimentador Pessoa nos deixou. E não é, sem dúvida, por acaso que é Bernardo Soares que o escreve: este heterônimo tem por característica essencial o fato de não viver nem escrever senão em situação experimental.

O laboratório poético de Pessoa está em plena atividade no *Livro do desassossego*. A teorização faz-se de preferência noutros lugares: em artigos de revista, em projetos de prefácios, em cartas. Bernardo Soares preocupa-se pouco com teoria, prefere analisar e descrever. Mas por que Soares? Por que será necessário que um heterônimo relate as experiências preparadas no laboratório poético? Poderíamos pensar que a resposta é simples: se o sujeito heterônimo resulta de um processo de metamorfose, decerto o gênero de operações que nele se praticam implica esse devir-outro. No devir-outro da heteronímia, não há nunca um sujeito e um objeto em relação estática, mas o sujeito duplica-se de novo e sempre sobre a sua sensação, tomando-a como objeto, antes de a (e de se) transformar: tendo decidido analisar as operações necessárias à transmutação das sensações em palavras poéticas, tomá-las por objeto, e querendo descrevê-las literalmente, ele (a singularidade Pessoa) foi

---

6 LD, II, 302, p. 33.
7 LD, II, 301, pp. 34-5.

levado a tomar como objeto esse sujeito que tomava como objeto as suas próprias sensações, transformando a sua atividade de experimentador e analista em matéria sensível a tratar artisticamente (porque, diz ele, tudo é acompanhado por sensações, até as ideias abstratas) – assim nasce Bernardo Soares, muito naturalmente, da lógica particular da produção poética pessoana.

As coisas complicam-se, porém, se observarmos que o *Livro do desassossego* não inclui apenas descrições de estados experimentais, visando diretamente à produção literária, mas inúmeros fragmentos acerca de múltiplos temas e, em particular, sobre a vida anódina e insignificante ("inexistente", escreve ele) do ajudante de guarda-livros, no seu escritório da Baixa de Lisboa, dirigido por uma personagem quase fantástica de tão real, "o patrão Vasques".

Notemos ainda duas características mais de Soares: sendo o único heterônimo que tomou como tema a sua vida de todos os dias, é também o único a quem Pessoa deu uma forma carnal *literária*, mesmo que (ou precisamente por isso) esta não tenha mais consistência do que "a sombra deixada por um corpo": enquanto os retratos psicológicos e físicos, muito breves, de Caeiro, Campos, Reis nem sempre têm relação evidente com a sua obra, a "Apresentação" de Bernardo Soares escrita por Fernando Pessoa[8] assemelha-se estranhamente a um texto do *Livro do desassossego*. Poderia fazer parte dele, se a prosa não fosse menos trabalhada, o tom desperto, a preocupação mais realista. Fernando Pessoa, ao escrever sobre Bernardo Soares, é um pouco Bernardo Soares a escrever sobre si próprio – e, assim, enquanto Pessoa escreve suscitando os estados experimentais geradores de sensações e de escrita, o Bernardo Soares que nos dá parece saído por inteiro da atmosfera do *Livro do desassossego*, encarnando perfeitamente a imagem do seu autor: como se desse à luz a si próprio, ele, Bernardo Soares, o parteiro de todos os heterônimos, ele, tão amorfo e tão plástico, tão intersticial, tão pronto a tornar-se outro, que o seu nome às vezes se esfumava para dar lugar a um nome diferente.[9]

Por outro lado, Soares, ao contrário dos outros heterônimos, não tem biografia: nem data de nascimento (ou de morte, como Caeiro), nem

---

8 OPP, II, p. 545, notas 1 e 2.

9 Enquanto Vicente Guedes, um outro heterônimo. Fernando Pessoa "atribuiu o *Livro do desassossego* umas vezes ao autor B. Soares, outras ao autor V. Guedes" (Maria Teresa Rita Lopes, *Fernando Pessoa et le drame symboliste: héritage et création*. Paris: Fundação Calouste Gulbenkian, 1985, p. 277).

lugar de nascimento, apenas algumas influências literárias, apontamentos sobre a sua geração, um pensamento acerca da morte da mãe quando tinha um ano e sobre o suicídio do pai quando tinha três – tudo isto em fragmentos esparsos, de passagem, como que para dizer que não há nada a dizer; ou que é indiferente dizê-lo ou não, uma vez que, seja como for, é noutro lugar que os acontecimentos se desenrolam. Nenhuma biografia objetiva. Não precisa dela, sendo já o *Livro do desassossego*, como ele próprio escreve, "a minha autobiografia sem fatos, a minha história sem vida". Uma autobiografia, o *Livro*? É verdade que não imaginamos Soares com uma data e um local de nascimento, uma família; e ainda que o imaginássemos isso não teria a menor importância: ele é apenas isto, este livro, estes fragmentos e sempre fragmentos,[10] sem começo nem fim, este cortejo interminável e descosido de análises sonolentas. Não há nada para lá ou para cá dos fragmentos, do que estes narram: estados larvares da consciência, e uma consciência dessa consciência vazada nos moldes de uma prosa extremamente nítida, impressionante de penetração e rigor. Na sua clareza, diz a indefinição dos contornos dos estados de consciência de Bernardo Soares, cria o fragmento como gênero apropriado à expressão de tais estados, tão fragmentários e tão completos em si próprios quanto a sua expressão literária o requer, quanto o haviam exigido as experiências sobre as sensações: experiências isoladas e, portanto, textos isolados, sem relações visíveis entre si; por vezes, repetem-se como se fosse preciso regressar à mesma experimentação (sobre o tédio, por exemplo) para extrair desta o que ela ainda não revelara.

Entre a vida e a obra de Bernardo Soares – como entre esta última e as dos heterônimos – tece-se uma relação íntima, tão secreta e imperceptível como a existência do ajudante de guarda-livros. O seu aspecto exterior e as parcas indicações de que dispomos sobre os seus hábitos mal nos ajudam a levantar o véu. Ou, então, talvez tudo esteja justamente aí, nessa imperceptibilidade. Quem é Soares? Qual o seu rosto?

Ele não tem rosto. Melhor: já não tem rosto humano; porque rosto tem-no, perfeitamente banal, e, todavia, parece tê-lo abandonado. Um rosto sofredor: mas ao contrário dos místicos, cujo sofrimento irradia, porque se desligaram dele, Soares guardou a máscara do sofrimento

---

10 A Cortes-Rodrigues, Fernando Pessoa escreve, em 19/11/1914: "O meu estado de espírito obriga-me agora a trabalhar bastante, sem querer, no *Livro do desassossego*. Mas tudo fragmentos, fragmentos, fragmentos" (OPP, II, p. 162).

– tornando-se, "por ter sofrido muito", abstrato e anônimo. Já não se trata do rosto de alguém, mas simplesmente de um rosto, de um sofrimento impessoal, sofrimento de indiferença ao sofrimento, incapaz de se inscrever nos traços de uma fisionomia: "Era um homem que aparentava trinta anos, mais alto que baixo, curvado exageradamente quando sentado, mas menos quando de pé, vestido com um certo desleixo não inteiramente desleixado. Na face pálida e sem interesse de feições um ar de sofrimento não acrescentava interesse, e era difícil definir que espécie de sofrimento esse ar indicava – parecia indicar vários, privações, angústias, e aquele sofrimento que nasce da indiferença que provém de ter sofrido muito." Ele se separou do seu rosto que permaneceu ali, um pouco inerte na sua falta de interioridade. Flutua entre esse aspecto que lhe é exterior e um interior que o abandonou também; porque as emoções são aqui como que apagadas por uma angústia sem emoção: "Mas o abatimento, a estagnação da angústia fria, cobria tão regularmente o seu aspecto que era difícil descortinar outro traço além desse. [...] A sua voz era baça e trêmula, como a das criaturas que não esperam nada, porque é perfeitamente inútil esperar. Mas era porventura absurdo dar esse relevo ao meu colega vespertino de restaurante."

Parecia insignificante e não despertava o interesse; todavia, Fernando Pessoa reparou nele, por causa de "um traço curioso": olhava as pessoas de uma maneira estranha. "Reparava extraordinariamente para as pessoas que estavam, não suspeitosamente, mas com um interesse especial; mas não as observava como que perscrutando-as, mas como que interessando-se por elas sem querer fixar-lhes as feições ou detalhar-lhes as manifestações de feitio."[11] Que via ele, que procurava ele então, no rosto das pessoas? Apenas motivos para alguma experiência de *sonho* (porque sonhar implica uma técnica precisa que é necessário aprender). Não há dúvidas quanto a isto; o *Livro do desassossego* descreve várias situações deste tipo, nas quais Soares, num café ou noutro lugar, se entrega a verdadeiros exercícios mentais, sonhando a partir de um pormenor ínfimo surpreendido em alguém, fazendo proliferar imagens e sensações, criando fluxos emocionais de intensidade variável, levando a experimentação até ao esgotamento.[12]

---

11 OPP, II, p. 546.

12 Analisarei no capítulo IV algumas dessas experiências e descreverei a técnica do sonho. Veja-se, por exemplo, o excerto de um texto que é quase uma réplica daquele que acabo de citar (LD, I, 306, pp. 28-9).

Ele pratica a "autoanálise" (expressão que, por vezes, emprega), que não é nem a introspecção psicológica nem, bem entendido (uma vez que Pessoa não apreciava o método freudiano), uma técnica derivada da psicanálise. Sonha e analisa as suas sensações, como se estas fossem unidades estéticas objetivas. Longe de assistir passivamente ao desenrolar do processo, provoca-o de acordo com certas técnicas que aprendeu a aplicar: multiplica as sensações, divide-as, desdobra-as, isola-as. Faz surgir assim as sensações mais agudas, mais intensas. Como é que esse homem apagado, que nem sequer lê livros,[13] pôde adquirir e praticar a mais refinada arte das sensações no meio de uma vida exterior extremamente banal e medíocre? Não é o próprio ajudante de guarda-livros obscuro, escrevinhador anônimo de cartas comerciais, que fala da "acuidade dolorosa das [suas] sensações, ainda das que sejam de alegria, [da] alegria da acuidade das [suas] sensações, ainda que sejam de tristeza"?[14]

O seu cotidiano desenrola-se no "pardo". Pardo dos escritórios, das relações entre as pessoas, do tempo de chuva; pardo das horas de tédio, de cansaço, de monotonia, de insônia que Soares passa no seu quarto alugado. E o *Livro do desassossego* não seria mais do que esse mesmo pardo: "Releio, em uma destas sonolências sem sono, em que nos entretemos inteligentemente sem inteligência, algumas das páginas que formarão, todas juntas, o meu livro de impressões sem nexo. E delas me sobe, como um cheiro de coisa conhecida, uma impressão deserta de monotonia. [...] Tudo quanto escrevia era pardo. Dir-se-ia que a minha vida, ainda a mental, era um dia de chuva lenta, em que tudo é desacontecimento e penumbra, privilégio vazio e razão esquecida."[15]

Houve já quem dissesse que o pardo está em relação direta com a categoria do "neutro" que engendra o "espaço literário".[16] Convirá, no entanto, precisar melhor esta noção de neutro, quando a encaramos na perspectiva da experimentação poética.

---

13 "[...] e timidamente observou que, não tendo para onde ir nem que fazer, nem amigos que visitasse, nem interesse em ler livros, soía gastar as suas noites, no seu quarto alugado, escrevendo também" (OPP, II, p. 547).

14 LD, II, 306, p. 38.

15 LD, II, 294, p. 21.

16 Num belo artigo, Eduardo Prado Coelho, retomando as análises de Blanchot, sustenta que o *Livro do desassossego* mostra a gênese do espaço literário. Uma vez que tudo o que é dito nesse artigo é, a vários títulos, penetrante, torna-se surpreendente que a sua tese central (que se aproxima do "devir-inumano" de Deleuze) não se articule claramente com a questão da heteronímia. Ver Eduardo Prado Coelho, *Mecânica dos fluidos* (Lisboa: Imprensa Nacional, 1984, p. 21).

Por que experimentar? Para chegar a produzir o máximo de sensações diversas e, a partir daí, a maior variedade de sonhos; para, enfim, depois de ter dominado a técnica do sonho (e outras, como a da metamorfose), adquirir a mestria da arte poética.

Se é necessário criar as melhores condições para a experimentação, a primeira destas é a separação relativamente à realidade, e o isolamento. Porque, para "cultivar em estufa" as próprias sensações, devemos abolir todo o contato perturbador, mantermo-nos afastados das pessoas, aumentar a impressão de estranheza do mundo.[17] Se queremos favorecer o sonho, é sobretudo necessário não agirmos. Assim se forma o neutro, ou o pardo: mantendo à distância os estados de consciência claros e distintos, "macroscópicos", abrimos e alargamos um espaço intersticial, entre a vigília e o sono, entre a atividade da vida e a inércia total do corpo e do espírito. Estados experimentais de semissono, de tédio, de fadiga, de insônia. Estados propícios ao sonho, porque desrealizam o percepcionado.

O pardo e o neutro não são, assim, categorias objetivas:[18] estamos longe do naturalismo, não há "descrição de costumes" nem personagens evoluindo num "meio". Se existe um meio, encontra-se longe do social e da ação (a que Bernardo Soares tem horror: "[...] sair do duvidoso e do obscuro, são coisas [que] se me figuram castástrofes, cataclismos universais. Sinto a vida em apocalipse e cataclismo. Dia a dia em mim aumenta a incompetência para sequer esboçar gestos para me conceber sequer em situações claras de realidade."[19] O pardo vem da monotonia, do apagamento das cores vivas da vida exterior.

Ao rejeitar o macroscópico, ao instalar-se no intersticial, Soares provoca o nascimento do microscópico: "Para quem faz do sonho a vida, e da cultura em estufa das suas sensações uma religião e uma política, para esse o primeiro passo, o que acusa na alma que ele deu o primeiro passo, é o sentir as coisas mínimas extraordinária – e desmedidamente."[20] Ao abrigo das perturbações do exterior, cresce uma outra vida, puramente sensível, puramente subjetiva, atravessada por acontecimentos extraordinários: acontecimentos de sensações. Aí, no intervalo dos interstícios, surgem as sensações finas, os "milímetros" ou "sensações de

---

17 Ver, por exemplo, LD, II, 308 ("Educação sentimental").

18 Seria errado, como mostrou Eduardo Prado Coelho (artigo citado), ver aqui uma crítica da vida estreita e mesquinha do empregado de escritório que era Fernando Pessoa.

19 OPP, II, p. 987 ("Sentimento apocalíptico").

20 LD, II, 308, p. 39 ("Educação sentimental").

coisas mínimas": "Mas só as sensações mínimas, e de coisas pequeníssimas, é que eu vivo intensamente. [...] Mas creio mais [...] que é porque o mínimo, por não ter absolutamente importância nenhuma social ou prática, tem, pela mera ausência disso, uma independência absoluta de associações sujas com a realidade."[21] Quanto menor, mais intenso – o minúsculo[22] deve ser produzido.

É-o desde o início, graças à natureza do meio criado pelos estados experimentais. O cansaço, o tédio, a indiferença favorecem o apodrecimento das sensações macroscópicas, a sua decomposição "alquímica";[23] produzem como que uma análise espontânea das sensações.[24]

Mas por que analisar as sensações? Toda a arte poética de Pessoa gira em torno dessa operação. É preciso analisar as sensações, porque desse modo é possível revelar as mais escondidas, as mais microscópicas e, portanto, as mais exacerbadas; porque é a melhor forma de as multiplicar, uma vez que cada uma delas contém uma infinidade que é preciso trazer à luz, "exteriorizar"; porque, ao serem analisadas nesse meio de semiconsciência, segregado pelo estado experimental, as sensações originárias de sentidos diferentes entrecruzam-se naturalmente,[25] o vermelho torna-se agudo, o olfato dota-se de visão[26] – assim se suscitam como que metáforas naturais; porque as sensações desdobram um espaço próprio que só pode ser apreendido se o espaço e o tempo normais, macroscópicos, tiverem já deixado de impor a sua dominação – ora, a análise, ao decompor os blocos de sensações, desestrutura o espaço eucalidiano, fazendo nascer outros espaços, que acompanham as sensações minúsculas; trata-se por fim de testar os processos de abstração das emoções, procurando criar sensações já analisadas.

Tudo isto forma, na realidade, o programa experimental de Pessoa. Podemos resumi-lo num só enunciado: "sentir tudo de todas as maneiras".

---

21 OPP, II, p. 926 ("Milímetros [sensações de coisas mínimas]").

22 Equivalente ao "molecular" por oposição ao "molar" de Deleuze e Guattari.

23 Num texto de 1932 sobre Goethe, Fernando Pessoa escreve: "O gênio é uma alquimia. O processo alquímico é quádruplo: 1) putrefação; 2) albação; 3) rubificação; 4) sublimação. Deixam-se, primeiro, apodrecer as sensações; depois de mortas embranquecem-se com a memória; em seguida rubificam-se com a imaginação; finalmente se sublimam pela expressão" (OPP, III, p. 34).

24 "... sono é a análise lenta das sensações, seja ela usada como uma ciência atômica da alma, seja ela dormida como uma música da vontade, anagrama lento da monotonia" (LD, II, 293, p. 19).

25 Fenômeno que estaria na base do "interseccionismo".

26 Cf. LD, I, 149, pp. 165-6.

Ora, acontece que a literatura e, em particular, a poesia permitem fazer sentir *melhor* o que se sente fora delas (nas situações naturais da vida) de modo grosseiro, ou confuso, ou misto, ou enfraquecido. Sentir tudo de todas as maneiras institui-se assim como princípio poético, o princípio primeiro da arte poética pessoana. Encontram-se-lhe imediatamente subordinadas duas exigências: tornar literários os órgãos dos sentidos; e ser-se capaz de múltiplos devires-outros.

Com efeito: se a arte exprime de modo mais essencial aquilo que naturalmente sentimos, sem artifício; se o objetivo da poesia é suscitar, com palavras e ritmos, sensações que exprimem a vida bem melhor do que a vida se exprime a si própria, o poeta tenderá a transformar-se em máquina de sentir literariamente, captando na origem sensações já analisadas,[27] já trabalhadas pela linguagem. Fernando Pessoa (como atestam páginas e páginas de Bernardo Soares) esforçar-se-á por adquirir essa arte suprema do artifício, que poderá tornar *naturalmente artificial* a maneira de sentir. Conseguirá assim dispensar o trabalho poético, integrando-o, como se já tivesse sido realizado, na atividade dos sentidos. Transformar radicalmente a sua sensibilidade de modo a poder sentir tudo artisticamente e de modo a que todo o sentir seja imediatamente artistico, eis o objetivo: "Tornar puramente literária a receptividade dos sentidos, e as emoções, quando acaso inferiorizem aparecer, convertê-las em matéria aparecida para com ela estátuas se esculpirem de palavras fluidas..."[28] Sentir um pôr do sol como "um fenômeno intelectual", que provoca automaticamente uma emoção poética; sonhar a partir da cor de um vestido, desencadeando sensações com palavras e frases – eis o objetivo: no limite, sentir como se escreve um poema, viver como se compõe uma obra de arte: "Quero ser uma obra de arte", exclama Bernardo Soares.

Mas a arte implica também um devir-outro.

Só se refinam as maneiras de sentir, só se sente por meio de um artifício, quando se deixou de ser um "eu" de contornos precisos: "Eu próprio não sei se este eu, que vos exponho, por estas coleantes páginas fora, realmente existe ou é apenas um conceito estético e falso que fiz de mim-próprio. Sim, é assim. Vivo-me esteticamente em outro. Esculpi a minha vida como a uma estátua de matéria alheia a meu ser. Às vezes

---

[27] "Sens(ações) nascem analisadas" (LD, II, 297, p. 27). "De tal modo me converti na ficção de mim mesmo que qualquer sentimento natural, que eu tenho, desde logo, desde que nasce, se me transforma num sentimento da imaginação" (LD, I, 84, p. 89).

[28] LD, II, 305, p. 38.

não me reconheço, tão exterior me pus a mim, e tão de modo puramente artístico empreguei a minha consciência de mim próprio. Quem sou por detrás desta irrealidade? Não sei. Devo ser alguém."[29]

Se o eu real já não tem consciência, deveremos então pensar que "o outro" é sujeito único da arte? Decerto que não: se a criação artística traz necessariamente consigo a desestruturação do eu, conduz também logicamente à construção de outros "sujeitos", que representam outros tantos modos de sentir. Pois cada modo de sentir, ou até cada sensação, deve "encarnar-se" (termo utilizado por Bernardo Soares) numa "alma". Não há um sujeito artístico, mas uma multiplicidade; não há apenas um devir-outro, mas uma pluralidade indefinida. Obtém-se então o mais amplo leque dos modos de sentir: assim se cumpre o programa que prescreve que tudo seja sentido de todas as maneiras.

Não é de amirar que Bernardo Soares seja o heterônimo experimentador dos devires-outros. Vivendo continuamente em situação desestruturada, flutuando sempre entre dois mundos, não sendo nem isto nem aquilo, ele não tem eu: mais do que qualquer outro heterônimo (mais até do que Álvaro de Campos), não para de perguntar a si próprio: quem sou eu? – e de afirmar: sou uma multidão, sou múltiplo... Tão depressa diz não ser ninguém (não ter eu) como se sente a transformar-se numa infinidade de seres e de coisas. Nunca, nunca sossega.

O *Livro do desassossego* estremece de um extremo a outro com este movimento perpétuo, como se o seu autor não procurasse fixar em parte alguma o seu lugar próprio (do qual nunca sente a falta: trate-se de um lugar real ou de um lugar mítico, pátria geográfica ou infância); mas quisesse ser de todos os lugares, de todas as paisagens de sensações, de todas as viagens de sonho: "É esta a minha moral, ou a minha metafísica, ou eu: Transeunte de tudo – até de minha própria alma –, não pertenço a nada, não desejo nada, não sou nada – centro abstrato de sensações impessoais, espelho cabido senciente, virado para a variedade do mundo. Com isto, não sei se sou feliz ou infeliz; nem me importa."[30]

Dedicando-se a explorar os espaços intersticiais (que se definem pela disjunção: nem vigília nem sono, nem isto nem aquilo),[31] não *se instala*

---

[29] LD, I, 204 ("Estética do artifício"), p. 232.

[30] LD, I, p. 267.

[31] Maria da Glória Padrão analisou bem este aspecto da disjunção em Pessoa (*Atas do 1º Congresso Internacional de Estudos Pessoanos*. Porto: Brasília, 1979); Eduardo Prado Coelho (op. cit.) discute a tese de Glória Padrão, a de um outro comentador (José Augusto Seabra), e propõe uma

num estado neutro imóvel, pois os estados experimentais de *desassossego* caracterizam-se em parte pela sua instabilidade interna: o *desassossego* é esse movimento de uma singularidade que, não estando ligada a nada, está a entrar em devir.[32] O neutro, o pardo, fazem parte ainda do macroscópico, resultando de negações disjuntivas dos estados claros, de fronteiras bem determinadas; neutralizando o molar, estabilizando e fixando até à rigidez o pardo, essas negações, por outro lado, introduzem uma dinâmica no microscópico (ou molecular): basta penetrar mais profundamente nas sensações dos interstícios para se apreender a incessante agitação aleatória, browniana, dos átomos (sensações) da alma. O neutro recobre e dissimula a infinita variedade, a profusão, a intensidade da vida sensível sempre atravessada de desassossego. Se Bernardo Soares escolhe o pardo, é para melhor se instalar na instabilidade: haverá melhor estado para experiências de metamorfose, de dissolução do eu e de devir-outro?

Mas, se não devemos confundir o neutro macroscópico com a prolixidade da vida que ele esconde, não devemos também separá-los. Um é o meio onde a outra tem origem: para que assim possa ser, devem existir entre ambos grandes afinidades.

Por que é que as sensações mais vivas nascem de preferência numa atmosfera em putrefação e deletéria? São "sensações analisadas", sensações que, embora jorrem espontaneamente, se dão como se tivessem sido previamente isoladas (separadas dos blocos afetivos primitivos) e adquirido uma forma estética. Veremos mais adiante que tal forma implica toda uma teoria da "forma emocional" das sensações, e da sua expressividade. Limitemo-nos a ter presente, de momento, que as situações experimentais são favoráveis ao nascimento de sensações estéticas ou *expressivas*: posso percepcionar os telhados de Lisboa à noite e não ver neles mais do que telhados, telhas, coisas cujo sentido não ultrapassa o estritamente percebido – essas coisas apresentam-se-me sem consistência, "ocas", "inexpressivas"; mas posso também olhar, durante uma noite de insônia, esses mesmos telhados e ver neles toda uma série de outras coisas, de outros sentidos que me fazem sonhar: os telhados dizem mais do que a sua pura forma perceptiva, são expressivos.

---

concepção da "lógica do desassossego". Mais adiante, proporemos ainda uma solução diferente.

32 "Tudo em mim é a tendência para ser a seguir outra coisa; uma impaciência da alma consigo mesma, como com uma criança inoportuna; um desassossego sempre crescente e sempre igual. Tudo me interessa e nada me prende" (LD, II, 310, p. 44).

Para que se tornem expressivos, adquirindo um "halo" (ou "além", termos empregados por Fernando Pessoa), é preciso que nasçam de nada, que as sensações surjam, como pela primeira vez;[33] para que haja criação poética, é preciso que se faça o vácuo, que se obtenha a virgindade, o vazio absoluto, total, de tudo – do sentido e das formas, das cores e dos sons, das palavras e das emoções, dos atos e da vontade. É só a partir deste estádio de codificação e inscrição nulas do saber na linguagem que poderá haver criação.

Ora, para se atingir este estádio, exige-se um saber outro (um saber do não saber); este é necessário para evitar o grande risco, o perigo inevitável que corre quem busca a virgindade das emoções – o risco da esterilidade. O poeta oscila entre esses estados que nenhuma linha clara distingue, porque ambos se encontram marcados por um zero: zero do intersticial, do difuso, do indistinto, do intervalo a partir do qual mil sensações proliferam, mil sonhos, mil versos; e zero-"paragem" (como diz Soares), início da grande desertificação estéril, da longa "estagnação". É quase impossível separar as duas esferas, uma vez que os estados experimentais neutralizam a vida macroscópica, suscitando uma espécie de hibernação da consciência clara,[34] que pode atingir o microscópico e "adormecer", "matar" o que neste tão intensamente deveria despertar.

Por que é que essa contaminação é possível? Bernardo Soares analisou bem esses períodos sem duração, a que chama "estagnações" e durante os quais já não escreve, descendo a um grau próximo da vida vegetativa. Vivendo como um simples autômato, perde a vontade, a inteligência e até mesmo a faculdade de sentir: "Tenho grandes estagnações. [...] Estagno na mesma alma. Dá-se em mim uma suspensão da vontade, da emoção, do pensamento, e esta suspensão dura magnos dias [...]. Nesses períodos de sombra, sou incapaz de pensar, de sentir, de querer. Não sei escrever mais que algarismos ou riscos. Não sinto, e a morte de quem amasse

---

33 Cf. LD, I, 101, p. 106.

34 Confundindo, sobretudo, a vigília e o sono, a realidade e o sonho. É em poemas como "A múmia" e em textos ainda simbolistas de Soares que esta hibernação da consciência se encontra melhor descrita; como no início de "Na floresta do alheamento", onde é de notar o emprego do verbo "estagnar" para caracterizar o sujeito: "Sei que despertei e que ainda durmo. O meu corpo antigo, moído de eu viver diz-me que é muito cedo ainda... Sinto-me febril de longe. Peso-me, não sei por quê... num torpor lúcido, pesadamente incorpóreo, estagno, entre o sono e a vigília, num sonho que é uma sombra de sombra, minha atenção boia entre dois mundos e vê cegamente a profundeza de um mar e a profundeza de um céu" (LD, I, 251, p. 269).

far-me-ia a impressão de ter sido realizada numa língua estrangeira."[35] Esta impressão de que tudo "está dito" numa língua estrangeira dá testemunho da perda de expressividade do mundo, que aparece como que esvaziado da sua substância: "Nestas horas de mágoa sutil, torna-se-nos impossível, até em sonho, ser amante, ser herói, ser feliz. Tudo isso está vazio, até na ideia de que é. Tudo isso está dito em outra linguagem, para nós incompreensível, meros sons de sílabas sem forma no entendimento. A vida é oca, a alma é oca, o mundo é oco. Todos os deuses morrem de uma morte maior que a morte. Tudo está mais vazio que o vácuo. É tudo um caos de coisas nenhumas.

"Se penso isto e olho, para ver se a realidade me mata a sede, vejo casas inexpressivas, caras inexpressivas, gestos inexpressivos. Pedras, corpos, ideias – está tudo morto. Todos os movimentos são paragens, a mesma paragem todos eles. Nada me diz nada. Nada me é conhecido, não porque o estranhe, mas porque não sei o que é. Perdeu-se o mundo."[36]

O estado de estagnação representa a paragem do desassossego, a imobilidade da ausência de vida. Se o *desassossego* é o movimento que prepara e conduz ao devir-outro, à estagnação, deve negar toda a possibilidade de metamorfose. Mas, de um a outra, a passagem mal se faz sentir, pois, paradoxalmente, a estagnação pode derivar do desassossego – deslizar imperceptível do movimento para a paragem do movimento, do pleno para o vazio, da vida para a morte, do sentido para o não sentido, do expressivo para o inexpressivo.

Como é que a consciência chega a estagnar, depois de ter sido capaz de todas as transformações?

Começa por haver esses "sentimentos absurdos" produzidos pelos estados experimentais: "a ânsia de coisas impossíveis, precisamente porque são impossíveis, a saudade do que nunca houve, o desejo do que poderia ter sido, a mágoa de não ser outro, a insatisfação da existência do mundo." A ausência do objeto de tais sentimentos, a impossibilidade de obter com que preencher tão vasta lacuna – trata-se da vida, do passado, da existência do mundo – recaem sobre o sujeito, provocando um vazio progressivo da consciência: "Todos estes meios-tons da consciência da alma criam em nós uma paisagem dolorida, um eterno sol-pôr do que somos. O sentirmo-nos é então um campo deserto a escurecer...". Mas só há desertificação da consciência porque esta se reflete sobre si própria,

---

35 LD, I, 66, pp. 71-2.
36 LD, II, 312, p. 46.

tomando-se como objeto – movimento natural de análise das sensações que, à falta de objeto da emoção, só captura um *eu* que se esvazia e que este movimento ajuda a esvaziar: "em nós", "o que somos", "o fato de nos sentirmos". Capturando um eu e sendo por ele capturada, a consciência rigidifica-se, a experimentação que abriria para os devires-outros malogra-se, há uma derrapagem na direção do eu; esse mesmo eu que estava em vias de se dissolver recompõe-se agora como eu-vazio, eu-morto.

A estagnação pressupõe um eu, e o estado experimental, uma "singularidade".[37] Da singularidade ao eu, do estado fluido ao estado sólido não se transita naturalmente, mas antes, como acaba de demonstrar Bernardo Soares, graças a uma *construção*: esse eu-vazio, estagnado, resulta de certas operações de consciência que, não podendo voltar-se para o exterior (duplicando-se sobre os conteúdos objetivos das sensações), se refletem sobre o vazio do sujeito, acabando por fazer dele um eu.

Mas o neutro forma também um "meio" que, enquanto tal, deve não só permitir e favorecer os processos de devir-outro, mas intervir neles como um dos seus agentes. De que modo? Constituindo o "elemento" que, ao acompanhar e envolver a sensação, se deixa moldar por ela, adota a sua "forma", mudando de contornos segundo as diferentes modulações intensivas a que se encontra submetido. Chamaremos a este "elemento"- -meio da sensação o seu *espaço*.

Fernando Pessoa conhecia bem esta propriedade das sensações de produzirem um espaço próprio – um espaço sobretudo qualitativo, mas que se relaciona com o espaço euclidiano. Como seria de esperar, o primeiro não aparece a não ser quando este último se desestrutura, como demonstra toda a primeira parte de "A múmia" ("Esquece-me de súbito/ Como é o espaço, e o tempo/ Em vez de horizontal/ É vertical"). É um espaço no qual as três dimensões se desligam, como se a profundidade da extensão se descontraísse através da desarticulação dos três planos que a formam. Ao libertar esses planos, outras conexões sensoriais – entre cores e sons, entre odores e visões – tornam-se possíveis; e a natureza deste espaço revela-se como composto de puras superfícies: "A luz tornara-se de um amarelo exageradamente lento, de um amarelo sujo de lividez. Haviam crescido os intervalos entre as coisas, e os sons, mais espaçados de uma maneira nova, davam-se desligadamente. [...] O calor, que parecia ter

---

[37] Explicitaremos mais adiante (capítulo IV) estas noções: o eu é fixo, a singularidade plástica, capaz de metamorfoses. Este movimento de báscula da singularidade ao eu, tão característico de Fernando Pessoa, é também analisado adiante a propósito de "Tabacaria".

aumentado, parecia estar, ele calor, frio [...]. O seu verde [da única árvore visível] era outro. O silêncio entrara-lhe com a cor. Na atmosfera haviam-se fechado pétalas. E na própria composição do espaço uma interrelação diferente de qualquer coisa como nos planos havia alterado e quebrado o modo dos sons, das luzes e das cores usarem a extensão."[38]

Ora, o espaço da sensação apresenta-se como uma *atmosfera*. Foi já assinalada a extraordinária "sensibilidade atmosférica"[39] do *Livro do desassossego*: embora não contenha senão raras descrições de paisagens ou de exteriores rurais ou urbanos, abundam nele os fragmentos sobre os dias de tempestade, as nuvens, a chuva, a trovoada.[40] Sensibilidade particular, no entanto: são ainda o pardo, a atmosfera chuvosa e a agitação imperceptível e inquieta do tempo, a eminência do raio e do trovão, o anúncio da chuva nas nuvens que atraem Bernardo Soares – e só raramente o que se relaciona com o sol e as grandes claridades imóveis.

Este amor pelas paisagens atmosféricas turvas não deriva apenas do fato de estas darem uma imagem bastante fiel das "paisagens interiores": a mesma indefinição dos contornos ("Fosse o que fosse ia por toda a paisagem uma inquietação turva, feita de esquecimento e de atenuação. [...] Era difícil dizer se o céu tinha nuvens ou antes névoa. [...] Nada era definido, nem o indefinido. [...] Nem era em torno dos contornos das árvores, ou das esquinas dos edifícios, aquele esbater de recortes ou de arestas, que a verdadeira névoa traz..."); a mesma estagnação das sensações ("Era um torpor baço [...] salvo [...] onde estagnava azulescendo"); a mesma iminência de uma revelação ("Dirse-ia que ia acontecer qualquer coisa e que por toda a parte havia uma intuição, pela qual o visível se velava").[41] Existe algo mais do que semelhanças ou isomorfismos entre o espaço interior da sensação e o espaço exterior do sensível: um prolonga (e articula-se com) o outro.

Do mesmo modo que os estados experimentais confundem o espaço da coisa vista com o da sensação correspondente ("Deixo de me incluir/

---

38 LD, I, 108 ("Sonho triangular"), pp. 113-4.

39 Eduardo Prado Coelho (artigo citado); ver também Georg Rudolf Lind, "O *Livro do desassossego* – um breviário do decadentismo", in *Persona*, 8, mar. 1983.

40 Fernando Pessoa teve sempre muito medo da trovoada, que desencadeava nele estados próximos do pânico.

41 LD, I, III, p. 115. Ver também OPP, II, p. 939 ("Paisagem de chuva I"): "Há qualquer coisa do meu desassossego no gota a gota, na bátega a bátega com que a tristeza do dia se destorna inutilmente por sobre a terra."

Dentro de mim. Não há/ Cá-dentro nem lá-fora"),[42] assim a percepção dos objetos no meio atmosférico turvo apaga as fronteiras entre o interior e o exterior ("Névoa ou fumo? Subia da terra ou descia do céu? Não se sabia: era mais como uma doença do ar que uma descida ou uma emanação. Por vezes parecia mais uma doença dos olhos do que uma realidade da natureza").[43] Uma vez abolidos estes limites constitui-se um espaço único que já não separa estas categorias: o que antes aparecia como interior (uma emoção) dá-se agora no "exterior" (visível) como uma forma.

O espaço da sensação é o espaço do corpo tornado idêntico ao espaço da chuva: "Chove tanto, tanto. A minha alma é húmida de ouvilo. Tanto... A minha carne é líquida e aquosa em torno à minha sensação dela."[44] Espaço do corpo ou atmosfera são a mesma coisa, reagindo à emoção, dilatando-se, retraindo-se, quebrando-se, amolecendo:[45] eminentemente plástico, o espaço toma todas as formas da emoção; criando a indefinição dos contornos e abrindo a sensação a conexões sensoriais múltiplas, permite o sonho. Assim, ao introduzir a maior das mobilidades no próprio seio da sensibilidade, Fernando Pessoa pode realizar todo o tipo de experiências de sensações, atravessando todos os conjuntos sensoriais possíveis.

O experimentador Bernardo Soares não tem aparentemente nada de particular; só que, à força de parecer indiscernível, tornou-se capaz de adotar a "personalidade" dos outros. Graças às suas experiências aguçou os seus dons e desenvolveu certos poderes: o de se metamorfosear irá permitir-lhe sentir como alguém diferente, como todos os seres diferentes dele.

---

[42] "A múmia".

[43] LD, I, III, pp. 114-5.

[44] LD, "Paisagem de chuva", OPP, II, p. 939.

[45] Não se trata do "espaço emocional" de Pierre Kaufmann (*L'expérience émotionnelle de l'espace*. Paris: Vrin, 1967), mas sim de uma noção mais ampla, que o engloba (Cf. José Gil, *Métamorphoses du corps*. Paris: Éditions de la Différence, 1985, pp. 108-32).

II
O analisador de sensações

1. AS "SENSAÇÕES DO ABSTRATO"

Como "sentir tudo de todas as maneiras"? Para viver todas as sensações, não será necessário percorrer a gama completa das maneiras de sentir? Poderá sentir-se tudo sem se conhecerem todos os modos do sentir? E, para começar, o que é sentir? Como sentir? Já que é possível sentir de várias maneiras, melhor ou pior, é possível aprender a sentir,[1] aprendendo a filtrar, a destrinçar, a conjugar, a refinar as sensações. Nisto consiste a arte do analisador de sensações.

Uma vez obtida experimentalmente essa espécie de torpor que extingue as grandes emoções e os movimentos largos da vida, é preciso concentrar a atenção sobre o infinitamente pequeno, onde flutuam as sensações das coisas mínimas. Elas serão assim ampliadas, tornando-se mais intensas e mais claras, e, desse modo, separar-se-ão umas das outras, isolar-se-ão, serão extraídas do seu seio outras sensações; pois "cada sensação [é], na realidade, constituída por diversas sensações mescladas".[2]

A atenção concedida ao minúsculo constitui, assim, o primeiro passo para a análise das sensações. Nele se associam a busca da intensidade e da delimitação clara (em cada uma das etapas da análise que, não se esgotando em princípio nunca, não tem estádio último) da unidade sensitiva: "[...] o primeiro passo, é o sentir as coisas mínimas extraordinária – e desmedidamente. [...] Saber pôr no saborear de uma chávena de chá a volúpia extrema que o homem normal só pode encontrar nas grandes alegrias que vêm da ambição subitamente satisfeita toda ou das saudades de repente desaparecidas, ou então nos atos finais e carnais do amor; poder encontrar na visão de um poente ou na contemplação de um detalhe decorativo aquela exasperação de senti-los que geralmente só pode dar, não o que se vê ou o que se ouve, mas o que se cheira ou se gosta – essa proximidade do objeto da sensação que só as sensações carnais – o tato, o gosto, o olfato – esculpem de encontro à consciência; poder tornar a visão interior, o ouvido do sonho – todos os sentidos supostos e do suposto – recebedores e tangíveis como sentidos virados para o externo...".[3]

Ao mesmo tempo que se delimitam as sensações, separando-as do invólucro confuso que as envolve, estas são cruzadas a fim de se obterem certas transposições: as sensações da vista e do ouvido poderão

---

[1] Ou desaprender a sentir: cf. LD, I, 28, pp. 30-1.
[2] PI, p. 187.
[3] LD, II, 308, p. 39.

tornar-se tão imediatas como o cheiro ou o tato. Por que é que as "sensações milimétricas" favorecem o entrecruzar dos sentidos, as transferências das propriedades de um sentido para outro ("transferências modais", segundo os psicólogos)? Porque, ao desestruturar o espaço euclidiano comum, as sensações evoluem, como já vimos, num meio que, sendo o resultado da interseção do espaço interior e do espaço exterior, apresenta de cada sensação o que ela tem de mais *abstrato*. O par interior/exterior passa a ser o primeiro operador das transferências modais: uma sensação da vista torna-se equivalente a uma sensação auditiva, graças às transformações do espaço sensível ("E as vidraças da igreja vistas de fora são o som da chuva ouvido por dentro...").[4] Assim, a "cultura em estufa" das sensações comporta um outro objetivo: torná-las abstratas.

A teoria da abstração das sensações constitui uma das ideias centrais da estética de Pessoa. O modo como ele pensa essa situação abstrata vai permitir-lhe elaborar uma doutrina coerente das sensações e do trabalho poético: é preciso "intelectualizar" as sensações – eis a operação fundamental do percurso que conduz ao estado mais grosseiro, menos elaborado, das sensações à sua expressão na língua literária. A abstração atua já no nível mais baixo: tornar "carnal" a visão, tocar o objeto exterior com a vista e apropriar-se dele, integrando-o no espaço "interior" do corpo, como um objeto tocado ou cheirado, é trabalhar o terreno sensorial mais primitivo de modo a prepará-lo para um tratamento literário. Não no sentido de este se tornar propício à metaforização – aspecto secundário, já que a metáfora aparece sempre em Pessoa apenas como efeito de processos mais essenciais; mas na medida em que se torna necessário criar as melhores condições para deixar correr o fluxo da expressão (fluxo de palavras, de versos); e que, entre tais condições, se conta a construção de um espaço do corpo no qual a consciência trabalha as sensações desde o momento em que estas nascem, associando-as, confundindo-as com a escrita. Tornar abstratas, desde que surgem, as sensações (obtendo eventualmente transferências modais-metáforas) é "tornar literária a receptividade dos sentidos"...

De onde vem a dimensão abstrata da sensação? Da consciência. Nos textos teóricos sobre o "sensacionismo", Fernando Pessoa reúne em algumas fórmulas o essencial da sua doutrina *estética* da consciência. É a consciência que realiza a abstração das sensações: uma sensação

---

4 "Chuva oblíqua", OPP, I, p. 174.

consciente, porque se torna abstrata, adquire o poder de expressão que é um poder propriamente artístico:

"1. A base de toda a arte é a sensação.

2. Para passar de mera emoção sem sentido à emoção artística, ou suscetível de se tornar artística, essa sensação tem de ser intelectualizada. Uma sensação intelectualizada segue dois processos sucessivos: é primeiro a consciência dessa sensação, e esse fato de haver consciência de uma sensação transforma-a já numa sensação de ordem diferente; é, depois, uma consciência dessa consciência, isto é: depois de uma sensação ser concebida como tal – o que dá a emoção artística – essa sensação passa a ser concebida como intelectualizada, o que dá o poder de ela ser expressa. Temos, pois:

(1) A sensação, puramente tal.

(2) A consciência da sensação, que dá a essa sensação um *valor*, e, portanto, um cunho estético.

(3) A consciência dessa consciência da sensação, de onde resulta uma intelectualização de uma intelectualização, isto é, o poder de expressão."[5]

Neste texto, Fernando Pessoa descreve as etapas sucessivas da formação da expressão artística.

O primeiro grau de consciência dá à sensação a emoção artística, atribuindo-lhe um valor "e, portanto, um cunho artístico". A palavra "cunho" evoca a ação de *gravar*, *timbrar*. Parece estranho que a consciência possa marcar a sensação: que devemos entender por tal fórmula? Tratar-se-á, na passagem da "sensação, puramente tal" à emoção artística, de um processo de abstração? O que é esse "cunho" artístico que a sensação recebe?

Imaginemos um pôr do sol. Posso percepcioná-lo sem experimentar a menor emoção estética. Para que o contrário aconteça, é preciso que eu o veja, que o perspective – em resumo, que dele tome consciência – de acordo com uma certa direção. É preciso que a consciência dessa sensação a oriente, *segundo um modo específico*, para outras imagens, outras sensações. Por exemplo, essa consciência *abrirá* a sensação para imagens de paz e de infância – e a saudade que suscita em mim colorir-se-á de uma tonalidade emocional já de ordem artística. Em que consiste esse modo específico que a emoção tem de se abrir para outras emoções? Esse modo é uma *forma, a forma da emoção*. É esta que fornece a lei da associação com outros conteúdos emocionais e outras imagens – lei-forma que desenha toda uma configuração que ultrapassa a sensação, que atrai

[5] PI, p. 192.

outras sensações, que se prolonga noutras unidades estéticas-psíquicas, seguindo sempre o mesmo fio. Este fio ou esta forma é necessariamente *abstrato*, uma vez que, apesar de sensível e próprio da emoção, não deixa de constituir um elemento formal comum a uma multiplicidade de sensações. "Um poente é um fenômeno intelectual", afirma Bernardo Soares.[6] É intelectual porque é abstrato.

Apreenderemos melhor a noção de forma abstrata se a ligarmos à maneira como o fragmento do *Livro do desassossego*, atrás citado, descreve o contato da sensação com a consciência: emergindo até a "tocar", a sensação "esculpe" a sua "proximidade do objeto [...] de encontro à consciência". O que significa esta escultura? Quem é aqui o escultor e o esculpido?

Note-se que Pessoa aprecia especialmente o verbo "esculpir" para designar o processo de elaboração da forma artística.[7] Este verbo interessa-nos particularmente pela sua referência ao espaço: nem a sensação nem a consciência são esculpidas; mas sim uma relação de "proximidade". Ora, o que é que existe entre o objeto e a sensação? Um espaço, uma distância maior ou menor. Distância (entre a representação do objeto e a sua ressonância no sujeito, a emoção) que define muito precisamente o espaço da sensação: ao tornar-se "próximo", "interior" (como o é um objeto tocado com a pele, enquanto o espaço tátil toma a forma do objeto), esse espaço transmuta-se em espaço do corpo. Tem uma forma: a da proximidade relativamente ao objeto, que varia segundo as modulações da emoção. A forma esculpida de encontro à consciência dá a forma do espaço do corpo.

Para que conteúdos psíquicos se abre a sensação, quando esculpe a forma do seu espaço de encontro à consciência? Para os elementos que compõem a sensação, envolvendo por assim dizer o seu núcleo, que comporta uma imagem do objeto exterior e a emoção subjetiva correlativa.

Dois textos estabelecem a listagem dos elementos da sensação. Sendo o primeiro mais completo e o segundo mais explícito, convém citar os dois.

Toda a sensação forma um cubo: cada uma das suas seis faces representa um conteúdo da sensação. O "cubo da sensação" compõe-se assim do seguinte conjunto:

---

6 LD, I, 131, p. 141.

7 O tato mas também o ouvido – a que correspondem a escultura e a música – parecem ser os sentidos e as artes-modelo que fornecem as metáforas mais adequadas, na opinião de Pessoa, à descrição desse processo.

"a) sensação do universo exterior;
b) sensação do objeto de que se toma consciência naquele momento;
c) ideias objetivas com o mesmo associadas;
d) ideias subjetivas com o mesmo associadas (estado de espírito naquele canto);
e) temperamento e base mental da entidade perceptiva;
f) o fenômeno abstrato da consciência."[8]

O segundo texto – que não contém os elementos a) e f) – é um pouco mais claro quanto à constelação de unidades a que está associada a sensação:

"3. Ora, toda a sensação é complexa, isto é, toda a sensação é composta de mais do que o elemento simples de que parece consistir. É composta dos seguintes elementos: a) a sensação do objeto sentido; b) a recordação de objetos análogos e outros que inevitável e espontaneamente se juntam a essa sensação; c) a vaga sensação do estado de alma em que tal sensação se sente [sic]; d) a sensação primitiva da personalidade da pessoa que sente. A mais simples das sensações inclui, sem que se sinta, estes elementos todos."[9]

Como é que a consciência realiza a forma abstrata como lei de associação estética das sensações? Antes de mais, analisando-as para as escolher e dirigir a sua escolha para os cachos de sensações objetivas e subjetivas que pertencem a cada constelação particular. Analisar a sensação é decompô-la nos seus elementos, graças à ação da consciência; ao mesmo tempo, fabrica-se a forma abstrata da emoção, associando-lhe outros elementos – em resumo, é preciso analisar para escolher o tipo de associação pretendido. Ora, estas escolhas, bem como a relação entre a sensação e as outras sensações que esta atrai, são operadas pela consciência: trata-se de um dos aspectos da "intelectualização da emoção". De onde vem este poder da consciência de intelectualizar e de abstrair? O que é então a consciência para Fernando Pessoa?

Qualquer coisa como um "meio" filtrante e redutor do sensível. Se a consciência contribui de modo decisivo para a formação da "lei de associação" das sensações, é precisamente porque possui a capacidade de abstrair: não se trata de uma função ou de uma propriedade, mas da própria natureza da consciência – que assim se define como poder de abstração. Tudo o que chega ao seu campo – que Pessoa compara,

[8] PI, pp. 181-2.
[9] PI, p. 193.

veremos em que circunstâncias, a uma atmosfera nevoenta – torna-se abstrato, nomeadamente as sensações que nele se inscrevem. Como é que a sensação se torna abstrata ao "esculpir-se de encontro à consciência"? Paradoxalmente, começando por transformar esta em meio sensível, em consciência sensitiva: quando tenho uma sensação, todo o campo da consciência com os seus conteúdos se impregna da qualidade subjetiva ou tonalidade afetiva da sensação. A angústia transforma o mundo em mundo angustiado; a tristeza de uma melodia faz surgir um mundo triste; uma determinada dor invade toda a nossa consciência das coisas.[10] A qualidade afetiva da sensação transmite-se a todos os objetos de que temos consciência – e isto, quando se toma consciência dessa sensação.

Não se trata de uma perspectivação do sentido do mundo nem da intencionalidade da consciência, como a entende a fenomenologia. Se alguma coisa do sentido da dor se transfere para aquilo que ocupa o campo da consciência, é porque esta última constitui um *meio abstrato*: quando sinto uma dor, alguma coisa dessa dor se transmite não apenas a tudo aquilo de que tenho consciência, mas também à própria consciência de tudo aquilo de que tenho consciência. Ao atingir a consciência, a dor perde um pouco do seu enraizamento local, deixando de ser dor unicamente de certo ponto do meu corpo, para se estender a tudo o que percebo e sinto. Como se se tivesse desligado e flutuasse, torna-se *dor de consciência*, não já dor de carne, mas dor abstrata ou forma abstrata da dor; pois, ao invadir o campo da consciência, grava nela o seu ritmo próprio, a sua pulsação, a sua densidade, a sua acuidade ou a sua tenuidade, que são como que o diagrama da sua qualidade singular e inimitável.

Porque a consciência da sensação começou por se transformar em consciência sensitiva, a sensação pôde tornar-se "emoção abstrata". Não é já uma impressão puramente sensível, mas uma sensação de consciência: "Em mim foi sempre menor a intensidade das sensações que a intensidade da consciência delas. Sofri sempre mais com a consciência de estar sofrendo que com o sofrimento de que tinha consciência."[11] Notemos este aspecto da ação da consciência sobre a sensação, no qual Pessoa (e Soares) muito insiste: a consciência intensifica a sensação.

---

10 Fernando Pessoa estabelece uma distinção entre sensação, sentimento e emoção. Esta última caracteriza o efeito propriamente afetivo da sensação e o sentimento não é mais a "permanência, consciente ou inconsciente, da emoção" (*Lirismo e paixão em António Botto*, OPP, II, pp. 1273-4).

11 LD, II, 317, p. 49.

Se, por um lado, a forma abstrata resulta de uma consciência de sensação (ou de uma marca deixada pela sensação na consciência; ou de uma forma emocional moldada no espaço da sensação, como se este fosse uma espécie de matéria escultórica), ou seja, de um certo trabalho da consciência sobre a sensação, pode, por outro lado, apresentar-se como já realizada na percepção: basta então olhar para se apreender a forma abstrata invisível de um voo de borboleta: "As várias posições que uma borboleta que voa occupa sucessivamente no espaço são aos meus olhos maravilhados várias coisas que ficam no espaço visivelmente."[12]

Compreende-se a flutuação dos textos de Pessoa quanto à natureza das sensações "primitivas": se, umas vezes, ele as diz não trabalhadas, "puramente tais", outras vezes, "nascem já analisadas", mas estas, só é possível obtê-las após a aprendizagem destinada a torná-las literalmente expressivas, logo no instante em que aparecem. Na realidade, o próprio movimento de construção da forma abstrata – aplicando a consciência à sensação –, constitui o processo de aprendizagem ou de transformação dos sentidos com o objetivo de que estes experimentem naturalmente sensações abstratas (emoções artísticas). Porque, *esculpindo-se* as sensações de encontro à consciência, esta última assume a feição, o "relevo" da forma emocional – e passa imediatamente a sentir como um órgão dos sentidos, enquanto estes passam automaticamente a abstrair o ritmo ou a forma próprios da sensação. Posso então sonhar, construir formas múltiplas, a partir de uma forma abstrata: "Para sentir a delícia e o terror da velocidade não preciso de automóveis velozes nem de comboios-expressos. Basta-me um carro elétrico e a espantosa faculdade de abstração que tenho e cultivo.

Num carro elétrico em marcha eu sei, por uma atitude constante e instantânea de análise, separar a ideia de carro da ideia de velocidade, separá-las de todo, até serem coisas reais diversas. Depois, posso sentir-me seguindo não dentro do carro mas dentro da mera velocidade dele. E, cansado, se acaso quero o delírio da velocidade enorme, posso transportar a ideia para o puro imitar da velocidade e a meu bom prazer aumentá-la ou diminuí-la, alargá-la para além de todas as velocidades possíveis de veículos comboios."[13]

Neste texto, a "faculdade de abstração" é assimilada à de análise. Apesar dos termos utilizados por Bernardo Soares ("ideia de carro" e "ideia

[12] LD, II, 319, p. 51.
[13] LD, I, 131, pp. 140-1.

de velocidade"), trata-se de fato de análise de sensações, como provam a continuação do texto e a situação concreta: "Num carro elétrico em marcha...".[14] Ao separar a sensação de estar dentro de certo veículo da de se deslocar a determinada velocidade, Bernardo Soares extrai destas duas sensações a forma abstrata de uma situação única: "Ir dentro" + "ir a dada velocidade" passa a ser a abstração de "ir concretamente a uma dada velocidade", situação concreta-abstrata, configuração abstrata de uma situação concreta, a de estar instalado num veículo que avança. Instalado agora na forma abstrata, pode fazê-la variar, modulá-la, acelerar ou diminuir a velocidade – pode intensificar à vontade as suas próprias sensações. A construção da forma abstrata tem como consequência permitir a modulação da intensidade do sentir.

Mas o poder de abstração tem o seu inverso, que se exerce não já de baixo para cima, mas de cima para baixo, indo das ideias abstratas à figuração destas (trata-se, na realidade, do mesmo poder). Uma ideia recobre uma multiplicidade de coisas – ao conseguir torná-la "visível" ou "percebida", obtém-se uma "forma", forma que estará, sem dúvida, em relação com as sensações dessas coisas, forma que se poderá mesmo dizer abstrata, já que a figuração da ideia conservará o caráter abstrato da forma: "Porque eu não só sou um sonhador, mas sou um sonhador exclusivamente. O hábito único de sonhar deu-me uma extraordinária nitidez de visão interior. Não só vejo com espantoso e às vezes perturbante relevo as figuras e os décors dos meus sonhos, mas com igual relevo vejo as minhas ideias abstratas, os meus sentimentos humanos – o que deles me resta –, os meus secretos impulsos, as minhas atitudes psíquicas diante de mim próprio. Afirmo que as minhas próprias ideias abstratas, eu as vejo em mim, eu com uma interior visão real as vejo num espaço interno. E assim os seus meandros me são visíveis nos seus mínimos."[15] Tal como a sensação deixa uma marca ao gravar-se na consciência, a ideia ganha relevo ao tornar-se visão, imagem.

Compreende-se que, no texto acima citado sobre a forma abstrata da velocidade, "ideia" e "sensação" se encontrem confundidas: ambas representam pontos de partida possíveis para a formação dessa "sensação abstrata" que é o culminar da arte – a um nível de abstração que se situa

---

14 A continuação diz: "Correr riscos reais, além de me apavorar não é por medo que eu sinta excessivamente – perturba-me a perfeita atenção às minhas sensações...".
15 LD, II, 374, p. 118. Ao longo de todo este texto, fala-se de "relevo", do extraordinário relevo das ideias tornadas sensíveis e dos sonhos intensamente sonhados.

entre a sensação "puramente tal" e a ideia, onde a primeira se intelectualiza e a segunda se representa numa imagem.

Fernando Pessoa insiste muito no caráter abstrato da arte: intelectualizar a sensação é abstrair dela um perfil, uma linha que permita ligá-la a outras sensações ou conteúdos psíquicos; e isso equivale a tornar carnal, sensível, a ideia que, através de detalhes ínfimos, dá a conhecer o laço íntimo entre várias coisas. Estamos já no plano do sonho e da literatura.

A "forma abstrata", designa-a Bernardo Soares, num texto sem preocupações teóricas, como "intenção melódica": "Por entre a casaria, em intercalações de luz e sombra – ou, antes, de luz e de menos luz – a manhã desata-se sobre a cidade. Parece que não vem do sol mas da cidade, e que é dos muros e dos telhados que a luz do alto se desprende – não deles fisicamente, mas deles por estarem ali. Sinto, ao senti-la, uma grande esperança; mas reconheço que a esperança é literária. Manhã, primavera, esperança estão ligados em música pela mesma intenção melódica; estão ligados na alma pela mesma memória de uma igual intenção."[16] Na ideia de "intenção melódica", sublinhemos o "melódica", mais do que a "intenção": não é graças a um mesmo sentido ou conteúdo que a consciência constrói a forma abstrata que une a manhã, a primavera e a esperança; mas graças à mesma *forma de intenção*, ao mesmo modo de ritmar a consciência, orientando-a para certos elementos. Sabemos já que esta direção, que determina associações precisas, é indicada pela forma abstrata – ou seja, pela intervenção de um elemento formal que orienta as escolhas (ou a intenção) a efetuar.

O nível próprio da arte é atingido com a "sensação do abstrato" ou "sensação abstrata". Procurando delimitar melhor a natureza dessa abstração, Fernando Pessoa vai defini-la: 1. pela ação da consciência sobre a consciência da sensação; e 2. pelo modo de realidade que ela produz.

l. A emoção artística só se forma tornando-se expressiva. É o poder de expressão, que lhe vem da linguagem, que a distingue da emoção possuindo já um "cunho" artístico, mas ainda sem expressividade.

O que é uma emoção expressiva? A teoria da expressão poética de Pessoa exigiria por si só um estudo completo: articula-se com a sinceridade do poeta.[17] Basta-nos saber por agora que a emoção só se torna expressiva quando exprime outros conteúdos, outros sentidos, para além dos da emoção "puramente tal". Fernando Pessoa separa muito claramente

---

16 LD, I, 119, p. 123.
17 Ver capítulo v.

a emoção (ou a sensação) artística da sensação espontaneamente vivida, vivida "na vida", "verdadeiramente sentida". A emoção artística caracteriza-se por um traço específico: *mente*. O poeta é fundamentalmente um mentiroso. Mas mente para melhor exprimir a vida; porque a vida está presa à verdade, as emoções naturais dizem apenas as verdadeiras perturbações da alma, enquanto a emoção artística exprime, graças às palavras, essas mesmas perturbações e outras ainda, e mais profundamente; depois, abre-se para conteúdos emocionais sem relação aparente com a sensação primitiva. Eu, Bernardo Soares, de repente cansado de fazer contas, experimento um estranho mal-estar, devido ao tédio e à monotonia do meu trabalho; procurando bem, encontro a melhor maneira de exprimir esse mal-estar num poema, criando o sentimento da saudade da infância. Ao escrever o poema, chorarei realmente sobre a minha infância perdida – sentimento que, no fundo, exprimirá o mal-estar que em mim suscita a contabilidade comercial. Ao acrescentar, por ação da linguagem, um elemento estranho à emoção original, "intelectualiza-se" esta última, tornando-a abstrata.[18]

Poderei, além disso, comunicar a outrem este sentimento, enquanto o meu tédio considerado em si próprio é inexprimível: a emoção artística, porque comunicável, é universal.[19]

Como é que a emoção artística adquire tais características? Graças aos versos, quer dizer, à frase ritmada que exprime o ritmo ou a forma da emoção; forma abstrata (o que explica a universalidade do sentimento exprimido), desenhando a linha própria de expressão ou de fluxo expressivo do poema e unindo o conjunto dos versos numa única entidade.

Tudo o que atrás se disse sobre a forma abstrata, no segundo nível da transformação da sensação (nível da consciência da sensação), aplica-se ao terceiro nível, o da consciência da consciência da sensação. A reflexão da consciência sobre si própria é realizada pela linguagem; só esta pode "intelectualizar" a sensação. Uma vez mais, se Pessoa não especifica quase nunca em que nível de abstração se coloca quando expõe as suas ideias sobre a intelectualização da emoção, nomeadamente quando pressupõe implicitamente que o sonho (segundo nível) é capaz de efetuar uma tal operação, é porque o sonho constitui precisamente a técnica de aprendizagem da transformação das palavras em conteúdos sensíveis e das sensações em língua literária. Sonhar é aprender a sentir com as

---

18 PI, p. 193.
19 LD, II, 504, pp. 248-51. Ver o comentário a este texto no capítulo v.

palavras, é manter-se constantemente nessa fronteira extremamente estreita (e que é preciso tornar cada vez mais estreita) entre as palavras, por um lado, e as imagens e emoções, por outro. Na realidade, a forma abstrata que o sonho constrói elabora-se com palavras, sendo as imagens e as emoções que a sensação primitiva atrai induzidas pela forma emocional resultante do ritmo dos versos. Quando sonho com imagens, diz Bernardo Soares, vejo palavras e frases.

2. Se a arte se situa no plano de abstração engendrado pela duplicação da consciência, é porque cria ao mesmo tempo uma realidade nova.

Vimos que a sensação comporta dois elementos simétricos, "a sensação do universo exterior" e "o fenômeno abstrato da consciência". Estes elementos definem duas direções ou dimensões da sensação: de um lado, o objeto e as sensações objetivas, do outro, o estado subjetivo e as associações subjetivas ligadas a esse objeto. Em suma, a face exterior e a face interior da sensação. Entre estes dois polos, e a partir deles, a arte deve produzir um outro tipo de sensações, as "sensações do abstrato":

"O sensacionismo afirma, primeiro, o princípio da primordialidade da sensação – [a saber] que a sensação é a única realidade para nós."

Partindo daí, o sensacionismo nota as duas espécies de sensações que podemos ter – as sensações aparentemente vindas do exterior e as sensações aparentemente vindas do interior. E constata que há uma terceira ordem de sensações resultantes do trabalho mental – as "sensações do abstrato". Pessoa classifica as sensações de acordo com a sua origem "aparente": de fato, cada sensação contém sensações "vindas aparentemente do exterior" e outras "vindas aparentemente do interior", como mostra o cubo da sensação. O outro tipo de sensações, que devia implicar uma origem diferente, resulta de uma construção: assim, esta "origem" é um fim, o coroar de um "trabalho mental".

O texto continua como se segue: "Perguntando qual o fim da arte, o sensacionismo constata que ele não pode ser a organização das sensações do exterior, porque esse é o fim da ciência; nem a organização das sensações vindas do interior, porque esse é o fim da filosofia; mas sim, portanto, a organização das sensações do abstrato. A arte é uma tentativa de criar uma realidade inteiramente diferente daquela que as sensações aparentemente do exterior e as sensações aparentemente do interior nos sugerem."[20] E, porque a sensação contém uma sensação do universo e da coisa exteriores, a arte unirá a "Realidade" à "Emoção" que

20 PI, pp. 190-1.

provém dos "sentimentos exclusivamente interiores" (sentimentos que comovem "sem provocar à ação, os sentimentos de sonhos [...] que são os sentimentos interiores no seu mais puro estado"). A partir da Realidade e da Emoção, a arte cria a Abstração: "A arte tem por assunto [...] a abstração."[21]

Com a abstração, a arte atinge o seu fim: "a *concretização abstrata* da emoção (a concretização emotiva da abstração)". Encontramos de novo o duplo movimento de baixo para cima – da sensação à abstração – e de cima para baixo – da ideia à emoção. Como definir este produto final da arte, esta abstração capaz de suscitar a mais rica e a mais forte das emoções? "Por concretização abstrata da emoção entendo que a emoção, para ter relevo, tem de ser dada como realidade, mas não realidade concreta, mas realidade abstrata."[22] Se, referindo-nos à ideia de Realidade em Fernando Pessoa (que exigiria uma longa exegese), aceitarmos que ela contém a ideia de exterioridade, a "realidade abstrata" que a arte cria deve possuir, ao mesmo tempo, a interioridade e a exterioridade, a exterioridade da realidade e a interioridade da emoção. Por outro lado, é preciso que a emoção ganhe um "relevo". Esta noção que já atrás encontramos liga-se à ideia de marca, de inscrição da sensação (ou do seu espaço) na consciência. Traduz ao mesmo tempo a necessidade de dar *forma* à emoção artística e a de nela concentrar as intensidades mais fortes. Quanto mais abstrata é a forma, mais a abstração é comovente, sensível; quanto mais sensível é a forma, mais a emoção é intensa. Em suma, o nível de abstração próprio da arte e a "realidade abstrata" por ele criada, devem permitir:

1. Unir o exterior (realidade, universo) ao interior (emoção, consciência), por meio de uma forma "esculpida" de encontro à consciência. O produto acabado da arte deve suscitar a mais forte impressão de exterioridade[23] e a emoção mais pura, mais desligada de toda a vontade de ação. A forma abstrata realizada pela arte desempenha o papel de eixo entre o

---

[21] "Não a abstração pura, que gera a metafísica, mas a abstração criadora, a abstração em movimento. Ao passo que a filosofia é estática, a arte é dinâmica; é mesmo essa a única diferença entre a arte e a filosofia" (PI, p. 191).

[22] O texto termina assim: "Por isso não considero artes a pintura, a escultura e a arquitetura, que pretendem concretizar a emoção no concreto. Há só três artes: a metafísica (que é uma arte), a literatura e a música. E talvez mesmo a música..." (PI, p. 192).

[23] Deve produzir "Coisas que tenham, quanto possível, um ar concreto, visto que, sendo a arte criação, deve tentar produzir quanto possível uma impressão análoga à que as coisas exteriores produzem" (PI, p. 191).

exterior e o interior, organizando-os, articulando-os ou desarticulando-
-os, agindo sempre como um fio entre dois polos, ou engendrando um
"meio" comum aos espaços exterior e interior. Vimos já como este meio
se refere à consciência e ao espaço do corpo enquanto espaço transformado da sensação;

2. Produzir as intensidades mais ricas e mais variadas (deve, portanto,
permitir modulá-las). Obtêm-se as mais altas intensidades de duas maneiras: a) unindo os dois polos, o exterior e o interior, o abstrato e o concreto, o objetivo e o subjetivo, a realidade e a emoção, num só, numa só
realidade abstrata (que é, de fato, a forma ou a figura abstrata): a abstração, a redução de uma emoção à sua figura abstrata torna-a mais intensa,
graças, ao mesmo tempo, à ação da consciência e à focalização e con-
centração da emoção;[24] inversamente, o processo que torna emocional,
sensível e, portanto, concreta a ideia ou a abstração ("a concretização
emocional da abstração") acrescenta ainda uma carga afetiva à emoção;
b) atingindo o nível expressivo, a sensação artística ("sensação abstrata")
proporciona a intensidade mais forte, dado que o nível da expressão
realiza a consciência mais aguda (enquanto consciência da consciência)
– e, uma vez que a consciência intensifica as sensações, a arte produz as
emoções mais intensas.

Eis, portanto, o essencial do processo de análise das sensações. Analisar, decompor, é abrir o campo da sensação, atrair outras sensações,
criando assim uma espécie de espaço próprio da consciência – que, longe
de ser uma noção exclusivamente psicológica, define o espaço poético
por excelência. Como é que, na própria fabricação do poema, trabalha
esse analisador de sensações que é o poeta?

---

[24] Deparamos de novo, a este nível de construção e de refinamento do trabalho poético, com
aquilo que nos apresentava já, de modo por assim dizer natural, o laboratório de Bernardo
Soares: as sensações rnilimétricas, a intensificação das sensações. Os estados experimentais
realizam "espontaneamente" a intelectualização da emoção, a figuração da ideia, a forma abstrata. O laboratório poético não é mais do que um dispositivo analisador de sensações – que
trabalha aparentemente como um metabolismo psicológico, mas, na realidade, segundo um
processo estético.

2. O INTERIOR E O EXTERIOR: ABRIR E DESFIAR UMA SENSAÇÃO

Escrever poemas é analisar sensações. Não se trata de um processo psicológico anterior ao trabalho da expressão poética, e menos ainda de uma análise do sentido dos conteúdos psíquicos, visando extrair destes a sua significação profunda. Enquanto técnica de construção, a análise das sensações identifica-se com o trabalho literário, do qual constitui o mecanismo secreto e onipresente. "Se pego numa sensação minha e a desfio até poder com ela tecer-lhe a realidade interior...",[25] se a decomponho, e depois a associo com outras, e depois traço a sua forma abstrata, e depois...: um poema não é senão um meio muito complexo de explorar e tornar abstratas as sensações.

Numerosos poemas, sobretudo de Álvaro de Campos e de Fernando Pessoa ortônimo, apresentam uma curiosa estrutura a par do seu tema: desenrolando-se paralelamente a este, corre o fio da análise das sensações, tornado também tema poético. Isto graças a uma nova duplicação que o poeta faz com que a consciência e a linguagem assumam: ele sente e sente-se sentir, vê e vê-se ver, e di-lo. De onde um metadiscurso permanente, que atravessa a sua poesia, tornando-se assim a lógica das sensações, ao mesmo tempo, o esqueleto e o tema do poema, em consequência da técnica que consiste em "pegar numa sensação e desfiá-la" até às suas últimas possibilidades.

A "Ode marítima" começa com a descrição do despertar, em certa manhã, da vida marítima, olhada de um cais deserto; nessa hora em que o movimento dos barcos mal principia, tudo parece ainda envolto em névoa ("o Indefinido"); de súbito, o olhar cai sobre um paquete que, vindo do mar, se dirige para o porto; dessa visão ainda confusa e um pouco caótica de barcos, rebocadores, veleiros, que se agitam, a imagem do paquete destaca-se com clareza: "Olho e contenta-me ver,/ Pequeno, negro e claro, um paquete entrando./ Vem muito longe, nítido, clássico à sua maneira." Todo o poema – sem dúvida, um dos mais belos da obra de Pessoa – se organizará, a partir daqui, em torno deste paquete.[26]

A sensação primeira nasce num "indefinido" análogo a esse meio experimental, entre a vigília e o sono, que Bernardo Soares cultiva em todas as horas do dia e da noite: o longínquo e a vida marítima que mal acaba de despertar. A sensação que daqui se desprende, uma espécie de náusea,

---

25 LD, II, 308, pp. 42-3.
26 OPP, I, p. 891.

uma "doçura dolorosa", corresponde à percepção do paquete minúsculo, *é a sensação da entrada no porto do paquete minúsculo*, "sensação de coisa mínima". Neste primeiro estádio, o interior e o exterior confundem-se ainda: "a minha alma está com...". Doravante, todo o poema se desenvolverá como uma análise desta sensação – começando por separar o interior do exterior, para depois os reunir num novo "meio" (ou forma abstrata).

Como se analisa poeticamente uma sensação? Decompondo-a nos seus elementos: uma vez que ela é constituída por uma mistura de sensações, contém a sensação do objeto exterior (o paquete), bem como as ideias objetivas que lhe estão associadas – e será toda a série de imagens, de recordações reais, de percepções de coisas marítimas (cais, barcos, brinquedos de infância, praias, portos, continentes etc.; e toda a evocação da vida comercial dos portos no fim da ode); contém também "a vaga sensação do estado de alma naquele momento" (a náusea), e as ideias subjetivas associadas ao objeto – e será todo o cortejo de sentimentos, emoções, imagens, sonhos e delírios que forma o outro "fio" que percorre a "Ode marítima".

Todos estes conteúdos da sensação se organizam em função da análise. À medida que o poema se desenvolve, um movimento oscilante fá-los nascer cada um por sua vez: as sensações subjetivas (emoções e sentimentos) multiplicam-se em arborescências cada vez mais complexas, segundo as ideias objetivas que lhes correspondem – e que se abrem, também elas, proliferando.

A análise oscila entre o subjetivo e o objetivo, como se cada uma das suas etapas – cada novo estádio de análise e abertura de uma sensação – respondesse à pergunta: de que outras sensações se compõe aquela que sinto agora? Mais precisamente: que representações objetivas encerra a emoção que sinto? E depois: que conteúdos emocionais se escondem por trás da imagem ou da ideia do objeto que vejo? Porém, a estratégia do poema desenvolve-se espontaneamente, não através da interrogação alternada e separada da emoção e da ideia, mas interrogando uma como se ela contivesse a outra: esta emoção, se quero conhecer as outras sensações que ela envolve, *deve ser analisada em ideias objetivas*; e reciprocamente, esta ideia ou imagem de objeto, se quero saber que outras ideias comporta, *deve ser analisada em sensações subjetivas ou conteúdos emocionais*. De tal forma que a análise da sensação (ou o que é o mesmo, a construção do poema) procede como se a emoção analisasse a ideia objetiva e a ideia objetiva analisasse a emoção. Assim o poema analisa-se a si próprio e, ao analisar-se, desenvolve-se naturalmente.

Tomemos ainda um excerto do início da "Ode marítima", excerto que resulta já de outros momentos desta análise:

Ah, todo o cais é uma saudade de pedra!
E quando o navio larga do cais
E se repara de repente que se abriu um espaço
Entre o cais e o navio,
Vem-me, não sei por quê, uma angústia recente,
Uma névoa de sentimentos de tristeza
Que brilha ao sol das minhas angústias relvadas
Como a primeira janela onde a madrugada bate,
E me envolve como uma recordação de uma outra pessoa
Que fosse misteriosamente minha.[27]

O que é uma "saudade de pedra"? Esta sensação analisa-se nas imagens seguintes, imagens de coisas exteriores: o navio que deixa o cais, o espaço que se abre entre os dois. E o que é esse espaço? Analisa-se nos sentimentos de tristeza, na "angústia"; e, por seu turno, estes sentimentos analisam-se em imagens – "janela", "madrugada".

Este duplo movimento de análise corresponde às duas dimensões da sensação, o exterior e o interior. Na "Ode marítima", exterior e interior são separados pela mesma "Distância" que vai do poeta no cais deserto ao navio que ele vê ao longe. É a distância entre a sensação e a coisa, entre a sensação como realidade interior e o paquete como realidade exterior. Ora, esta distância liga-se a uma sensação "primitiva", como diz Pessoa, sensação que desempenha um papel essencial em toda a sua poesia: a sensação de mistério. Na "Ode marítima", o mistério é significado por toda a distância, tudo o que se separa, todo o movimento que cria uma separação.[28] Se analisar sensações consiste, assim, em extrair delas o que contêm, exteriorizando-o,[29] tornando-o significável por palavras – então, analisar a sensação de mistério equivale a *reduzir* essa distância que suscita o mistério. E, com efeito, todo o poema pode ser encarado

---

27 OPP, I, p. 892.

28 OPP, I: "O mistério alegre e triste de quem chega e parte" (p. 891); "... uma recordação de uma outra pessoa/ Que fosse misteriosamente minha" (p. 892); "Ah, que essencialidade de mistério e sentido parados [...] Não é ponte entre qualquer cais e o Cais!" (p. 893); "O misterioso receio ancestral à Chegada e ao Novo" (p. 894).

29 Cf. LD, II, 308, pp. 42-3.

nesta perspectiva: como vencer a Distância, ou seja, todas as distâncias de todas as naturezas que surgem, uma após outra (entre o paquete e o cais, entre eu-agora e eu-outrora, entre um cais e o Cais etc.); mas também, e porque é esse o verdadeiro fundamento de toda a distância – como fazer desaparecer a oposição entre os dois polos da sensação, o interior e o exterior.

Não devemos, todavia, ver na tentativa de redução da distância uma espécie de busca da unidade perdida (do eu ou da sua relação com o real). Trata-se de outra coisa. Trata-se não de unir o que está separado, mas de dissolver os polos que separam – transformando o espaço no qual a oposição dos contrários se tornara rígida ao ponto de parecer ser-lhe substancial. Neste novo espaço, o interior já não se oporá ao exterior, porque a distância entre eles deixará de ser exclusiva ou disjuntiva, para se tornar inclusiva ou conjuntiva. Nele, poderão coexistir todos os polos e todas as dimensões, porque já não se apresentarão como polos e dimensões contrários. É o que mostra o movimento de transformação da distância que anima o poema.

Como reduzir o intervalo? Como apagar a distância? Analisando, exteriorizando – explorando todos os tipos de distâncias. O que equivale a abrir o lado subjetivo da sensação e, paralelamente, o lado objetivo, fazendo proliferar as imagens (contidas nas imagens originais do cais e do paquete). Depois, este movimento suspende-se e o poeta pensa o sentido da distância – entre eu-agora e eu-outrora, entre um cais e o Cais Absoluto: então, duplicando-se, a consciência (que acaba de analisar as sensações) aplica-se à relação de distância entre os diferentes elementos da sensação. Esta duplicação equivale a uma análise-tentativa de redução do mistério proveniente do afastamento. Mas, visivelmente, este tipo de redução falha – não há um laço claro entre um eu anterior e o meu eu presente (distância temporal), não há relação certa entre o Cais Absoluto e um cais material. A tentativa de redução falha, porque se mantêm os polos opostos e porque se procura o sentido do mistério. Ora, trata-se menos de decifrar um sentido do que de fazer fluir as forças (as sensações), modificando a maneira de sentir – passando da angústia e da náusea, sentimentos envolventes e confusos, a fluxos poderosos e variados de emoções.

A tentativa falha quando se consideram o Cais Absoluto e o Outro-eu como formas platônicas ("Cais Absoluto [...] modelo [...] [d]os nossos cais de pedra atual", Cais que vi antes de nascer, "fora do Espaço e do Tempo"). Se a resposta à pergunta *"Ah, quem sabe, quem sabe,/ Se não parti outrora, antes de mim,/ De um cais; se não deixei"*, num tempo antes do tempo, esse grande cais situado fora do Espaço? é duvidosa, é porque não foi encontrada a ligação entre o inteligível e o sensível. Porém, esta incursão nas Ideias platônicas vai revelar-se fecunda. Desviando o sentido e a função da Forma para os vergar a objetivos estéticos, o poeta vai criar as condições que permitirão o desdobrar das multiplicidades e a construção da forma abstrata.

O que é este Cais Absoluto? Um "modelo inconscientemente imitado,/ sensivelmente evocado", quando construímos "os nossos cais de pedra atual"; os quais, "depois de construídos se anunciam de repente/ Coisas-Reais, Espíritos-Coisas, Entidades em Pedra-Almas". Ora, isto só acontece em momentos particulares, "momentos [...] de sentimento-raiz/ Quando no mundo-exterior como que se abre uma porta/ E, sem que nada se altere,/ Tudo se revela diverso". Momentos, portanto, em que uma ligação (imitação inconsciente, evocação insensível) se tece entre a Ideia e a sua Cópia, ligação baseada num afeto (sentimento-raiz).

Está tudo aqui. Se me interrogo sobre um Outro-eu, sobre um Cais Absoluto, é porque, quando *vejo* este cais e este barco reais, *sinto* uma estranha melancolia ou "saudade": existe um laço interno que une a imagem objetiva e a emoção que me invade. Como pensar esta ligação? "E por que penso eu isto?" Penso-o porque sinto essa ligação, e não o contrário: este cais concreto e singular é uma "Entidade em Pedra-Alma", e não apenas porque imita uma Forma inteligível; de modo mais profundo, percebo-o como uma imitação, porque a minha emoção revela no pensamento da Forma um conteúdo sensível, no pensamento do Cais Absoluto, um "Cais Grande como os outros cais, mas o Único/ Cheio como eles de silêncios rumorosos nas antemanhãs...". O Cais Absoluto é também sensível porque se revela à nossa emoção, em certos momentos privilegiados em que o nosso sentimento nele descobre como que um sentimento original (sentimento-raiz) do inteligível. Só a análise da ligação objeto exterior-emoção permitiu chegar à ideia do "Cais Único".

Como produzir multiplicidades a partir das Ideias, das Formas? Considerando-as não como puros inteligíveis, mas como singularidades abstratas; não como generalidades, mas como formas abstratas contendo todos os pontos de vista concretos. Para desdobrar as multiplicidades, basta, portanto, *analisar* a ideia de Grande Cais, o que é o mesmo que extrair desta todos os cais reais, todo o *Diverso*.

Com efeito, a partir da ideia do Grande Cais, a análise das sensações muda de regime: deixa de haver oscilação entre o subjetivo e o objetivo para existir unicamente a proliferação de imagens de coisas, de cais, de portos, de praias, de viagens. Derivadas do "Diverso", contido no "Cais Único", são atravessadas pelo movimento, pelo acaso, pelo frêmito da vida marítima: começa então a enumeração das séries de coisas e de imagens objetivas pertencentes a tempos e a espaços diferentes, enumeração possível porque contida, como uma multiplicidade de pontos de vista, na ideia do "Cais Único" (que encerra toda a diversidade). Constata-se então que as multiplicidades objetivas são engendradas graças à *transferência do movimento da inquietação subjetiva emocional para o movimento das coisas*. Depois da exclamação: "Ah, que essencialidade de mistério [...]/ Não é ponte entre qualquer cais e o Cais!", ao mesmo tempo que desaparecem as referências às emoções correspondentes aos objetos, o regime de desenvolvimento das séries objetivas muda: contrastando com a entrada tranquila, "clássica", do paquete do início, temos agora multiplicidades inquietas, frementes, agitadas. *Uma primeira ponte acaba de ligar, no plano da expressão poética, o lado objetivo e o lado subjetivo da sensação.* Esta ponte só se manifestará plenamente mais tarde, quando as representações de objetos deixaram de ser puramente imaginárias,[30] com a transformação do modo de sentir. Com efeito, dado que a proliferação das imagens objetivas não é já acompanhada por uma análise do lado subjetivo das sensações, vamos assistir à transformação do modo de sentir,[31] como se o desdobrar das multiplicidades obrigasse a essa transformação, não podendo já o sujeito, perante a profusão e as variedades das imagens pertencentes a todos os tempos e a todos os espaços, investi-las segundo a mesma modalidade afetiva...

Que modalidade? A de um Eu único, que sente, unificando os seus modos de sentir num mesmo núcleo subjetivo. Já não se trata de unificar os modos de sentir, porque, ao multiplicarem-se as séries diferenciais de imagens objetivas ("Os navios que entram a barra,/ Os navios que saem dos portos,/ Os navios que passam ao longe..." etc..), tornaram impossível qualquer veleidade de unificação. De fato, a primeira separação, entre eu-agora e essa outra pessoa "que fosse misteriosamente minha", entre mim e mim, continha já, lentamente, diversificação e a multiplicação dos sujeitos. O desencadear das multiplicidades objetivas vai conduzir à explosão paralela do sujeito, desencadeando, por seu turno,

---

30 "Na minha imaginação ele/ o paquete/ está já perto..."; "Sede vós os frutos da árvore da minha imaginação..." (p. 894).

31 "Uma inexplicável vontade de poder sentir isto de outra maneira" (p. 894).

multiplicidades subjetivas e outros modos de sentir: é o que acontecerá com o delírio[32] a seguir ao berro de Jim Barns. O sujeito inicia então um processo múltiplo de devir-outro: devir-corsário, devir-mulher, devir--marinheiro etc.

Até ao grito de Jim Barns, o movimento da "Ode marítima" apresenta assim três fases: 1) oscilação entre o polo objetivo e o polo subjetivo das sensações; 2) duplicação da consciência na distância entre estes dois polos; 3) desencadeamento de séries de imagens objetivas e lenta metamorfose do regime do sentir.

A que transformações nas categorias do interior e do exterior correspondem estas fases? A duplicação da consciência analisando o mistério da distância tem como efeito o alargamento do espaço da sensação – o que se manifesta claramente do lado objetivo: as multiplicidades cobrem vastas superfícies, fala-se de portos longínquos, de outros mares, depois de todos os oceanos, por fim da Terra inteira. Do lado subjetivo, as consequências manifestar-se-ão apenas como efeitos, através do tempo, do alargamento do espaço exterior. À medida que este último se alarga, estabelecem-se numerosas ramificações entre a face interna e a face externa da sensação: multiplicam-se pontes, canais, conexões de toda a espécie – as redes ao sol, as emoções das quilhas de barcos virados, a sedução da vida marítima que se infiltra no sangue –, em suma, o corpo e a pele são o meio graças ao qual se criam estas ligações.

Atingindo o máximo da sua extensão – o infinito, já que tudo agora pode, em princípio, entrar nas séries de imagens marítimas, tudo, seja qual for o seu espaço ou o seu tempo, pode ser imaginado –, *este ilimitado espacial (em todos os sentidos) confunde-se de súbito com o tempo*. Ao desencadear a totalidade infinita das distâncias e das coisas distantes, *a distância espacial infinita torna-se distância temporal*.[33] Então, o espaço articula-se com o tempo, o espaço torna-se tempo e o tempo, espaço:

Todo o vapor ao longe é um barco de vela perto.
Todo o navio distante visto agora é um navio no passado visto próximo.
Todos os marinheiros invisíveis a bordo dos navios no horizonte
São os marinheiros visíveis do tempo dos velhos navios.[34]

---

32 "Toma-me pouco a pouco o delírio das coisas marítimas" (p. 897).

33 Encontra-se aqui o fundamento da metaforização a partir da relação interior/exterior.

34 OPP, I, p. 897.

No próprio momento em que a distância objetiva era máxima, começava já a confundir-se com a distância subjetiva; esta (de mim a mim, de eu-agora a todos os eus passados e futuros) já não separa, já não induz cisões internas numa entidade indivisa, mas permite a coexistência de vários polos, de vários eus, porque estes podem sempre transformar-se uns nos outros, e assim "reduzir" (e também "manter") todas as distâncias – sendo o espaço (enquanto infinito) o operador destas transformações. Um espaço nem puramente objetivo nem puramente subjetivo, *idêntico em toda a parte, está em formação*, permitindo as transformações e as equivalências entre o interior e o exterior, entre o tempo subjetivo e o espaço objetivo. O mais vasto reúne-se ao menor, pois ambos se encontram no mesmo plano:[35] os brinquedos da infância são os barcos visíveis no mar ao longe; os velhos veleiros de outrora, perto, são os paquetes de hoje. A distância do início que tudo desencadeou entre o eu e o paquete parece agora poder ser preenchida.

Tudo pode agora coexistir no mesmo plano: todas as distâncias-separação são abolidas, tanto no tempo – entre a infância e o presente do poeta, entre o passado e a era moderna das máquinas – como no espaço – entre todos os continentes, todos os portos, todos os mares, todos os barcos; tudo o que se encontrava antes separado pode agora comunicar e unir-se: o plano (de consistência) está pronto.

Tendo-se aberto até aos confins dos espaços (interior e exterior) da sensação analisada, a consciência, no seu movimento de duplicação, "intelectualiza" a emoção, tornando abstrata a sensação. Ora, é apenas quando se completa este processo de abstração – com a formação de uma Realidade abstrata – que se atinge, segundo Pessoa, o nível da expressão artística. Quererá isto dizer que ainda não o atingimos? Só teremos acesso a ele quando estiver formado o plano de consistência? Mas a "Ode marítima" começou, por assim dizer, há muito tempo! Não há enigma: vimos já que Pessoa constrói muitas vezes os seus poemas reinscrevendo neles a própria construção do poema. A "Ode marítima" é um desses casos: tomamo-la como exemplo, porque se nos manifesta como um modelo de poema que descreve o processo de elaboração poética. Neste sentido, é verdade que o plano de consistência representa o estádio final desse processo; mas não deixa de ser verdade também que todos os poemas de todos os heterônimos se situam no mesmo plano.

---

[35] É o Plano de Consistência de Deleuze e Guattari (*Mil platôs*). Uma vez que o plano a que nos referimos tem as mesmas propriedades, adotaremos doravante este termo para o designar.

Para o compreendermos plenamente, é necessário captar bem o modo como se forma o plano de consistência.

A transformação do espaço da sensação, a construção de um plano único de coexistência de todas as sensações realizam-se a três níveis: o da estrutura do espaço (e do tempo); o do corpo e da consciência; e o das intensidades.

3. TRANSFORMAÇÃO DO ESPAÇO (E DO TEMPO): O ENGENDRAR DO INFINITO

A análise abre a sensação nas suas duas dimensões, exterior e interior, e, em seguida, duplica cada uma delas, fazendo-as refletir-se sobre si próprias.

É a consciência que efetua a operação: "consciência da consciência" proporciona à sensação a expressividade artística. Podemos perguntar: por que é que a duplicação da consciência não prossegue indefinidamente? Por que é que não continua a avançar até ao esgotamento das últimas possibilidades de abstração? Porque tal não é necessário: para atingir o infinito – enquanto dimensão de uma superfície onde podem inscrever-se ao mesmo tempo a forma da sensação (a sua forma abstrata), o seu sentido e o seu conteúdo emocional –, um duplo nível de duplicação da consciência, em certas condições, é suficiente.

Comecemos por recordar a importância do infinito em Pessoa e nos seus heterônimos: ideia central, mesmo em Alberto Caeiro, que a rejeita,[36] o infinito tem múltiplas funções. Como a ideia de "Deus" (termo, no dizer de Pessoa, destinado a criar um tipo preciso de sensações, como a reverência e o mistério), também a ideia de infinito deve provocar a impressão de mistério, uma vez que esta impressão nasce da ausência de limites determinados, impostos ao sentir. Mas o infinito não é apenas uma ideia, é sobretudo um espaço – que não comporta limites, de modo a permitir, enquanto operador das equivalências entre o espaço e o tempo da sensação, todas as transformações possíveis dos modos e do sujeito do sentir.

Recordemos, depois, a pregnância das estruturas em abismo, como a da consciência: manifesta-se não só aos dois níveis sempre presentes do

---

36 Tal decorre diretamente da sua filosofia. Mas existe um texto sobre o assunto, no qual Caeiro, ao discutir com o seu discípulo Campos, recusa a ideia de infinito (*Notas para a recordação do meu mestre Caeiro por Álvaro de Campos*, OPP, I, p. 737).

discurso e do metadiscurso (sensação e pensamento de sensação), mas, explicitamente, como duplicação de espaços (interior e exterior): há um interior do interior,[37] e também um exterior do interior;[38] e um interior do exterior, bem como um exterior do exterior.[39] Em "A casa branca nau preta", Álvaro de Campos escreve: "A impossibilidade de tudo quanto eu nem chego a sonhar/ Dói-me por detrás das costas da minha consciência de sentir...". É ainda ele que começa um poema com o verso: "Gostava de gostar de gostar". Em "Chuva oblíqua", Fernando Pessoa ortônimo descreve alguns desses espaços de espaços:

> E a sombra de uma nau mais antiga que o porto que passa
> Entre o meu sonho de porto e o meu ver esta paisagem
> E chega ao pé de mim, e entra por mim dentro,
> E passa para o outro lado da minha alma...

A análise das sensações abre "infinitamente" o exterior e o interior. Cada uma destas dimensões contém, por seu turno, um interior e um exterior, há um dentro e um fora da paisagem que vejo fora de mim, como há um fora e um dentro desta angústia que sinto: o que permitirá eventualmente ao poema progredir segundo um ritmo de análise alternada, emoção analisada pela imagem objetiva analisada pela emoção etc. Assim se forma uma estrutura espacial de inclusões sucessivas, de um lado ou dos dois lados da sensação: um interior e um interior de um interior..., e um exterior de um exterior de um exterior... Ora, sempre que se apresenta uma estrutura espacial deste tipo – que podemos designar como de "encaixamento" ou "inclusão especular" –, esta produz um espaço infinito. Qual é a natureza deste espaço?

Uma vez que resulta da transformação do espaço da sensação considerada como unidade estética, ele não determina nem uma exterioridade objetiva nem uma simples interioridade subjetiva. A abertura da sensação, a exteriorização do interior, não leva a um espaço de três dimensões, no qual as coisas seriam percepcionadas sem mais oscilações subjetivas (emocionais). Se o plano de consistência implica um espaço em que todos os espaços podem coexistir, não será o infinito geométrico

---

[37] "Entra mais na alma da alma" (OPP, I, p. 312); "Sonhando de sonhar" (OPP, I, p. 229).

[38] "É na sombra íntima de mim, no exterior do interior da minha alma, que [...] se espetam alfinetes" (LD, II, 322, p. 56).

[39] "Um Oriente ao oriente do Oriente" ("Opiário", OPP, I, p. 371).

que satisfará tal condição. Porque não se trata apenas de coexistência de espaços e tempos diferentes, mas da sua conexão, da sua "interseção". Esta questão liga-se diretamente às da intensificação máxima da sensação e da necessidade de "sentir tudo": o plano de consistência deve permitir a mais forte intensidade e a maior diversidade (multiplicidade) das sensações.

Como "sentir tudo"? Não sentindo tudo de uma só vez; para cada sensação há, pelo contrário, aproximações, parentescos, cruzamentos que se estabelecem com outras sensações. Todas as sensações a partir das quais se pode construir uma "Realidade Abstrata", por intermédio de uma figura abstrata, pertencem a um mesmo grupo, a um mesmo bloco. Todos os navios, de todos os espaços e de todos os tempos, coexistem no "navio abstrato".[40] A forma abstrata (e não a coisa, o navio) define o ponto de interseção de várias sensações: ponto que é ainda uma sensação, mas uma sensação que *contém* em si todas as do mesmo grupo – as quais são "concretas", enquanto a primeira é "abstrata".[41] O navio abstrato contém todos os navios concretos, tal como a sensação que lhe corresponde contém todas as sensações de todos os navios, das suas partidas e das suas chegadas reais, dos seus cruzeiros, dos seus naufrágios.

Qual é o espaço onde *todas* as sensações concretas pertencentes a um mesmo grupo se podem encontrar? Num espaço necessariamente infinito, pois a infinitude caracteriza aqui a inesgotável possibilidade de estabelecer conexões neste ponto espacial entre uma multiplicidade de sensações diversas, ou de acrescentar qualquer outra sensação concreta do mesmo tipo: a infinitude é produzida pela abstração.

Não constitui, portanto, um traço do espaço objetivo, mas do espaço estético-estesiológico. O infinito não é extensivo ou geométrico, mas qualitativo; qualitativo, mas não subjetivo, porque é o lugar possível de *toda* a emoção estética, incluindo também, assim, as emoções que derivam da transformação do espaço objetivo.

"Eu amo infinitamente o finito":[42] é no finito, e até no minúsculo, que se abre e se engendra o infinito. Num lugar que é necessário produzir (e descobrir), e a que Álvaro de Campos chama "centro", lugar situado no finito. Este centro é o equivalente do "centro da alma" dos místicos,[43]

---

40 "Todos estes navios abstratos quase na sua ida" ("Ode marítima", OPP, I, p. 895).
41 "É uma sensação abstrata/ Da vida concreta" (Álvaro de Campos, OPP, I, p. 1028).
42 OPP, I, p. 1007.
43 Não é por acaso que o centro da alma é comparado por Santa Teresa de Ávila ao centro de um

foco para que convergem todas as realidades: "A mulher que chora [...]/ o vendedor de ruas [...]/ O arcanjo isolado [...]/ Tudo isto tende para o mesmo centro,/ Busca encontrar-se e fundir-se/ Na minha alma."[44] Nem a alma nem o "sujeito" representam esse ponto focal onde se fundem todas as realidades. Mais profundamente, é o centro da alma (que assim descentra o sujeito), lugar onde todos os lugares de um mesmo grupo (abstrato) coexistem infinitamente:

Toda a manhã que raia, raia sempre no mesmo lugar
[...]
Todos os lugares são o mesmo lugar, todas as terras são a mesma,
E é eterna e de todos os lugares a frescura que sobe por tudo[45]

Num outro poema que retoma o primeiro verso que acabamos de citar, Álvaro de Campos é mais explícito – esse lugar onde todas as manhãs são a mesma manhã é o infinito:

Todas as madrugadas são a madrugada e a vida.
Todas as auroras raiam no mesmo lugar:
Infinito...[46]

No centro da alma, o espaço abstrato é infinito. Como é que se atinge o centro da alma? Através do mesmo movimento que abre até ao infinito o espaço da sensação: duplicando-se a consciência da sensação, opera-se um duplo movimento de alargamento da consciência e de retraimento dos seus pontos múltiplos de focalização. A reflexão da consciência sobre si própria, ao abrir o espaço da consciência, permite o aparecimento de múltiplas sensações e o seu cruzamento. Cada um destes pontos é um lugar do infinito, um centro da alma.[47] Assim, a reflexão

---

palmito, fruto de certa espécie de palmeira, cujas cascas se imbricam como as camadas de uma cebola – é deste tipo a estrutura da inclusão especular aqui descrita.

44 OPP, I, p. 1022.

45 OPP, I, p. 1021.

46 OPP, I, p. 943.

47 Cada um destes pontos define, como veremos no capítulo IV, uma singularidade – estamos no cerne da gênese dos heterônimos. O centro da alma situa-se no espaço do corpo, que é abstrato:
Meu corpo é um centro dum volante estupendo e infinito
Em marcha sempre vertiginosamente em torno de si,

sobre a reflexão, a consciência da consciência, produz ao mesmo tempo o centro da alma – como espaço situado no interior do interior – e a infinitude espacial abstrata – sendo o centro da alma o ponto de irradiação para o exterior de todo o interior.

O espaço infinito engendra-se por inclusão especular. Vamos servir-nos de uma analogia, que ajuda a apreender o mecanismo de produção de infinito a partir da duplicação da consciência.

Tomemos o exemplo das bonecas russas, que se encaixam umas dentro das outras, as *matrioshkas*. Quando abrimos a primeira, encontramos outra semelhante no seu interior; quando abrimos a segunda, descobrimos uma terceira, menor – e assim sucessivamente, até à última, pequeníssima, que já não se abre, de madeira maciça. O jogo tem por objetivo provocar a surpresa, ou antes: mostrar a verdadeira natureza da surpresa e da expectativa que ela faz nascer. O que procuramos quando abrimos uma caixinha de surpresas? O que há no interior do corpo, que tesouro encerra? Um outro corpo, que abriga um outro etc. – a curiosidade que leva a abrir uma boneca, e depois outra, nunca será satisfeita; porque, no "fim", encontramos ainda uma boneca, mas que já não se abre. É verdade que, depois de abrirmos a segunda ou terceira boneca, não esperamos já encontrar uma que não se abra; pelo contrário, o movimento de abertura parece agora não poder acabar mais, abrimos já a boneca seguinte na esperança secreta de encontrarmos, para a abrirmos, uma outra lá dentro. Chegados, assim, à última, de madeira maciça, invade-nos uma sensação estranha, ao mesmo tempo de deceção e de esperança satisfeita: era então isto a surpresa? E, no entanto, o fato de esta última boneca ser fechada satisfaz paradoxalmente a expectativa infinita: se fosse de abrir e estivesse vazia, ficaríamos desapontados; se contivesse alguma coisa, isso não corresponderia, apesar de tudo, a essa expectativa feita da reiteração do vazio – em suma, o fato de ela surgir assim, fechada, prolonga o movimento de abertura, como se o fechamento continuasse, na realidade, a abrir as bonecas, ou as deixasse para sempre abertas. De que modo o fechamento final pode significar a (e equivaler à) sucessão infinita das aberturas?

Cruzando-se em todas as direções com outros volantes,
Que se entrepenetram e misturam, porque isto não é no espaço
Mas não sei onde espacial de uma outra maneira-Deus
("Afinal a melhor maneira de viajar é sentir", OPP, I, p. 1027).

Esta última boneca remete, por uma espécie de especularização, para todas as que a precedem – como que para nos dizer que a surpresa é que nunca há surpresas, que se pode abrir indefinidamente um certo espaço interior sem chegarmos a um lugar final, em suma, que a natureza deste espaço interno é ser infinita. Mas um infinito *atual*, situado não "no fim" da série de inclusões, antes produzido, engendrado, pela rede dos espaços assim criados.

Trata-se de uma inclusão especular. A segunda boneca remete para a primeira como sua imagem (mais precisamente: a sua quase-imagem) no espelho, quando dois espelhos se encontram um diante do outro. Se o objeto contido na primeira boneca não fosse uma outra boneca (quase-)idêntica, a relação entre os espaços interior à primeira boneca e exterior à segunda seria completamente diferente: se se tratasse, por exemplo, de uma caixa cúbica, ainda que de abrir, o espaço interno da primeira boneca pertencer-lhe-ia em exclusivo. Haveria um interior da boneca que seria perfeitamente estranho ao espaço da caixa, ao espaço exterior que a rodeia, como ao espaço que ela contém. Mas, porque a cada boneca se segue outra quase idêntica, cria-se um espaço paradoxal entre as duas bonecas, espaço interior à primeira e exterior à segunda e que, todavia, pertence às duas.

Por outro lado, é preciso que as bonecas difiram umas das outras nalguns pormenores quase imperceptíveis: se fossem perfeitamente idênticas, tratar-se-ia sempre da mesma boneca, reproduzida em vários exemplares de tamanho decrescente – e o espaço não seria já paradoxal, mas único e homogêneo. Porque há uma defasagem mínima, mas decisiva, entre as bonecas, a inclusão é, na realidade, quaseespecular, e o espaço produzido, ao mesmo tempo, *sobredeterminado* (enquanto exterior e interior) e *indeterminado*, na medida em que escapa, simultaneamente, a essas mesmas determinações.

Esta zona de indeterminação *esburaca* literalmente os espaços: doravante, quando abro a segunda boneca à procura de um "interior" (que deveria conter a surpresa), não encontro senão um espaço paradoxal, um interior exteriorizado (semelhante ao exterior da segunda e da primeira: todo o interior aberto deixa de o ser). Ao mesmo tempo, há especularização porque a segunda boneca possui ainda um interior: quando ela se abre, para mostrar no seu seio a terceira, descubro que a exteriorização do seu interior, ou, noutros termos, a especularização deste último como exterior, só é compreensível numa relação com um Interior Absoluto – nunca presente no mesmo espaço (já que este, com as aberturas sucessivas, se torna sempre exterior), e sempre *atual* num espaço outro, espaço que se abre como um buraco do espaço exterior na zona de sobredeterminação-indeterminação, em que o interior de cada boneca se sobrepõe ao exterior da seguinte. Porque se lhe sobrepõe invade-o já, enchendo de interior esse espaço exterior da segunda boneca; e *apela* à sua abertura, porque não tem limites visíveis: só a descoberta da terceira boneca é que afirma, pela reduplicação do processo, a infinitude deste espaço interior – que se exterioriza indefinidamente. Porque só a presença da terceira boneca (transferindo, por especularização, a relação primeira/segunda para a relação segunda/terceira) faz com que a segunda boneca seja ao mesmo tempo interior e exterior, e com que todas as bonecas sejam como uma "segunda boneca", esburacando radicalmente o interior da série das bonecas: o interior da primeira boneca é, ao abrir-se a segunda e ao descobrir-se a terceira, remetido para o interior da segunda – o qual reenvia já para o interior da terceira, porque se sabe já que esta, estando também especularizada como uma "segunda" com um interior, deve abrir-se para uma outra boneca (quarta), e assim infinitamente: é o Interior Absoluto, infinito atual. É na fronteira dos dois espaços, exterior de uma boneca e interior da que a precede, que se cava o espaço sem fim. Bastam três bonecas para criar o infinito. É aí que está o infinito, na zona da indeterminação e não no fim da série das inclusões.

O infinito manifesta-se na nossa experiência comum pela crença em que a terceira boneca, ao abrir-se, revelará uma quarta boneca de abrir, e assim por diante – repetindo-se a estrutura de inclusão especular entre a primeira e a segunda bonecas quando passamos ao nível da segunda e da terceira, já que a segunda boneca desempenha o papel de um espelho, especularizando a primeira e a terceira; papel que será retomado pela terceira, quarta etc.

O que é verdade para a crença que estabelece um infinito no jogo das bonecas russas reencontra-se na duplicação da sensação e dos espaços imbricados da sensação. Também aqui, bastam três níveis para abrir infinitamente o espaço interno: a sensação, a consciência da sensação e a consciência da consciência da sensação.

Como é que a "Ode marítima" fabrica o lugar do infinito ou centro da alma?

Trata-se, com efeito, de criar o infinito no próprio interior do finito, pois é necessário produzir ou atingir o lugar de onde devem sair infinitas multiplicidades de sensações. Ora, as sensações múltiplas, as séries sem fim, surgem na "Ode marítima" desde o início, logo depois de o poeta exclamar: ah, que mistério essencial "não é ponte entre qualquer cais e o Cais!". E imediatamente, como já referimos, é alterado o regime das imagens objetivas, as séries começam a proliferar – fugas, viagens, praias, costas – e, a partir daí, as "coisas marítimas" vão ser sacudidas por um movimento que só cessará muito mais tarde, no poema. Como se chegou a este ponto? Como é que de súbito aparecem multiplicidades – que condições devem ser reunidas para que elas possam surgir?

Toda a passagem (sobre o Grande Cais, o Cais Absoluto) que precede o verso que acabamos de referir é, sem dúvida, uma das mais difíceis de interpretar em toda a "Ode marítima". E esclarece-se, no entanto, se procurarmos aí os processos que conduzem à abertura infinita do espaço da sensação, através de "inclusões especulares". O mecanismo é idêntico ao que cria o Interior Absoluto das bonecas russas.

Começa por haver um cais, o cais real (imagem objetiva) em que o poeta está. Mas este cais lembra-me outros cais de que evoco "as memórias" (ou mais exatamente: este cais faz-me pensar num paquete e os paquetes "que entram de manhã na barra" trazem a memória de outros cais. Pode considerar-se que este cais real "contém" a recordação de outros cais). Mas eis que a análise das sensações me revela que todos estes cais me perturbam e fazem nascer em mim certas "significações metafísicas"...

De tal modo que estas remetem para (ou "contêm" talvez a recordação de) um outro cais, um Grande Cais, um Cais Absoluto. Ora, sabe-se que é deste Cais Absoluto que vão sair todos os cais, e tudo o que a eles se associa, todo o diverso. Este Cais Absoluto ocupa o centro da alma, o lugar do infinito. De que modo?

Tínhamos um cais real (c_1), depois um outro (ou vários) cais (c_3) contidos na recordação evocada pelo primeiro. Este cais (c_3) contém também um terceiro cais, mas que se apresenta já como absoluto (ou seja, que já evoca ou "contém", por sua vez, todos os cais). Absoluto e infinito, já que é todos os outros cais, "o Grande Cais como todos os outros cais, mas o Único". Designemo-lo por c_2. Por que c_2 (e não c_3)? Porque, tal como acontece com a segunda boneca, o Grande Cais especulariza todos os outros cais. Descubro, na realidade (retroativamente, no poema), que, se cada cais real, "cais de pedra atual sobre água verdadeira", me recorda mil outros cais (no "mundo-exterior" onde tudo se "revela diverso"), é por ele me evocar o Cais Absoluto. E por que me evoca ele afinal o Cais Absoluto? Não por este ser a Ideia platônica do Cais, pois se trata ao mesmo tempo de um cais que é de algum modo sensível, "Coisa-Real,

Espírito-Coisa, Entidade em Pedra-Alma", "um Grande Cais como todos os outros cais", repleto de coisas concretas, ruídos, fumos, coisas sensíveis e "ocasionais" ("a nuvem negra ocasional e leve"). A Ideia-Forma platônica foi sabotada, subvertida e tornada *sensível* (mas "Única") – e tudo como consequência do "sentimento-raiz" que a investe.

O Cais Absoluto representa pois aquilo que une este cais real a todos os outros cais, o que *produz* a multiplicidade de todos os outros cais contida em cada cais real. E não esqueçamos que os cais reais são esse cais porque, cada vez que olho, tenho o sentimento-raiz do Cais Absoluto.

Cada cais contém um outro cais na memória. E cada cais surge a partir de agora idêntico a todos os outros cais por conter não sei que misteriosa recordação... Onde? Na zona mais profunda da memória, onde se encontra o Cais Absoluto que contém ele próprio todo o Diverso – tal como qualquer cais real "contém", ou é mesmo já (cópia de) um Cais Absoluto. Tal como a última boneca, maciça, ao surgir, especulariza, em sentido inverso, toda a série de bonecas, impedindo-a de se fechar, assim também o Cais Absoluto, no fundo e no centro da memória (e da alma), cria um lugar de produção do infinito (cais e depois outras imagens e as correspondentes emoções). O Cais Absoluto é uma "segunda boneca" (espelho daquela que precede e da que sucede; e especularizando-as uma na outra): percorre toda a série mantendo-se, paradoxalmente, no final (infinito) da série, e no "interior" dos espaços encaixados da memória.

Neste caso, a memória estrutura o espaço da sensação segundo um processo de inclusão especular. É evidente que se poderia descrever a mesma estrutura pelo lado subjetivo da sensação – a minha angústia "contém" a recordação de um outro "eu" que recorda um "eu" anterior ao espaço e ao tempo etc. Na verdade, a análise das sensações constrói, aqui, duas estruturas num processo de encaixamento especular que elas próprias tecem encaixando-se uma na outra. Vejamos o esquema desse movimento.

Começa por haver um sujeito que tem sensações, que experimenta a náusea, que se define por um dentro, um interior ("E dentro de mim um volante começa a girar..."). É um *eu*, unidade do sujeito substancial, foco de todos os seus modos, em especial do passado ("[...] significações metafísicas/ Que perturbam em mim quem eu fui..."); mas já com esta divisão do sujeito se esboça a duplicação da consciência. Vimo-lo: o intervalo entre mim e mim é analisado como distância entre o barco e o cais; a qual, por seu turno, remete do lado subjetivo da sensação para uma "névoa de sentimentos de tristeza", para "uma angústia recente", como se a recordação dessa outra pessoa "que fosse misteriosamente minha" me envolvesse. A recordação envolve-me: opero uma reflexão da consciência sobre a consciência da minha sensação de mim próprio, e pergunto-me: quem é este "eu" que fui outrora? Transfiro o intervalo entre o eu-agora e o eu-outrora para a distância entre o cais que vejo e o Cais Anterior, e pergunto-me: o que é este intervalo entre o Cais e todos os cais? Este intervalo ou distância, que encerra "a essência do mistério e do sentido", abre-se como um abismo sem fundo para o infinito.

Daqui partem as multiplicidades inesgotáveis de imagens objetivas de barcos, cais, portos, mares. No entanto, trata-se, neste ponto da "Ode marítima", de um infinito de profundidade, que será necessário transformar em infinito de superfície,[48] ligado não já ao eu, mas à consciência que se desprende do eu – resumindo esta transformação todo o problema da construção do plano de consistência.

Este plano de coexistência de todas as sensações deve ser eminentemente plástico, para permitir a formação de todos os tipos de espaços, de direções,[49] de tempos, de horas. "Meu corpo é um centro de um volante estupendo e infinito/ [...]/... isto não é no espaço/ Mas não sei onde espacial de uma outra maneira-Deus": esse algo espacial que não está no espaço representa um buraco no espaço; é o "espaço abstrato" que "ocupa" um "mesmo lugar", *tópos* atual infinito. Espaço que em "Passagem das horas" engloba, ao mesmo tempo, o cosmos e o espaço do corpo que o investiu, graças a uma espécie de reversibilidade mimética entre o interior (do corpo) e o exterior. Porque o plano de consistência resulta também dessa exteriorização do interior do corpo:[50]

> *Todas as auroras raiam no mesmo lugar:*
> *Infinito...*
> *Todas as alegrias de ave vêm da mesma garganta,*
> *Todos os estremecimentos de folhas são da mesma árvore,*
> *[...]*
> *Rola, bola grande, formigueiro de consciência, terra,*
> *[...]*

---

48 Porque há um mistério de profundidade e um mistério de superfície: "Sempre o mistério do fundo tão certo como o sono do mistério da superfície" ("Tabacaria").

49 "Sou um monte confuso de forças cheias de infinito/ Tendendo em todas as direções para todos os lados do espaço" ("Afinal a melhor maneira de viajar é sentir").

50 Recorde-se que a "atmosfera" do *Livro do desassossego* resulta da transformação do espaço da sensação em espaço do corpo.

*Rola no espaço abstrato, na noite mal iluminada realmente
Rola...*[51]

Espaço onde se forma a realidade abstrata, quer dizer: a realidade estética, que não é nem imaginária (ilusória) nem simbólica,[52] nem material (exterior) nem espiritual (interior). Espaço das equivalências entre sensações, provém da desestruturação do espaço perceptivo habitual. Mais exatamente: deriva de um processo que compreende dois momentos, um de desestruturação, outro de construção do plano de consistência.

O momento da desestruturação está patente em todos os poemas que traçam o caminho que conduz a esse plano:[53] na "Ode marítima", traduz-se pela desagregação progressiva da ordem das sensações, pelo abalo do "psiquismo" etc.

A desestruturação separa umas das outras as sensações, bem como os objetos. O infinito instala-se entre as coisas, mesmo que próximos no espaço percepcionado. O interior vem da transformação do tempo objetivo: torna-se duração infinitamente afrouxada, tempo que não passa. É esse tempo que cria o *intervalo*, que abre o *interstício*: esburaca a superfície do mundo, enterra-se, atola-se, move-se sem fluir – "e o tempo,/ Em vez de horizontal/ É vertical".

O infinito não exige, assim, uma superfície ou uma extensão objetiva infinita. No espaço abstrato, dois pontos próximos um do outro podem estar separados por uma distância infinita – como dizia Giacometti a propósito dos olhos num rosto.

Os estados experimentais de Bernardo Soares com frequência apresentam fenômenos nos quais o infinito irrompe subitamente. Recordemos que estes estados desestruturados de semissono realizam espontaneamente a análise das sensações, separando-as e isolando-as. O tédio, por exemplo, essa espécie de aborrecimento que deve, no entanto, distinguir-se do aborrecimento, desagrega a ordem e a conexão do mundo, fazendo aparecer o infinito no meio do sentimento maior de asfixia: "O

---

51 OPP, I, p. 943.

52 "Símbolos? Estou farto de símbolos.../ Mas dizem-me que tudo é símbolo./ Todos me dizem nada" (OPP, I, p. 1008).

53 Podemos reunir numa categoria os poemas (todos de Álvaro de Campos) que apresentam um plano de consistência: "Ode triunfal", "Ode marítima", "Saudação a Walt Whitman", "Passagem das horas", "Afinal a melhor maneira de viajar é sentir". E, a partir daqui, estabelecer uma classificação segundo as variantes possíveis (por exemplo, "Tabacaria" e "Dois excertos de odes" ocupam nela lugares precisos).

tédio é sensação física do caos, e de que o caos é tudo. O aborrecido, o mal-estante, o cansado, sentem-se presos numa cela estreita. O desgostoso da estreiteza da vida sente-se algemado numa cela grande. Mas o que tem tédio sente-se preso em liberdade fruste numa cela infinita".[54]

"A múmia" descreve esta fase de desestruturação. O poema é construído de acordo com uma lógica oposta à das atitudes, gestos e pensamentos comuns: não fui eu que esqueci como mover-me, mas antes: "a noção de mover-me/ Esqueceu-se do meu nome"; não sou eu que desço da alcova, mas sim esta que "Desce não sei por onde/ Até não me encontrar". Tudo está invertido, o espaço, o tempo, a maneira de sentir, e até mesmo a sintaxe que o poeta torce até aos limites das possibilidades da língua.

"A múmia" refere-se a um momento em que o plano de consistência ainda não foi construído, um momento que se apresenta mesmo *como o inverso desse plano:* momento de estagnação, grau zero de intensidade, imobilidade total, espécie de congelamento ou de mumificação em que tudo oscila, particularmente o eu que, separando-se do corpo, deixando de se reconhecer no espaço transtornado do seu corpo, perde a sua realidade ("[...] quando eu/ Para mim próprio mesmo/ Em alma mal existo"). Toda a realidade perde, aliás, o seu sentido, "sem ser nada a nada". As ligações entre as coisas quebram-se, o eu divide-se, um outro olha através dos meus olhos ("De quem é o olhar/ Que espreita por meus olhos?/ Quando penso que vejo,/ Quem continua vendo/ Enquanto estou pensando?/ Por que caminhos seguem,/ Não os meus tristes passos,/ Mas a realidade/ De eu ter passos comigo?").[55] Não é ainda um devir-outro, é já o fim do eu unitário.

Este inverso do plano de consistência realiza uma consistência invertida: a suspensão total da vida, a hibernação da múmia permitem a inscrição de tempos e de espaços diferentes sob o modo de petrificação. A minha realidade separou-se de mim, não sou já senão a "sensação de ser só a minha espinha.// As espadas".

Situando-se no momento em que a desestruturação está completada e a construção do plano de consistência ainda não começou, não é de admirar que "A múmia" apresente – tal como o *Livro do desassossego* de Soares – pedaços embrionários dos heterônimos: de um modo muito sutil, já aqui

---

54 LD, II, 352, p. 90.

55 Exemplo perfeito da torção a que Pessoa submete a gramática: "seguem" dá-se como sujeito "realidade".

está presente qualquer coisa de Caeiro, surgindo, por vezes, na efêmera fixação do sentido do mundo na sua pura aparência ("Espaço misterioso/ [...]/ Cujo sentido é nulo") – e, no entanto, as coisas e, sobretudo, os objetos inanimados enchem-se de vida e de um sentido misterioso ameaçador: versos que poderiam ser assinados por Reis ("Para que a Vida passe/ E colher esqueça aos gestos"); quanto a Álvaro de Campos, as referências e os versos idênticos são numerosos (por exemplo: "As minhas ansiedades caem/ Por uma escada abaixo"). É porque o plano de consistência admite a coexistência de múltiplas sensações heteróclitas, que dessa mesma coexistência – e dos estados experimentais – nascerão os heterônimos.

Nesta situação, o infinito surge com um "tinir" que soa na estranheza ilimitada do espaço, isolando as coisas. Surge na duplicação quase imperceptível da consciência sobre si própria ("Em mim o Universo –/ É uma nódoa esbatida/ De eu ser consciente sobre/ Minha ideia das coisas"), como mistério de um nada, buraco num Universo evanescente, buraco que se abre como distância entre eu-outro ("Que espreita por meus olhos") e eu-duplicado, consciente de já não ser eu ("eu que penso que vejo"), mistério-infinito da Múmia:

Andei léguas de sombra
Dentro em meu pensamento.
Floresceu às avessas
Meu ócio com sem-nexo,
E apagaram-me as lâmpadas
Na alcova cambaleante.

Tudo prestes se volve
Um deserto macio
Visto pelo meu tacto
Dos veludos da alcova,
Não pela minha vista.

Há um oásis no Incerto
E, como uma suspeita
De luz por não-há-frinchas,
Passa uma caravana.

Esquece-me de súbito
Como é o espaço, e o tempo

*Em vez de horizontal
É vertical.*

*A alcova
Desce não sei por onde
Até não me encontrar
Ascende um leve fumo
Das minhas sensações.
Deixo de me incluir
Dentro de mim. Não há
Cá-dentro nem lá-fora.*

*E o deserto está agora
Virado para baixo.*

*A noção de mover-me
Esqueceu-se do meu nome.*

*Na alma meu corpo pesa-me.
Sinto-me um reposteiro
Pendurado na sala
Onde jaz alguém morto.*

*Qualquer coisa caiu
E tiniu no infinito.*

4. ESPAÇO ABSTRATO E CORPO SENSÍVEL: AS SENSAÇÕES E OS ÓRGÃOS

Na "Ode marítima", após o grito de Jim Barns "Ahó-ó-ó-ó-ó-ó-ó-ó-ó-ó-ó-yyyy.../ Schooner ahó-ó-ó-ó-ó-ó-ó-ó-ó-ó-ó-ó-ó-ó-yyyy...", cessa o regime oscilante da análise das sensações.

Deixa de haver, de um lado, a multiplicidade das paisagens marítimas vistas de perto ou de longe, e do outro, emoções que procuram maneiras de sentir; deixa de haver um exterior separado do interior. Está formado o plano de consistência. Começa então o "delírio das coisas marítimas": um transbordar de visões de massacres, de piratas, de todos os marinheiros de todos os tempos e lugares, de piratas, de crucificações – e de órgãos do corpo, pele, veias, olhos, dentes, unhas, mãos, dedos, flancos, espinha, nervos, ossos, sangue, carne dilacerada –, tudo passa por ali, sacudido pelas vibrações e intensidades que percorrem o *corpo do poeta*. Doravante, o lado subjetivo ou interior da sensação não se mantém já à distância do lado objetivo ou exterior, mas imbrica-se nele, a tal ponto que o movimento das coisas (dos piratas, dos gritos e de todos os órgãos) se identifica com o movimento das emoções. Tudo se passa como se as personagens, seres, navios, gruas, âncoras, cais, ilhas desertas, corsários, *viajassem agora sobre este corpo exposto*, sobre a superfície deste corpo[56] que inclui, num outro espaço, o interior e o exterior transformados.

Para que se construísse uma tal superfície ou plano, foi preciso que a sensação viesse prender-se ao corpo; ou melhor, que o corpo, ausente no início do poema, se tornasse ele próprio sensação, assim efetuando a junção entre a subjetividade e o objeto, entre a alma e o mundo. Foi, portanto, necessário não apenas criar um outro espaço, mas que a coisa exterior e a emoção correlativa fossem substituídas por qualquer coisa diferente: são os órgãos, e é, como já vimos, o espaço do corpo que substitui os dois espaços originais, o interior e o exterior. Como é que, no poema, o corpo trabalha no centro da construção do plano de consistência?

Quando se suspende a análise do lado subjetivo das sensações, assiste-se, como já foi dito, ao desfilar das multiplicidades de imagens objetivas; a emoção já não as segue. À medida que avança o poema e enquanto se alargam os espaços exteriores, alguma coisa impede a abertura definitiva do espaço interior, a sua exteriorização completa, o acesso ao lugar

---

56 Trata-se muito exatamente daquilo a que Deleuze e Guattari chamam o "corpo sem órgãos" – que se identifica, aqui, com o plano de consistência (ver, sobre este problema, *Mil platôs*).

do interior: apesar das duplicações sucessivas da consciência, apesar do aparecimento do mistério sem limites, um obstáculo (no próprio seio do mistério) faz com que se trate sempre da mesma "maneira de sentir". Com efeito, o sujeito já não pode sentir como antes: já não é *uma* imagem de uma partida, ou de *um* barco abandonando o cais, mas uma profusão de imagens descosidas, contraditórias, que se sobrepõem, fluxos de multiplicidades. Como sentir tudo isto? Como fazer coexistir emoções descosidas e contraditórias? Não já com a "alma", pois esta pertence a um eu único, unitário, unificador. Este fecha, do lado do sujeito, o espaço da sensação.

É o eu que sente "a doçura dolorosa", a angústia e a saudade. As sensações são referidas a um sujeito abissal, a sua subjetivação encontra-se como que aferrolhada pelo eu que as encerra. Para criar um plano de coexistência das sensações é, portanto, necessário abolir o eu: este plano far-se-á sobre a superfície do corpo, sobre a pele, onde se libertarão as sensações.[57]

Não é por acaso que a primeira referência ao corpo diz respeito à pele: "A dolorosa instabilidade e incompreensibilidade/ Deste impossível universo/ A cada hora marítima mais na pele sentido!". Trata-se ainda da pele quando o poeta se prepara para sentir com o corpo "como se fosse a nossa alma", correspondendo a passagem da alma ao corpo a uma "vontade de sentir de outra maneira". De que maneira? Não já como um sujeito dotado de uma subjetividade profunda, mas com o corpo e a sua pele. Eis esta primeira etapa da formação do plano de consistência:

> *Ah, a frescura das manhãs em que se chega,*
> *E a palidez das manhãs em que se parte,*
> *Quando as nossas entranhas se arrepanham*
> *E uma vaga sensação parecida com um medo*
> *– O medo ancestral de se afastar e partir,*
> *O misterioso receio ancestral à Chegada e ao Novo –*
> *Encolhe-nos a pele e agonia-nos,*
> *E todo o nosso corpo angustiado sente,*
> *Como se fosse a nossa alma*
> *Uma inexplicável vontade de poder sentir isto de outra maneira.*

---

[57] "Meu velho Walt, meu grande camarada, evohá!/ Pertenço à tua orgia báquica de sensações-em-liberdade" ("Ode a Walt Whitman", OPP, I, p. 923).

Que quer Álvaro de Campos? Libertar as sensações presas a um eu. Como consegui-lo? Dissolvendo o eu, isto é, esvaziando-o da sua falsa espessura: deslastrar-se-ão as sensações do seu conteúdo subjetivo, esvaziando o sujeito delas; desubjetivar-se-á assim este último:

> *Uma inexplicável vontade de poder sentir isto de outra maneira:*
> *Uma saudade a qualquer coisa,*
> *Uma perturbação de afeições a que vaga pátria?*
> *A que costa? a que navio? a que cais?*
> *Ou se adoece em nós o pensamento*
> *E só fica um grande vácuo dentro de nós.*[58]

O terreno está pronto para que seja possível "sentir de outra maneira". É preciso que o corpo se torne *senciente*, é preciso "sentir de todas as maneiras". Agora já nenhum foco homogeneizante e unificador das sensações as impedirá de circular livremente sobre o corpo (ficando disponíveis para todo o tipo de encontros, associações, metamorfoses): sendo cada uma delas uma entidade separada, impessoal, o seu conjunto assemelhar-se-á a uma poeira de singularidades sensitivas. Nenhum eu já que as unifique numa consciência de sentir, uma vez que a consciência se adapta agora ao espaço das sensações, e recebe a sua reverberação abstrata sobre a superfície do corpo. Há, sim, múltiplas *intensidades*. O eu esvaziou-se, fragmentou-se e transformou-se depois em pura unidade formal sensitiva. No plano de consistência, tornou-se potência de transformação:

> *Sentir tudo de todas as maneiras,*
> *Viver tudo de todos os lados,*
> *Ser a mesma coisa de todos os modos possíveis ao mesmo tempo,*
> *Realizar em si toda a humanidade de todos os momentos*
> *Num só momento difuso, profuso, completo e longínquo;*[59]
> *[...]*
> *Eu, que sou mais irmão de uma árvore que de um operário,*
> *[...]*
> *Eu, este degenerado superior sem arquivo na alma.*[60]

---

58 OPP, I, p. 894.
59 "Passagem das horas", OPP, I, p. 933.
60 "Passagem das horas", OPP, I, p. 938.

"Eu, a ama [...], eu, o polícia que a olha [...] eu, a criança no carro": a série dos devires-outros da singularidade aqui chamada "Eu" continua ainda longamente. Encontramo-la sob outras formas em todos os poemas que apresentam um plano de consistência; e dá sempre testemunho de uma dissolução e de uma metamorfose do sujeito. Tornado singularidade, este último "cavalga"[61] cada uma das intensidades que sulcam o seu corpo.

Este corpo define um espaço de metamorfose: "eu" posso tornar-me o que sinto, *eu* posso transformar-me em cada uma das minhas sensações, pirata, marinheiro, mulher, prostituta, pederasta, sadomasoquista. Posso transformar-me em tudo isso, porque não sou eu que sinto: pelo contrário, *cada sensação tornou-se intensidade, quer dizer, energia de metamorfose*. Caracterizando-se pela sua impessoalidade e pela sua plasticidade, a intensidade *modula a abstração* ou a realidade abstrata que investe (uma velocidade, um corsário, um paquete – abstratos), fazendo-a assumir todas as perspectivas possíveis.

Com a formação do plano de consistência (ou corpo sem órgãos), toda a realidade se torna intensiva: agora uma hora *é* uma intensidade, é um tempo vagabundo que circula neste presente eterno, que inclui todas as dimensões do tempo;[62] um movimento de coisa, uma recordação, um grito são também intensidades; para que *eu* passe a ser aquele barco que parte, é preciso que este se transforme em intensidade atravessando a superfície do corpo (que é o mar), que deixe de se situar distante de mim separado da minha sensação.

A distância entre interior e exterior desaparece, não há agora mais do que um só espaço, uma superfície única, um corpo exposto, intensivo: tudo está no exterior, porque o exterior resulta da reversão do meu interior para fora. É assim que se formam os "órgãos", que se "prendem" à superfície do corpo, à sua pele; órgãos-focos de intensidades particulares, lugares de diferenciação intensiva:[63] o "sangue", por exemplo,

---

[61] É este o termo utilizado em "Passagem das horas" para designar ao mesmo tempo a viagem ou a travessia da singularidade através da multiplicidade, a sua velocidade intensiva e a sua metamorfose: "Cavalgada panteísta de mim por dentro de todas as coisas,/ Cavalgada energética por dentro de todas as energias" etc. (Cf. OPP, I, pp. 944-7).

[62] "As épocas marítimas todas sentidas no passado, a chamar" (OPP, I, p. 897).

[63] É tempo de assinalar tudo o que este trabalho deve à obra de Gilles Deleuze. Nenhum outro pensamento contribui tanto para esclarecer a compreensão de Fernando Pessoa. Ao ponto de que, tendo aqui esta leitura de Pessoa feito surgir, uns após outros, os temas deleuzianos – tais como o devir-outro, as multiplicidades, o plano de consistência, o corpo sem órgãos, o nomadismo, as intensidades, a profundidade e a superfície – imbricados segundo a lógica descrita

modula uma intensidade específica diferente da dos "dentes", circula nas "veias" como uma febre – termos do vocabulário da economia das intensidades da "Ode marítima":

O sol dos trópicos pôs a febre da pirataria antiga
Nas minhas veias intensivas.[64]

Tendo desaparecido o eu senciente, a sensação torna-se um fluxo (de sangue, de dor, de prazer): "Escorre sangue quente a minha sensação dos meus olhos".[65]

Para concluir a desestruturação do espaço e do tempo habituais (e assim libertar as sensações), é preciso desmembrar o corpo "vestido do civilizado", desorganizar a disposição bem ordenada dos seus elementos constituintes: daí, o apelo à selvajaria, a rejeição da moral e da civilização: "Fugir convosco à civilização!/ Perder convosco a noção da moral!/ Sentir mudar-se no longe a minha humanidade!"). Deslocar os órgãos (não intensivos) do corpo comum é mudar a ordem do mundo; num só gesto transforma-se esse corpo em superfície intensiva.

Há, assim, várias categorias de órgãos, e diferentes regimes de intensidade dos mesmos órgãos. Toda a passagem sobre o "delírio marítimo", descrevendo a "fisiologia" do corpo sem órgãos, mostra:

1) Que é preciso criar um *corpo senciente*, um corpo de dor, um corpo de prazer, um corpo de êxtase. O massacre dos órgãos visa desencadear fluxos de dor ou de prazer:

Arranquem-me a pele, preguem-na às quilhas.
E possa eu sentir a dor dos pregos e nunca deixar de sentir!
[...]
Calquem aos pés nos conveses meus olhos arrancados!
Quebrem-me os ossos de encontro às amuradas!

---

em *Mil platôs* ou em *Francis Bacon*, formou-se uma convicção inabalável no autor: Fernando Pessoa leu Deleuze! Apesar de não se ter verificado o inverso, a leitura das obras do primeiro limitava-se, por vezes, a simplesmente confirmar a pertinência do pensamento do segundo: é, todavia, verdade que a um faltavam os conceitos que o outro possui. Tendo esta surpresa ainda por extinguir feito nascer no autor o desgosto de não ser "um verdadeiro deleuziano", resta a esperança de que alguém dessa raça (mas será que ela existe?) empreenda a análise da obra de Pessoa – o que contribuirá, sem dúvida, para o aprofundar do pensamento de Deleuze.

64 OPP, I, p. 902.

65 OPP, I, p. 904.

Fustiguem-me atado aos mastros, fustiguem-me![66]

Rasgar a carne, esventrar, fazer correr o sangue, massacrar e ser massacrado – eis dois regimes do modo de sentir. Oscilando entre a dor provocada e a dor sofrida, *todo* o corpo deve transformar-se numa pura intensidade de afeto, abrindo-se como uma ferida em carne viva à mínima vibração sensível. O sangue torna-se "matéria" sensitiva por excelência, o lugar onde a sensação se intensifica, onde as intensidades se encontram ("E há uma sinfonia de sensações incompatíveis e análogas/ Há uma orquestração no meu sangue de balbúrdias de crimes").[67]

2) Os dois regimes do sentir, ativo e passivo, convergem para o mesmo ponto – o ponto preciso em que a sensação se transforma em energia de metamorfose, em intensidade: a dor infligida torna-se idêntica à dor sofrida, a carne dilacerada das crianças lançadas aos tubarões é a mesma carne (do "sujeito-poeta") que os corsários esventram. Os dois pontos de vista encadeiam-se, o sangue que o poeta-pirata faz correr nos assaltos é idêntico ao sangue que o poeta-vítima derrama sob os golpes dos piratas. Não há senão um único sangue, uma superfície sensitiva, porque a intensificação das sensações induziu múltiplos devires-outros, múltiplas metamorfoses:

Perco-me todo de mim, já não vos pertenço, sou vós,
[...]
Para poder nunca esgotar os meus desejos de identidade
Com o cada, e o tudo, e o mais-que-tudo das vossas vitórias![68]

Este momento crucial da metamorfose é assinalado em Pessoa: a) pela *convergência de todas as sensações numa única intensidade*. Não se trata de unificação, mas sim da coexistência de uma multiplicidade diversa num só momento do sentir: "ser todos os elementos componentes dos assaltos aos barcos e das chacinas e das violações", ser todos os piratas do mundo, todas as mulheres vítimas, "E sentir tudo isso – todas estas coisas de uma só vez – pela espinha!";[69] b) pela ação da consciência. Este momento único do sentir traduz-se numa forma única do plano de

---

66 OPP, I, p. 902.
67 OPP, I, p. 905.
68 OPP, I, pp. 906-7.
69 OPP, I, p. 905.

consistência: o corpo sem órgãos constrói-se reunindo – instantaneamente – toda a superfície do corpo num único órgão sensitivo. Em Pessoa, este corpo-órgão é a "espinha". A espinha (que aparece já em "A múmia") resulta da condensação de todas as "veias", de todas as vias por onde passa o fluxo sensitivo (o sangue), num só canal.

Órgão-corpo, desempenha ao mesmo tempo o papel de operador da metamorfose, graças à ação da consciência: tornar-se um outro é *viver por dentro* (expressão que se repete nesta passagem da "Ode marítima") as suas sensações; e, para fazer essa experiência do interior de outrem, é preciso *passar a ser-se a consciência das suas sensações*. O devir-outro é um devir da consciência,[70] não de uma consciência qualquer, mas da que se moldou (ao espaço da) sensação de outrem:

> Estar por dentro de toda a vossa ferocidade, quando a praticáveis!
> Sugar por dentro a vossa consciência das vossas sensações
> Quando tingíeis de sangue os mares altos...[71]

Ora, sugar por dentro a consciência das sensações de outrem equivale a reunir numa única sensação abstrata a intensidade única que atravessa a espinha – em suma, na anatomia e na fisiologia pessoanas das intensidades (e não se trata de uma anatomia e de uma fisiologia "imaginárias" ou "fantásticas", porque é uma experiência do corpo vivida na e através da linguagem), a consciência comunica com a "espinha".[72]

O que é afinal este plano de coexistência, sobre a superfície do corpo, de todas as sensações? Quando se forma, surgem multiplicidades e devires: devir tudo e todos, metamorfosear-se em múltiplos "sujeitos" de diferentes maneiras de sentir. É o que acontece na "Ode marítima", na "Passagem das horas", em "Afinal a melhor maneira de viajar é sentir". De tal modo que *o plano de consistência de todas as sensações é equivalente ao plano de coexistência de todos os heterônimos*. Trata-se do mesmo plano, mas situando-se a níveis diferentes. O que é, no fundo, a "Ode marítima" senão a resposta à pergunta: como posso eu ser vários? Tudo começa com a interrogação sobre "duas" pessoas numa só: eu-agora e eu-outrora (ou esse outro-que-vem-no-paquete-que-entra-no-porto). O ritmo do poema até à formação do plano de consistência é marcado

---

[70] OPP, I, p. 905.
[71] OPP, I, p. 906.
[72] A *espinha* designa aqui um órgão intensivo, da anatomia energética de Pessoa.

por um vaivém constante entre perguntas e respostas, perguntas cada vez mais prementes, respostas que se transformam pouco a pouco numa nova maneira de sentir. A "Ode marítima" retoma a questão central de toda a poesia de Pessoa: como sentir, se a cada sensação corresponde um "sujeito" e um mundo, e se, de um instante para o outro, as sensações mudam, se opõem, divergem?[73]

A dificuldade não reside na unidade do eu, mas na coexistência de todas as sensações: como sentir tudo isso, sem excluir uma ou outra sensação? Como afirmar a multiplicidade intensiva? Nesse paquete que chega está a "outra criatura" que existe em mim (porque ela "nunca chega em nenhum barco"); em todos os barcos que entram no porto está alguém que está em mim. Sou, portanto, todos os barcos que chegam e partem, todos os marinheiros etc. Como posso ser tantas coisas diferentes, contraditórias, viver tantas sensações "incompatíveis"? Em vez de recusar produzir as multiplicidades, é preciso ir até ao fim da sua lógica – é preciso construir o plano de consistência de todas as sensações. Ora, a criação das multiplicidades implica o poder de metamorfose não já de um eu (que não o possui, aliás), mas de uma singularidade: o verdadeiro tema da "Ode marítima" é o devir-outro na multiplicidade das sensações – do qual a heteronímia não constitui senão um caso particular.

Isto não deve surpreender-nos: a análise das sensações produz também a heteronímia; por outro lado, a reduplicação em abismo atua também aqui: o que se passa ao nível da coexistência dos heterônimos reproduz o que acontece ao nível da coexistência das sensações em cada um dos heterônimos. Porque cada heterônimo agrupa um *bloco* específico de emoções, sendo a heteronímia neste sentido apenas uma variante (necessária na lógica da expressão poética das necessidades) de uma maneira única de manter conjuntas as sensações.

Porque Álvaro de Campos, ao construir o seu plano de consistência, faz explodir o sujeito, fragmentando-o, transformando-o em múltiplos *eus* vazios e anônimos, puramente intensivos, podemos dizer que ele realiza uma pré-heteronímia: detendo-se num devir-sujeito de sensações (corsário, mulher), não chega a atingir esse plano expressivo literário em que o criador cria outros criadores. Porém, todos os planos se imbricam já: há um plano onde coexistem Álvaro de Campos, Caeiro, Reis, Mora, Soares, Teive, Pacheco, Baldaya, Pessoa "ele mesmo" – que podem ser

---

[73] "Histeria das sensações – ora estas, ora as opostas!" (OPP, I, p. 912); "E por que é que as minhas sensações se revezam tão depressa?" (OPP, I, p. 938).

considerados como "blocos" de sensações heterogêneas e contraditórias. Cada um dos heterônimos contém, deste modo, em si, em potência, todos os outros. É o próprio Campos que escreve:

Multipliquei-me, para me sentir,
Para me sentir, precisei sentir tudo,
Transbordei, não fiz senão extravasar-me,
Despi-me, entreguei-me,
E há em cada canto da minha alma um altar a um deus diferente.[74]

5. RITMOS E INTENSIDADE: A VELOCIDADE ABSTRATA

Num texto já citado do *Livro do desassossego*, Bernardo Soares fala da sua capacidade de abstrair de um elétrico em marcha a sua velocidade e de, "instalando-se" nessa velocidade abstrata, avançar à sua vontade. Não é por acaso que Soares escolhe o exemplo da velocidade:[75] esta entra no processo de abstração, que conduz da sensação à intensidade (identificando-se esta com a "sensação abstrata"), e do conteúdo do objeto à Realidade abstrata. Ora, a velocidade define uma força, e força é um elemento da sensação, que desempenha um papel importante na estética de Pessoa.

Nos "Apontamentos para uma estética não aristotélica", Álvaro de Campos propõe uma estética baseada "não na ideia de beleza", como a de Aristóteles, "mas na de *força*", aqui assimilada à força vital, poder de integração e de desintegração, ou de reação e de ação – porque as forças que se manifestam na arte são da mesma natureza das que agem na vida, sendo a arte, "como *toda a atividade*, um indício de força, ou energia".[76] Estabelecidos estes princípios, Campos afirma enquanto característica da estética não aristotélica o primado da sensibilidade sobre a inteligência, porque a sensibilidade tem a particularidade de possuir uma "substância própria", que é a força; e a arte deve subjugar: ora, é com a força

---

[74] "Passagem das horas", OPP, I, p. 935. A ideia de "bloco de sensações" já aparece em Pessoa sob a expressão "grupos de estados de alma": "Cada grupo de estados de alma mais aproximados insensivelmente se tornará uma personagem" (OPP, I, p. 712).

[75] Que, além do mais, era um tema futurista que Pessoa conhecia bem.

[76] OPP, II, p. 1089.

da sensibilidade, e não com a beleza da inteligência, que se subjuga.[77] O "... artista não aristotélico subordina tudo à sua sensibilidade, converte tudo em substância de sensibilidade, para assim, tornando a sua sensibilidade *abstrata* como a inteligência (sem deixar de ser sensibilidade), *emissora* como a vontade (sem que seja por isso vontade), se tornar *um foco emissor abstrato sensível* que force os outros, queiram eles ou não, a sentir o que ele sentiu".[78] Este foco emite, portanto, forças sensíveis abstratas; a intensificação das forças contidas na sensação torna mais fácil o processo de abstração conduzido pela inteligência. E quanto maior a velocidade de "emissão" ou de circulação da força sobre a superfície do corpo, maior a sua intensidade.

A "Ode marítima" é construída segundo o ritmo da entrada no porto de um paquete. Ritmo que sofrerá múltiplos abalos, acelerações, abrandamentos bruscos; e que se regula de acordo com a velocidade das forças emocionais em jogo, em cada momento do poema.

Ora, aparece aqui, por diversas vezes, um curioso dispositivo registrador das principais mudanças de velocidade:[79] é o célebre "volante", que começa a rodar no início da ode para só se deter no fim. O que é este volante que tanto intrigou os comentadores?

Ele começa a girar primeiro "lentamente"; depois e até à formação do plano de consistência, gira cada vez mais depressa.[80] Depois do último

---

[77] Trata-se de uma teoria complexa das forças, que Álvaro de Campos alarga à religião e à política; e que implica distinções bem nítidas entre forças, quase uma tipologia (há forças que "dominam captando", como as da democracia, da metafísica; outras que "dominam subjugando", como as da religião, das ditaduras políticas ou das "tiranias naturais", que Campos identifica com os messianismos). Para dar uma ideia desta teoria e da importância que Campos lhe atribui, transcrevemos um excerto de uma carta de 1922 (enviada à revista *Contemporânea*, OPP, II, p. 1129 ss.): "A beleza começou por ser uma explicação que a sexualidade deu a si-própria de preferências provavelmente de origem magnética. Tudo é um jogo de forças, e na obra de arte não temos que procurar 'beleza' ou coisa que possa andar no gozo desse nome. Em toda a obra humana, ou não humana, procuramos só duas coisas, força e equilíbrio de força – energia e harmonia, se V. quiser.

"Perante qualquer obra de qualquer arte – desde a de guardar porcos à de construir sinfonias – pergunto só: quanta força? quanta mais força? quanta violência de tendência? quanta violência reflexa de tendência, violência de tendência sobre si própria, força da força em não se desviar da sua direção, que é um elemento da sua força?"

[78] OPP, II, p. 1094.

[79] Onze vezes. Já alguém viu nele o fio condutor de uma divisão estrutural do poema. Cf. Maria de Lourdes Belchior, "'Ode marítima': a 'construção' do poema", in *Persona*, 11-12, dez. 1985.

[80] "Acelera-se ligeiramente o volante dentro de mim" (p. 894); "Acelera-se cada vez mais o volante dentro de mim" (p. 896); "E a aceleração do volante sacode-se nitidamente" (p. 897); etc.

grande grito (quando "tudo canta a gritar", e depois quando tudo se quebra), o volante abranda: "Decresce sensivelmente a velocidade do volante."

Aparentemente, o volante está presente para marcar a aceleração da velocidade das forças da sensação, lembrando o seu aparecimento periódico, com uma imagem única, a dinâmica do sentir que constitui como que o próprio solo do poema. Registrador da velocidade, o volante é também um emissor de forças: no seu movimento circular, envia-as para todo o espaço, porque pode tomar todas as direções do espaço ("Sou um monte confuso de forças cheias de infinito/ Tendendo em todas as direções para todos os lados do espaço"). Ora, vai-se produzir uma estranha conjunção no plano de consistência, graças à ação do volante: emitindo forças para todas as direções do espaço, constrói esse mesmo espaço que as intensidades devem atravessar – cria as suas direções, os seus circuitos, os seus sulcos, cria, através da sua circularidade, a superfície do corpo sem órgãos como equivalendo ou implicando a superfície de toda a terra, tornando-se o corpo geografia e a geografia, corpo:

Rasgai-me e feri-me!
De leste a oeste do meu corpo
Riscai de sangue a minha carne.[81]

Ao mesmo tempo, este corpo sem órgãos ou espaço abstrato forma uma atmosfera ou um "meio" da alma; e, neste meio, no seu "centro" que é, simultaneamente e em toda a parte, a sua periferia como *orla* constante entre o interior e o exterior, fronteira entre vários devires-outros, está a "alma".

---

[81] OPP, I, pp. 908-9. Mais claramenta ainda em OPP, I, pp. 987-8, nos "Dois excertos de odes (fins de duas odes, naturalmente)":
Uma folha de mim lança para o Norte,
Onde estão as cidades de Hoje que eu te tanto amei;
Outra folha de mim lança para o Sul,
Onde estão os mares que os Navegadores abriram;
Outra folha minha atira ao Ocidente,
Que arde ao rubro tudo o que talvez seja o Futuro,
Que eu sem conhecer adoro;
E a outra, as outras, o resto de mim
Atira ao Oriente,
Ao Oriente de onde vem tudo, o dia e a fé,
Ao Oriente pomposo e fanático e quente,
Ao Oriente excessivo que eu nunca verei...

É a velocidade do movimento circular levada ao seu excesso último, ao mesmo tempo de intensidade e de dispersão, que constrói o centro da alma.

De intensidade: aproximando-se a aceleração do infinito, as forças deixam de se distinguir umas das outras. Cada força define uma intensidade, ou seja, uma energia de metamorfose; a velocidade infinita cria em toda a parte uma só energia, um único meio, onde todas as metamorfoses possíveis têm incessantemente lugar. Energia de passagem, energia-meio em que nada é fixo, estável, rígido; mas onde, de súbito, tudo fica numa espécie de absoluto imóvel da infinita possibilidaderealidade da mobilidade. A passagem ao infinito mantém a infinidade de todas as passagens na sua essência. Eis a energia do plano de consistência:

Cada vez mais depressa, cada vez mais com o espírito adiante do corpo
Adiante da própria ideia veloz do corpo projetado
Com o espírito atrás adiante do corpo, sombra, chispa,
He-la-ho-ho... Helahoho...

Toda a energia é a mesma e toda a natureza é o mesmo...
A seiva da seiva das árvores é a mesma energia que mexe
As rodas da locomotiva, as rodas do elétrico, os volantes do Diesel,
[...]
Raiva panteísta de sentir em mim formidandamente,
Com todos os meus sentidos em ebulição, com todos os meus poros em fumo,
Que tudo é uma velocidade, uma só energia, uma só divina linha
De si para si, parada a ciciar violências de velocidade louca...
Ho-ho-ho-ho-ho-ho-ho.[82]

Não se creia que esta energia-meio de todas as forças constitui uma espécie de "síntese" ou mesmo de amálgama de todas as forças unificadas ("[...] viva a unidade veloz de tudo!"[83]). A unificação não vem da identidade homogeneizante, mas da proliferação das diferenças. A energia é feita de intervalos microscópicos, definindo a coexistência de todos os intervalos a unicidade de uma energia submetida à tensão das infinitas diferenciações internas.

Do mesmo modo, é a coexistência de todas as direções espaciais e de todos os lugares que permite estabelecer um centro do espaço abstrato

---

[82] OPP, I ("Passagem das horas"), p. 942.
[83] OPP, I ("Passagem das horas"), p. 942.

– o centro da alma, precisamente;

> *Faz-me levantar-me mil vezes e dirigir-me para o Abstrato,*
> *Para inencontrável, Ali sem restrições nenhumas,*
> *A Meta invisível – todos os pontos onde eu não estou – e ao mesmo tempo...*
> *Ah, não estar parado nem a andar,*
> *Não estar deitado nem de pé,*
> *Nem acordado nem a dormir,*
> *Nem aqui nem noutro ponto qualquer,*
> *Resolver a equação desta inquietação prolixa,*
> *Saber onde estar para poder estar em toda a parte,*
> *Saber onde deitar-se para estar passeando por todas as ruas...*[84]

Compreender-se-á que só atingimos o centro da alma multiplicando-nos, difratando-nos em todos os devires-outros.[85] Não opero o regresso a mim (como singularidade) a não ser dispersando-me infinitamente.

Abstração e velocidade criam a ubiquidade do espaço e a contração diferencial do tempo num único presente. Neste momento supremo da circulação das intensidades, já não há senão uma "matéria" ("Matéria-Espírito", diz a "Passagem das horas"), uma "consciência-corpo": porque o sujeito que sustentava e encerrava a consciência, separando-a das coisas, se estilhaçou, esta desposa agora o espaço, é apenas como uma ligeira bruma, envolvendo as sensações (névoa, poeira – imagens de multiplicidade):

> *Com tal velocidade desmedida, pavorosa,*
> *A máquina de febre das minhas visões transbordantes*
> *Gira agora que a minha consciência, volante,*
> *É apenas um nevoento círculo assobiando no ar.*[86]

---

[84] OPP, I ("Passagem das horas"), pp. 943-4.

[85] É, portanto, como a "alma das multidões": "Para a sua [do mundo do real social] dilatação, é indispensável uma alma que circule e reúna, e que seja, no entanto, fragmentada, multiplicada, imprevisível, atmosférica. Como o são a multidão, o mar, a morfogênese. Alma imanente a essa dispersão e que, todavia, não se fecha sobre si própria. Projeção no infinito da coerência possível de todas as mônadas, cuja singularidade integral conserva, uma tal alma do mundo não tem outra realidade senão estética" (Guy Hocquenghem e René Schérer. *L'âme atomique*. Paris: Albin Michel, 1986, p. 18).

[86] OPP, I, p. 907.

A consciência transforma-se num "nevoento círculo". Em todos os momentos em que, na "Ode marítima" (ou noutros textos),[87] a consciência deixa de separar (o sujeito do objeto, a sensação do mundo), passa a ser representada por uma nuvem ou uma névoa. No início do poema, "Quando se abre um espaço entre o cais e o navio" e surge, sem se saber por quê, "uma angústia recente", uma "névoa de sentimentos de tristeza" envolve o poeta. A névoa une aqui a face subjetiva e a face objetiva da sensação, a angústia e a "janela onde a madrugada bate". Mais adiante, a nuvem ou névoa é explicitamente associada à consciência, tratando-se agora de intensidade circulando sobre o corpo sem órgãos:

E há uma sinfonia de sensações incompatíveis e análogas,
[...]
Furibundamente, como um vendaval de calor pelo espírito,
Nuvem de poeira quente anuviando a minha lucidez
E fazendo-me ver e sonhar isto tudo só com a pele e as veias![88]

A consciência torna-se "consciência do corpo": porque já não há distância entre interior e exterior (revertendo os órgãos para o exteriorpele do plano de consistência) – é o corpo que sente, que vê, que sonha, são as intensidades-fluxos de órgãos que se tornam conscientes:

Minha vida toda, no seu conjunto nervoso, histérico, absurdo,
O grande organismo de que cada ato de pirataria que se cometeu
Fosse uma célula consciente – e todo eu turbilhonasse
Como uma imensa podridão ondeando, e fosse aquilo tudo!

Consciência do corpo, porque consciência sensitiva, tendo todo o corpo passado a ser senciente, corpo-sensação:

---

[87] Cf. este excerto da "Passagem das horas", onde aparece a expressão "consciência do meu corpo":
   Sinto na minha cabeça a velocidade de giro da terra,
   E todos os países e todas as pessoas giram dentro de mim,
   Centrífuga ânsia, raiva de ir pelos ares até aos astros
   Bate pancadas de encontro ao interior do meu crânio,
   Põe-me alfinetes vendados por toda a consciência do meu corpo
(OPP, I, p. 943). Expressão que aparece também numa célebre carta a Mário de Sá-Carneiro, de 14/3/1916.

[88] OPP, I, p. 905.

Ah, torturai-me,
Rasgai-me e abri-me!
Desfeito em pedaços conscientes,
Entornai-me sobre os conveses
Espalhai-me nos mares, deixai-me
Nas praias ávidas das ilhas![89]

A consciência cola-se ao corpo e ao espaço: confunde-se com o espaço do corpo. Doravante, já não há corpo separado da alma, como não há sujeito separado do objeto da sensação. Tudo se torna corpo sensível, a própria alma adquire a espessura da carne:

E o terror dos apresados foge prá loucura – essa hora,
No seu total de crimes, terror, barcos, gente, mar, céu, nuvens,
Brisa, latitude, longitude, vozearia,
Queria eu que fosse em seu Todo meu corpo em seu Todo, sofrendo,
Que fosse meu corpo e meu sangue, compusesse meu ser em vermelho
Florescesse como uma ferida comichando na carne irreal da minha alma![90]

Expressões tais como "pensar com o meu corpo", "sonhar com a minha pele", "imaginação corpórea" marcam a ausência de fronteiras entre o "espírito" e a "matéria". A consciência separadora transmutou-se em nuvem, meio atmosférico que envolve todas as coisas e que preenche todas as distâncias. Deixando de estar presa a um "eu", tornou-se espacial e corporal. Transformou-se no espaço de metamorfose das sensações em intensidades, o espaço abstrato, onde cada sensação esculpe a sua forma:

Cinzelai a sangue a minh'alma!
Cortai, riscai!
Ó tatuadores da minha imaginação corpórea![91]

O volante marca em todos os poemas em que aparece um plano de consistência, o próprio movimento das sensações, que conduz à elaboração

---

[89] OPP, I, pp. 907; 909.
[90] OPP, I, p. 905.
[91] OPP, I, p. 909.

desse plano; e representa – identifica-se com – a superfície de inscrição do corpo sem órgãos, confundindo-se com a consciência do corpo.[92]

Há em Pessoa dois regimes da consciência: esta torna-se consciência de si quando reftete sobre si própria, tomando-se como seu próprio objeto – separa-se então da vida, do mundo, do corpo: e é todo o tema da dicotomia consciência/vida que se desenrola. Mas quando o plano de consistência se forma e as intensidades percorrem o corpo sem órgãos, a consciência desprende-se do eu, para se tornar "consciência do corpo": torna-se "espaço abstrato", "névoa" – e reúne-se ao mundo, fazendo um só com ele. Atinge então o mais alto grau de abstração, transmutando-se em pura matéria sensitiva, que recebe todos os tipos de impulsos, de sacões (do volante).

Na "Ode marítima", assistimos à passagem de um a outro regime, passagem que acompanha a transformação do modo de sentir. Com o aparecimento da consciência-névoa, o sentido do mundo altera-se, deixando de se dar segundo uma lógica da representação para passar a inscrever-se numa lógica das multiplicidades intensivas. As significações habituais são abolidas, precisamente enquanto significações desligadas do sentir: são abolidas no grito de Jim Barns, "marinheiro inglês", que inaugura o regime da consciência do corpo. Grito que provoca outros gritos e cuja função reveza a do volante: como este último, o grito aparece regularmente para marcar uma intensidade particular dos fluxos sensitivos e, como ele, cria um espaço próprio onde as palavras se desvanecem em voz.

A descrição do poeta mostra à evidência que se trata aqui de uma superfície de inscrição (ou plano de consistência) de todas as intensidades,

---

[92] Cf. a relação, quase sempre explícita, entre o volante, a velocidade e a consciência. Em "Saudação a Walt Whitman": "... Ser o volante de todas as máquinas e a velocidade sem limite"; e, mais adiante: "Todas as notas, todos os volantes, todos os êmbolos da alma". Ou ainda: "Comboios de sensações a alma-quilômetros à hora,/ À hora, ao minuto, ao segundo, PUM!". E também no seguinte excerto de "Passagem das horas":

Hela-hoho comboio, automóvel, aeroplano ânsias,
Velocidade entra por todas as ideias dentro,
Choca de encontro a todos os sonhos e parte-os,
Chamusca todos os ideais humanitários e úteis,
Atropela todos os sentimentos normais, decentes concordantes,
Colhe no giro do teu volante vertiginoso e pesado
Os corpos de todas as filosofias, os tropos de todos os poemas.
Esfrangalha-os e fica só tu, volante abstrato nos ares,
Senhor supremo da hora europeia, metálico a cio.
Vamos, que a cavalgada não tenha fim nem em Deus!
(OPP, I, p. 946).

de um grito-um de todos os gritos, tal como a velocidade-uma ou abstrata é a única "divina linha de si para si", velocidade diferencial de onde partem todas as velocidades, grito vindo de um centro, "de dentro de uma caverna cuja abóbada é o céu" – centro da alma:

> ... *esse grito antiquíssimo, inglês,*
> *Que tão venenosamente resume*
> *Para as almas complexas como a minha*
> *O chamamento confuso das águas,*
> *A voz inédita e implícita de todas as coisas do mar,*
> *Dos naufrágios, das viagens longínquas, das travessias perigosas.*
> *Esse teu grito inglês, tornado universal no meu sangue,*
> *Sem feitio de grito, sem forma humana nem voz,*
> *Esse grito tremendo que parece soar*
> *De dentro de uma caverna cuja abóbada é o céu.*[93]

Grito que, não vindo de ninguém, "parece narrar todas as sinistras coisas/ Que podem acontecer ao Longe, no Mar, pela Noite...", é um corpo sem órgãos de voz (não humana), ou antes de som, onde vem abolir-se todo o sentido, porque é feito de todos os sentidos "resumidos" das coisas do mar. É por isso que o episódio do "delírio marítimo" termina com um único grito inarticulado, formidável – pois tudo se torna grito sobre a superfície de corpo-terra-mar-infinito ("Grita tudo! Tudo a gritar! Ventos, vagas, barcos,/ Mares, gáveas, piratas, a minha alma, o sangue, e o ar, e o ar!"):

> Eh-eh-eh-eh-eh-eh-eh-eh-eh-eh eh-eh eh!
> EH-EH EH-EH-EH-EH EH-EH EH-EH-EH!
> EH-EH-EH-EH-EH-EH-EH-EH-EH EH EH-EH!
> EH-EH-EH-EH-EH-EH-EH-EH-EH-EH-EH-EH!
>
> EH-EH-EH-EH-EH-EH-EH-EH-EH-EH-EH!

×××

O ritmo da "Ode marítima" compreende várias linhas que se entrecruzam, o que lhe dá uma configuração bastante complexa. Se considerarmos apenas uma dessas linhas – a da escansão própria da análise das

---

93 OPP, I, p. 898.

sensações[94] –, apercebemo-nos de que, até ao primeiro grito de Jim Barns, o ritmo é alternado: após o exterior (os cais, os paquetes, o mar), o interior (a emoção, a náusea, a angústia); depois, a distância entre os dois – que adota formas múltiplas, e a que corresponde uma sensação específica, como já vimos: o mistério. O que é esta distância? – pergunta-se o poeta. Um mistério, o mistério "terrivelmente ameaçador de significações metafísicas", inscrito no cais, essa saudade de pedra. E o que é esta saudade? – e a análise recomeça; até que surge um novo mistério de uma nova distância entre eu-agora e eu-outrora. Interrogar-se-á essa figura do mistério: a distância que me separa do paquete não será a mesma que vai de mim a esse outro que está a chegar – não será essa a razão da perturbação tão profunda que sinto ao avistar o barco que entra na barra?[95] Chegamos assim a uma última distância (entre qualquer cais e o Cais), que já não é analisada da mesma maneira – as séries de imagens objetivas (já até certo ponto, e paradoxalmente, induzidas pelo ritmo contínuo das perguntas sobre o sentido das distâncias) começam então a proliferar. A alternância subjetivo-objetivo torna-se muito mais longa, porque se busca uma "nova maneira de sentir". A primeira referência ao corpo (à pele) diz precisamente respeito a um outro modo de sentir o mistério – não já com a alma, mas com o corpo:

O mistério de cada ida e de cada chegada,
A dolorosa instabilidade e incompreensibilidade
Deste impossível universo
A cada hora marítima mais na própria pele sentido![96]

Vimos como se formava o plano de consistência. Um dos momentos essenciais do processo era a transformação da sensação em intensidade, passando do estado de "sensação da alma" ao de "sensação do corpo". Todavia, esta passagem permanece obscura, embora tenhamos notado que o frêmito da emoção subjetiva se transmitia ao movimento das séries objetivas (de barcos, cais, praias). Examinemo-lo mais atentamente.

Como aparece este mistério sentido com a pele? A distância precedente, encerrando o mistério, separava "qualquer cais e o Cais";

---

94 Excetuando a métrica fonética.

95 "[...] aquela criatura que nunca chega em nenhum barco/ E eu vim esperar hoje ao cais, por um mandado oblíquo."

96 OPP, I, pp. 893-4.

analisando-a de modo diferente, o poeta faz proliferar as séries e depois surgem de súbito versos estranhos – estranhos porque marcam um regime de imagens (solidão do mar, paisagens desertas sem o movimento e a vida que caracterizavam as descrições anteriores) até aí ausente; e um regime da relação sensação (interior)-objeto (exterior) inteiramente novo: agora sonha-se.

Flutuar como alma da vida, partir como voz,
Viver o momento tremulamente sobre águas eternas.
Acordar para dias mais diretos que os dias da Europa,
Ver portos misteriosos sobre a solidão do mar.[97]

Em suma, o mistério não reside já numa distância, numa profundidade, está à superfície; *e sobre esta superfície (a do mar) faz-se passar uma sensação, e ela torna-se superfície sensitiva*, é ainda uma "alma", "alma da vida", é já um momento "fremente" sobre as águas, e não será em breve mais do que a pele sentindo o mistério – a pele do corpo sem órgãos (que será o mar e a pele de toda a terra e a pele-superfície do espaço do corpo), onde circularão todas as intensidades. Em breve deixará de haver separação entre interior e exterior, entre sensação e coisa, e depois entre alma e corpo; e não haverá mais distâncias, nenhuma distância sequer entre a emoção e a paisagem, uma vez que o corpo terá adquirido o poder de metamorfosear o interior em paisagem, de "esfoliar"[98] ou reverter os seus órgãos intensivos para as formas exteriores (investindo forças nas formas, criando assim a geografia dos fluxos do plano de consistência: certas costas, certos mares, certas pontes): pois não é certo que, "em real verdade, a sério, literalmente,/ Minhas sensações são um barco de quilha pró ar,/ Minha imaginação uma âncora meio submersa,/ Minha ânsia um remo partido,/ E a tessitura dos meus nervos uma rede a secar na praia"?[99]

Por outras palavras, o plano de consistência resulta, em Álvaro de Campos, da análise e da dissolução do mistério, da sua transformação em infinitas intensidades de superfície. Ao mesmo tempo, a "distância" (o intervalo) – entre o paquete visto ao longe e o poeta sobre o cais –, tornada "Distância Absoluta" logo antes do grito de Jim Barns,

---

97 OPP, I, p. 893.
98 Quanto a esta noção, que aqui tomamos no sentido mais restrito de "reversão de órgãos para o exterior", ver José Gil, *Metamorfoses do corpo* (Lisboa: Relógio d'Água, 1997).
99 OPP, I, p. 896.

transforma-se em "Distância Abstrata", quando se ouve o sinal de partida para o desencadear das intensidades pelo corpo sem órgãos. Desencadear que equivale explicitamente à exploração do mistério,[100] quer dizer, ao seu desvelamento total – e serão todas as viagens dos fluxos sobre o plano de consistência (em que, com efeito, no poema, não voltará a tratar-se de mistério). Assim, a Distância Abstrata desaparece por seu turno, para se transformar no espaço abstrato onde tudo pode coexistir, porque tudo adaptou a textura da Realidade abstrata – ou seja, segundo as palavras do próprio Pessoa, da arte.

O ritmo do poema, reduzido a três momentos de análise da sensação, começa por seguir uma linha oscilante, quase descontínua, como se o poeta fizesse tentativas de partida, como se tentasse fazer arrancar o motor e este, finalmente, pegasse. Esta comparação com o motor é mais do que uma analogia: conhecemos a importância das máquinas em Álvaro de Campos. Quando, na "Ode marítima", as intensidades se desencadeiam, ele escreve:

> E começo a sonhar, começo a envolver-me do sonho das águas,
> Começam a pegar bem as correias de transmissão na minh'alma
> E a aceleração do volante sacode-me nitidamente.[101]

O movimento das intensidades pegou; pegou porque as sensações se tornaram abstratas, e, isso, graças à velocidade e ao ritmo. Porque a velocidade das sensações e o ritmo dos fluxos criam a forma abstrata – eis o que enuncia a estética de Pessoa.

Numa controvérsia entre Álvaro de Campos e Ricardo Reis – esses dois heterônimos tão diferentes um do outro – acerca do conceito de poesia, a discussão incide em certo momento sobre a função do ritmo.

---

100 *Ah, seja como for, seja por onde for, partir!*
   Largar por aí fora, pelas ondas, pelo perigo, pelo mar,
   Ir para Longe, ir para Fora, para a Distância Abstrata,
   Indefinidamente, pelas noites misteriosas e fundas,
   Levado, como a poeira, pios ventos, pios vendavais!
   Ir, ir, ir, ir de vez!
(OPP, I, p. 899).
Depois do episódio do delírio e durante a evocação terna da infância, surge repentinamente a recordação do grito de Jim Barns – e, com ele, o Mistério: "Oh frio repentino da porta para o Mistério que se abria dentro de mim e deixou entrar uma corrente de ar" (OPP, I, p. 915).
101 OPP, I, p. 897.

Campos interroga-se: "por que há de haver ritmo artificial? Responde-se: porque a emoção intensa não cabe na palavra: tem que baixar ao grito ou subir ao canto". O ritmo disciplina, doma a emoção. Mas tradu-la também. Reis riposta, afirmando que o ritmo deve surgir mais da ideia do que da emoção: "Quanto mais fria a poesia, mais verdadeira. A emoção não deve entrar na poesia senão como elemento dispositivo do ritmo, que é a sobrevivência longínqua da música no verso. E esse ritmo, quando é perfeito, deve antes surgir da ideia que da palavra. Uma ideia perfeitamente concebida é rítmica em si mesma".[102]

Cada um, nesta discussão, defende a sua própria concepção da poesia, exigindo a de Reis o controle da emoção pela inteligência. Todavia, num outro texto, em que Reis discute ainda e comenta a arte de Álvaro de Campos,[103] são expostas algumas ideias que entram no quadro geral da estética de Pessoa. Assim, no que diz respeito ao problema do ritmo: "A palavra contém uma ideia e uma emoção. Por isso não há prosa, nem a mais rigidamente científica, que não ressume qualquer suco emotivo. Por isso não há exclamação, nem a mais abstratamente emotiva, que não implique ao menos o esboço de uma ideia." A palavra contém, portanto, duas faces (como a sensação), a ideia e a emoção: ora, "o estado mental em que se forma a poesia é, deveras, mais emotivo que aqueles em que naturalmente se forma a prosa". Portanto, diz Reis, é preciso disciplinar esse estado emocional: o que será conseguido através do ritmo. Como? "Projetando" a ideia sobre as palavras através da emoção: "A poesia difere da prosa apenas em que escolhe um novo meio exterior, além da palavra, para projetar a ideia em palavras através da emoção. Esse meio é o ritmo, a rima, a estrofe".[104] (Note-se que Reis escreve "projetar a ideia *em* palavras" e não "sobre as palavras", como se a ideia se transformasse em palavras). Neste texto, é efetuada uma distinção sutil entre um "meio exterior" e um meio interior (aqui, implícito), para projetar uma ideia em palavras: o segundo meio parece ser a própria palavra, na medida em que encerra ideia e emoção. Por si própria, na prosa ou nos versos, a palavra exprime uma ideia e um conteúdo emocional. Quando há um excesso de emoção, pode fazer-se mais, pode procurar-se um outro meio, desta vez exterior à palavra:

---

102 OPP, II, p. 1075.

103 Enuncia aí, por exemplo, um princípio inteiramente contrário aos do sensacionista Campos: "A emoção não é a base da poesia: é tão somente o meio de que a ideia se serve para se reduzir a palavras" (OPP, I, p. 867).

104 OPP, I, p. 869.

é o ritmo (ou a rima, ou a estrofe). Ao contrário do grito e do canto, a poesia consegue uma relação justa *de expressão* da emoção pela palavra, relação atingida quando o ritmo reúne a emoção e a ideia na palavra. E como é que o ritmo une esses dois elementos? *Reconduzindo a um único ritmo idêntico o ritmo da ideia e o ritmo da emoção* (sendo o primeiro afirmado por Reis e o segundo por Campos). É este o sentido das linhas um tanto enigmáticas em que Reis procura explicitar a noção de "projeção" da ideia na palavra: "A ideia, ao servir-se da emoção para se exprimir em palavras, contorna e define essa emoção, e o ritmo, ou a rima, ou a estrofe, são a projeção desse contorno, a afirmação da ideia através de uma emoção, que, se a ideia a não contornasse, se extravasaria e perderia a própria capacidade de expressão."[105] Como é que a ideia se pode servir da emoção para se traduzir em palavras? Antes do mais, traduzindo-se num ritmo que a emoção possa também adotar, ou seja, numa *forma abstrata* (porque pertence, ao mesmo tempo, à ideia e à emoção):[106] não significa outra coisa o "contorno" ou figura, ou forma, da emoção.

Com efeito, esta forma abstrata que resulta da unificação do ritmo da ideia e do ritmo da emoção é a mesma que, noutros textos já citados, deriva do processo da intelectualização da sensação (equivalente à "concretização abstrata" da emoção, por seu turno equivalente à "concretização emocional da abstração").

Velocidade, força, ritmo, forma abstrata: estas noções encontram-se em ação em toda a poesia de Fernando Pessoa. Se tomamos a "Ode marítima" como exemplo da elaboração da expressividade poética, foi porque a narrativa-metadiscurso que explica o trabalho poético se acha nesta, sem dúvida, construída analiticamente, mais do que noutros textos. Não era o próprio Álvaro de Campos quem escrevia, num projeto de prefácio a uma antologia de poetas sensacionistas: "A 'Ode marítima' [...] é uma autêntica maravilha de organização. Nenhum regimento alemão jamais possuiu a disciplina interior subjacente a essa composição..."?[107]

---

105 OPP, I, p. 868.

106 Não estamos aqui longe daquilo a que Merleau-Ponty, na esteira de Husserl, chamou a "fala falante" (*parole parlante*; cf. *Fenomenologia da percepção*) ou "operante" (*O visível e o invisível*), que é como que um "gesto verbal", o qual forma, segundo o autor, a própria substância da poesia. Outras aproximações são também pertinentes, não se distinguindo muito, por exemplo, a forma abstrata da "linha serpentina" de *O olho e o espírito* – com uma diferença de monta, porém: Merleau-Ponty nunca se interessa pelas forças.

107 PI, p. 150.

III
A metafísica das sensações

1. A "EMOÇÃO METAFÍSICA"

Mais do que qualquer outro heterônimo, Álvaro de Campos é o poeta do cotidiano metafísico. A propósito de um nada, de um domingo, de um gesto surpreendido num transeunte, do chocolate que come uma criança, de um prato de dobrada num restaurante, constrói um poema, em que são levantadas as questões mais graves sobre a vida, sobre o sentido da existência e do mundo, sobre o tempo e a morte. O cotidiano mais banal, mais chão, encerra "um abismo de sentido e de mistério":[1] estamos rodeados de metafísica, encontramo-la ao nosso lado a cada instante. Basta olhar. Basta saber sentir.

Daí, o encanto perturbante de Campos, esse poeta que não tem nada a esconder (sem dúvida, menos ainda do que Caeiro), que exterioriza tudo, voltado para fora (ao contrário de Pessoa "ele mesmo"),[2] condenado, malgrado seu, à metafísica – quer olhe as estrelas, quer se lembre delas – "A vida.../ Branco ou tinto, é o mesmo: é para vomitar".

Todavia, se Campos é mestre nesta arte, em todos os outros heterônimos se encontra também uma "poesia metafísica". A expressão (que é de Reis)[3] não designa uma maneira poética de exprimir ou enunciar concepções filosóficas: estas estão decerto presentes, variando segundo os heterônimos,[4] mas não determinando, em nossa opinião, as suas diferenças e, menos ainda, a sua gênese. Fernando Pessoa tem uma ideia precisa acerca daquilo a que chama a "metafísica" que a poesia deve produzir: esta resulta de um determinado tratamento literário a que devem ser submetidas as sensações.

Trata-se, para o poeta, de comunicar sensações através da linguagem. O poema parte da sensação para regressar a ela, suscitando novas emoções. "Princípios [do sensacionismo] 1. Todo o objeto é uma sensação nossa. 2. Toda a arte é a conversão de uma sensação numa outra

---

[1] Este tipo de cotidiano parece ser especificamente português. Talvez se devesse mostrar o modo como a vida média portuguesa leva à exaustão do sentido de cada coisa, como o sentido desta se achata, o seu horizonte se fecha, reduzindo-a às dimensões de uma "coisinha" insignificante, para compreendermos a força de irrupção da metafísica do cotidiano em Pessoa.

[2] Que é, segundo Campos, "um novelo embrulhado para o lado de dentro" (OPP, I, p. 737).

[3] PI, p. 401. Múltiplos textos estabelecem explicitamente a ligação entre a metafísica e o mistério. Cf. a carta de 19/1/1915 a Cortes-Rodrigues, onde Pessoa rejeita a literatura que não possua "uma fundamental ideia metafísica, isto é, por onde passa, ainda que como um vento, uma noção da gravidade e do mistério da Vida" (OPP, II, p. 178).

[4] A tal ponto que já houve quem quisesse ver aqui a razão da heteronímia.

sensação."[5] Mas o poeta sensacionista não se limita a querer comunicar uma, duas, ou mesmo um conjunto de sensações; visa produzir um máximo destas. Como consegui-lo? Graças aos "sentimentos metafísicos", à criação de uma "metafísica sentida".

As relações entre a poesia e a metafísica nunca deixaram de interessar Pessoa, que sobre elas reflete enquanto poeta:[6] desde os textos de 1912, na revista *Águia*, sobre "A nova poesia portuguesa" – de uma época em que os seus amigos não sabiam ainda que ele era poeta, julgando-o apenas crítico e teórico da literatura –, até ao artigo, doze anos posterior, na revista *Athena*, sobre a metafísica, a sua maneira de ver a questão aprofunda-se, embora continue fiel às concepções iniciais.

Em 1912, dois aspectos da nova poesia preocupam Pessoa, aspectos que começa por separar, para depois mostrar a sua concordância interna: a forma como essa poesia foi capaz de atribuir-se *enquanto arte*, uma tonalidade metafísica; e a doutrina filosófica que pressupunha. Só nos interessa aqui o primeiro aspecto.

Procurando definir "a *estética* da nova poesia portuguesa", Fernando Pessoa enuncia três características da sua "ideação": é vaga, sutil e complexa. Vaga, mas não obscura e confusa – pelo contrário, exprime, distinta e claramente, o "indefinido" que é o seu "constante objeto". Sutil, traduzindo uma sensação simples "por uma expressão que a torna vivida, minuciosa, detalhada", quer dizer, desdobrando "uma sensação em outras", desdobrando, "como em leque, [...] uma sensação crepuscular", intensificando-a assim.[7] Por fim, a ideação é complexa porque "traduz uma impressão ou sensação simples por uma expressão que a complica, acrescentando-lhe um elemento explicativo, que, extraído dela, lhe dá um novo sentido. A expressão sutil *intensifica*, torna *mais nítido* [nota de Fernando Pessoa: interiormente nítido, não como coisa exterior]; a expressão complexa *dilata*, torna *maior*".[8] Vemos que os elementos essenciais da estética de Pessoa estão já formulados: a análise das sensações, a preocupação com as sensações milimétricas, com a intensificação da emoção e com a interação da ideia e da sensação. O texto prossegue assim: "A ideação *sutil* envolve ou uma direta intelectualização de uma

---

5 PI, p. 168.

6 Num texto possivelmente de 1910, escreve: "I was a poet animated by philosophy, not a philosopher with poetic faculties" (PI, p. 13).

7 OPP, II, p. 1174.

8 OPP, II, p. 1175.

ideia ou uma direta emocionalização de uma emoção: daí o ficarem mais nítidas, a ideia por mais ideia, a emoção por mais emoção. A ideação *complexa* supõe sempre ou uma intelectualização de uma emoção, ou uma emocionalização de uma ideia: é desta heterogeneidade que a complexidade lhe vem."[9] Ora, a ideação sutil e a ideação complexa não são mais que "modos analíticos da ideação", maneiras de analisar "sensações e ideias":[10] com efeito, as ideações correspondem perfeitamente àquilo que outros textos mais tardios descrevem como processos de análise das sensações.

A ideação complexa interessa-nos mais particularmente: caracteriza de modo mais específico a "nova poesia portuguesa" (e, mais tarde, o sensacionismo), distinguindo-os do simbolismo.[11] Meio de análise das sensações – que vimos em ação na "Ode marítima": a imagem do objeto exterior analisando a emoção, esta última analisando a primeira –, a ideação complexa permite pensar ou intelectualizar uma emoção, refletindo sobre si própria a consciência da sensação; e tornar sensível a ideia, traduzindo o objeto na emoção que a sua imagem suscita. Daí resulta o alargamento do espaço da sensação; ao mesmo tempo que se abre este espaço, fazendo-o abarcar cada vez mais emoções, dilata-se a distância que separa as duas faces da sensação, objetiva e subjetiva, em todas as suas dimensões: sujeito-objeto, consciência-mundo, consciência-inconsciência, pensar-sentir, consciência-vida etc. Ora, a esta distância corresponde, como sabemos já, uma sensação particular, a sensação de mistério.

No texto de 1912, Fernando Pessoa não a designa ainda com esse nome, qualifica-a de "emoção metafísica", que associa à religiosidade;[12] mas enraíza-a já na análise das sensações, porque a define assim: "O característico principal da ideação complexa – *o encontrar em tudo um além* – é justamente a mais notável e original feição da nova poesia portuguesa."[13] Esta última é, portanto, "puramente e absorvidamente metafísica [...] na nova poesia portuguesa todo o amor é além-amor, como toda a Natureza é além-Natureza".[14] Em 1912, este "além" que deve caracterizar

---

9 OPP, II, p. 1175.

10 OPP, II, p. 1176.

11 Devido ao elemento intelectual. OPP, II, p. 1176.

12 "Religiosidade nova, que não se parece com a de nenhuma outra poesia, nem com a de qualquer religião, antiga ou moderna" (OPP, II, pp. 1179-80).

13 OPP, II, p. 1176.

14 OPP, II, p. 1179.

"'a filosofia' [enquanto] *sentimento* poético",[15] representava a condição de possibilidade para que uma coisa não fosse definida pelo princípio e intensidade, mas contivesse também o seu contrário:[16] neste sentido, podemos dizer que já o "além" significava a "distância" entre duas realidades ou significações opostas, distância que, todavia, em vez de separar, reunia (precisamente no espaço do além de uma e outra coisa).

No texto de 1924 "O que é a metafísica?", as concepções de Pessoa – ou antes de Álvaro de Campos, já que este último polemiza com o primeiro, que defendia que "a metafísica é uma arte" – precisam-se: a metafísica, que pode ser uma atividade científica, torna-se uma atividade artística quando já não procura conhecer, mas *sentir*. "O campo da metafísica é o abstrato e o absoluto. Ora o abstrato e o absoluto podem ser sentidos, e não só pensados, pela simples razão de que tudo pode ser, e é, sentido."[17] Álvaro de Campos não coloca já no primeiro plano o sentimento do Além (agora escrito com maiúscula), mas, ligando-o diretamente à religiosidade, subordina-o à "emoção do abstrato", que constitui a sua "base ou mesmo a essência".[18] Do mesmo modo, "a emoção do abstrato como abstrato – isto é, definido – é a base ou mesmo a essência do sentimento *metafísico*". Este sentimento, é preciso produzi-lo através da arte – eis, em resumo, a doutrina de Álvaro de Campos.

Como é que um poema consegue suscitar emoções metafísicas? Criando uma distância entre dois elementos da sensação, e fazendo depois corresponder a essa distância uma sensação de mistério – como já sabemos. Mas isto não basta: Álvaro de Campos acaba de estabelecer uma relação entre a metafísica como pensamento e a metafísica como

---

15 OPP, II, p. 1190.

16 "[...] a essência do universo é a contradição [...]. Dizer que a matéria é material e o espírito espiritual não é falso; mas é mais verdadeiro dizer que a matéria é espiritual e o espírito material. E assim, complexa e indefinidamente..." (OPP, II, p. 1189). Tal é a filosofia ou metafísica subjacente à "nova poesia portuguesa": O "transcendentalismo panteísta" de Hegel... (p. 1189). Em 1924, no texto "O que é a metafísica?", Álvaro de Campos não faz já o elogio de uma metafísica, nem mesmo da metafísica. Pelo contrário, tendo praticado a heteronímia (a grande experiência primeira dos heterônimos data de março de 1914), extrai daí consequências a este nível: "A minha teoria, em resumo, era [em 1917, num outro escrito, "Ultimatum"] que: 1º – se deve substituir a filosofia por filosofias, isto é, mudar de metafísica como de camisa, substituindo à metafísica procura da verdade a metafísica procura da emoção e do interesse; e que 2º – se deve substituir a metafísica pela ciência" (OPP, II, pp. 1134-5).

17 OPP, II, p. 1135-6.

18 OPP, II, p. 1135-6.

emoção que se trata de realizar. Já que a metafísica (enquanto tal) não se transformou em ciência, mais vale senti-la do que pensá-la – é o que, em suma, diz Álvaro de Campos, no seu escrito de 1924. Sendo a sensação específica da metafísica, o mistério "metafísico" dependerá da maneira de produzir a distância que lhe corresponde. Esta maneira combinará dois procedimentos, um literário, e outro filosófico.

O primeiro encontra-se já inscrito na análise das sensações: desdobrando a sensação no seu lado objetivo e no seu lado subjetivo, e separando depois a sua face sentida e a sua face pensada ou intelectualizada, engendra-se a distância entre vários polos opostos. Dois destinos se oferecem então a essa distância: ou se dissolve na construção de um plano de consistência, explorando o mistério, à maneira da "Ode marítima" – e acabam-se o mistério e a metafísica; ou então, mantém-se a distância, alarga-se até, submetendo-a ainda a um outro tratamento – e temos a poesia metafísica.

Que tratamento? Consideremos o objetivo a atingir. É triplo: 1. é preciso que a sensação de mistério contenha o máximo possível de sensações; 2. é preciso que se trate de um mistério metafísico, quer dizer, que o seu sentido seja metafísico; 3. mas, antes do mais, é preciso fazer que a distância ou intervalo se torne matéria de sensação, matéria sensível. Este último objetivo é, na realidade, o primeiro condicionando os outros dois. É preciso, em primeiro lugar, cuidar de que o leitor sinta que a distância entre, por exemplo, a "alegre inconsciência" da ceifeira que canta e a consciência infeliz que disso tem o poeta que a olha tem sentido, encerra um sentido misterioso e metafísico. Para que isso aconteça, a emoção provocada pela imagem da ceifeira deve unir-se de modo preciso à emoção que suscita a solidão do poeta – e as duas emoções constituírem uma única sensação misteriosa.

Antes de unir, é necessário separar. Os estados experimentais de torpor e de tédio separam e isolam, desligando as coisas umas das outras. O mundo enquanto conjunto coerente esvazia-se de todo o sentido, porque nada está já ligado a nada. Os "intervalos" alargam-se, fazendo nascer o mistério – esse mistério do mundo que criam o tédio, o cansaço, o semissono.

Quando as sensações atingem este nível de abstração que a intelectualização lhes proporciona, o mistério que daí resulta provém ao mesmo tempo de uma ausência e de um excesso de sentido. Começa por haver a separação das sensações e das coisas, podendo o isolamento produzir-se quer num "meio" indefinido (reproduzindo o dos estados experimentais), quer pela análise que obriga cada coisa a desligar-se com clareza da sensação correspondente. Muitas vezes – sobretudo nos poemas de Fernando Pessoa ortônimo – a análise desdobra a sensação num par de elementos que se opõem: um canto de pássaro/uma sensação de esperança; um trilo de flauta/a saudade. Cada um destes elementos aparece isolado: e o poeta pode interrogar-se já sobre o seu porquê – não apenas sobre o seu sentido, mas sobre a sua existência. Vemos então em ação o outro procedimento, propriamente filosófico, que contribui para criar a emoção metafísica.

Eis um poema simples de Fernando Pessoa, de entre tantos outros que seguem a mesma lógica:

Trila na noite uma flauta. É de algum
Pastor? Que importa? Perdida
Série de notas vagas e sem sentido nenhum,
Como a vida.

Sem nexo ou princípio ou fim ondeia
A ária alada.
Pobre ária fora de música e de voz, tão cheia
De não ser nada!

Não há nexo ou fio que se lembre aquela
Ária, ao parar;
E já ao ouvi-la sofro a saudade dela
E o quando cessar.[19]

O que é a emoção metafísica? É a emoção provocada pela sensação de mistério. Que mistério? O mistério do ser e da existência – da existência enquanto existência e do ser enquanto ser –, mistério que se joga por inteiro, para Fernando Pessoa (segundo a nossa interpretação), no questionamento leibniziano do princípio de razão suficiente: "Por que é que há alguma coisa em vez de nada?" Mas não é o alcance filosófico dessa questão que interessa ao poeta. Este prefere a pergunta: como *fazer trabalhar poeticamente* este princípio e a interrogação que ele levanta? E o poeta responde: aplicando-os a uma coisa concreta, por exemplo, a um trilo de flauta, de maneira a que a interrogação emane imediatamente

19 OPP, I, p. 227-8.

da sensação correspondente à coisa. Para o conseguir, é preciso, como já vimos, isolar previamente essa coisa, descontextualizá-la, e, assim, retirar-lhe todo o sentido. No entanto, ela existe, e enquanto percepcionada e, sobretudo, enquanto percepcionada por mim, deve ter um sentido (enquanto coisa que é). O mistério está aqui.

Como seria de esperar num autor que tanto apreciava as duplicações em abismo, Fernando Pessoa tratou explicitamente em vários poemas o mistério e a emoção metafísicos, tomando como objeto imediato de sensação aquilo que, de um modo geral, só surgia como efeito de um trabalho realizado sobre todo o tipo de sensações. O objeto segundo, escondido (o mistério metafísico), torna-se assim objeto primeiro do poema, a estrutura em abismo dissolve-se ao exibir-se, tornando-se o objeto do objeto um nada de objeto... E, de súbito, a emoção metafísica surge ao próprio nível do objeto do poema, sob a forma de uma "inteligência cheia de pavor":

> Ah, perante esta única realidade, que é o mistério,
> Perante esta única realidade terrível – a de haver uma realidade,
> Perante este horrível ser que é haver ser,
> Perante este abismo de existir um abismo,
> Este abismo que é a existência de tudo ser um abismo,
> Ser um abismo por simplesmente ser,
> Por poder ser,
> Por haver ser!
> [...]
> Tudo o que os homens dizem,
> Tudo quanto construem, desfazem ou se construi ou desfaz através deles.
> Se empequena!
> Não, não se empequena... se transforma em outra coisa –
> Numa só coisa tremenda e negra e impossível,
> Uma coisa que está para além dos deuses, de Deus, do Destino –
> Aquilo que faz com que haja Deus e deuses e Destino,
> Aquilo que faz com que haja ser para que possa haver seres,
> Aquilo que subsiste através de todas as formas,
> De todas as vidas, abstratas ou concretas,
> Eternas ou contigentes,
> Verdadeiras ou falsas!
> Aquilo que, quando se abrangeu tudo, ainda ficou fora,
> Porque quando abrangeu tudo não se abrangeu explicar por que é um tudo,

Por que há qualquer coisa, por que há qualquer coisa, por que há qualquer coisa!
Minha inteligência tornou-se um coração cheio de pavor,
E é com minhas ideias que tremo...[20]

2. A CHAVE DO MISTÉRIO

Se o mistério enquanto emoção metafísica nasce da pergunta: por que é que isto é?; se esta pergunta deve surgir diretamente da sensação que em mim provoca a percepção da coisa – como admitir ainda que o mistério se encontra associado à distância, ao intervalo entre esses polos opostos que a análise das sensações põe a nu? Por um lado, o mistério diz-se de uma distância, é o mistério de uma separação – como na "Ode marítima" e em tantos outros poemas. Por outro lado, o mistério diz-se do ser ou de um ser, quando se coloca a seu propósito a pergunta: "por quê?". Afinal, o mistério é de uma distância ou de uma coisa?

Trata-se de uma distância tornada "coisa": e toda a metafísica das sensações de Fernando Pessoa se joga em torno desta transformação. De que modo pode a distância tornar-se uma coisa, quer dizer, uma matéria de sensação tal que o mistério se transforma em "mistério de alguma coisa"? O que é este "alguma coisa" que é preciso produzir para que haja mistério?

Consideremos o poema "Trila na noite uma flauta...": há a ária da flauta, por um lado, e, por outro, a série de sensações que suscita. Sentimento de não sentido e de solidão que, inicialmente referido ao trilo da flauta, se transfere depois, graças à comparação com "a vida", para o sujeito. Doravante, o que for dito da ária ressoará também do lado da subjetividade e da vida. Podemos dizer que se começa desde já a formar a emoção metafísica: a caracterização da ária como "tão cheia de não ser nada" cria uma primeira sensação de mistério; sentimos como uma vaga perturbação a ideia de que as notas da flauta enchem a ária de uma plenitude sonora que é, ao mesmo tempo, afirmada como vazia. Mas é só quando, nos dois últimos versos, o poeta afirma que sofre já, ao escutar a ária, o instante (que ainda não é) em que ela cessará, sentindo já saudades dela quando ela ainda soa, que se constitui plenamente a emoção metafísica.

20 OPP, I, pp. 1018-9.

Esta nasceu da sobreposição ou do entrecruzar-se de dois atributos contraditórios aplicados à mesma coisa; nasceu assim do "incompreensível".[21] Este processo foi analisado por um comentador, que nele viu uma ilustração da coincidência dos contrários, ou *coincidentia oppositorum*,[22] apesar de não ter relacionado esse aspecto com a construção da emoção metafísica. A *coincidentia oppositorum* não se aplica mecanicamente a ideias ou sensações opostas. Entra num processo complexo, podendo ser acompanhada por um outro procedimento ou figura lógica, a que Fernando Pessoa chamou "exclusão por síntese às avessas". Devemos, portanto, integrá-la no quadro geral da produção da metafísica das sensações.

Produziu-se uma verdadeira "síntese às avessas"[23] quando o poeta escreveu que "a ária [é] tão cheia de não ser nada". Síntese de dois pares

---

[21] "E é com minhas ideias que tremo [...],/ Que sufoco de incompreensível" (OPP, I, p. 1019). Recordemos a "Ode marítima": "A dolorosa instabilidade e incompreensibilidade/ Deste impossível universo" (OPP, I, p. 894).

[22] Que Stéphano Lupasco considera como uma lógica própria da arte. O comentador é José Augusto Seabra (*Fernando Pessoa ou o poetodrama*. São Paulo: Perspectivas, 1974). É interessante notar que um crítico, Eduardo Prado Coelho, corrige, num primeiro artigo, a concepção de Seabra (aplicando-a à "lógica do desassossego": não sono e não vigília, nem sono nem vigília, mas o espaço da sua neutralização, do neutro); e depois, num segundo artigo, regressa à ideia da coincidência dos contrários (op. cit., capítulos I e II). Indecisão devida, segundo cremos, ao fato de os contrários e os não contrários serem pensados como agindo simultaneamente, enquanto, na realidade, surgem em momentos diferentes da transformação da distância em "Coisa".

O problema foi abordado, do ponto de vista linguístico, por Roman Jakobson ("Os oxímoros dialéticos de Fernando Pessoa", in *Lingística. Poética. Cinema*. São Paulo: Perspectiva, 1970), que, a propósito de um poema, "Ulisses", mostra a complexidade dos procedimentos do poeta, podendo os contrários deslizar para uma oposição de contraditórios, ou a tensão entre estes polos nascer de uma simples oposição de termos etc.

[23] "O não ser e o ser não se fundem e confundem nas sensações e razões da vida: excluem-se, por uma síntese às avessas" (LD, II, 417, p. 160).

Este fragmento critica expressamente Hegel, cujo "absoluto [...] [só] conseguiu, em páginas [de livro], ser duas coisas ao mesmo tempo". Este mesmo fragmento podia servir de comentário ao poema de Fernando Pessoa ortônimo, "Ela canta, pobre ceifeira": a felicidade pressupõe a inconsciência, porque a consciência "mata" a vida. Mas o que é a felicidade sem que dela se tenha consciência? Não se deve, no entanto, concluir que uma dialética se instaura entre estes termos e que a sua síntese definiria "a felicidade absoluta". Na realidade, estes termos excluem-se, por uma "síntese às avessas".

Então, "que fazer? Isolar o momento como uma coisa e ser feliz agora, no momento em que se sente a felicidade, sem pensar senão no que se sente, excluindo o mais, excluindo tudo. Enjaular o pensamento na sensação". Mas será uma solução? Soares, o homem das multiplicidades, procurará soluções? "É esta a minha crença, esta tarde. Amanhã de manhã não será esta, porque amanhã de manhã serei já outro."

de termos contraditórios, ser e não ser, "cheia" e "nada" (ou vazio), que podemos representar do seguinte modo, para mostrar os diferentes níveis ou planos semânticos a que se situam:

é   de não ser   : nível ontológico

tão cheia   nada : nível ôntico

Por que é que esta oposição de pares contraditórios e em abismo – a primeira *coincidentia oppositorum* (não ser nada) é reforçada por uma segunda (cheia de não ser nada) – não produz um choque ou impossibilidade lógica do tipo "círculo quadrado"? Porque os termos se situam a níveis semânticos diferentes: a ária *aparece* (nível, digamos, ôntico ou da manifestação) com uma plenitude sonora que, por outro lado, lhe é recusada pela afirmação (ontológica) do seu "nada". A ária é *cheia*: é o sentido de "cheia" que traz o sentido de "é" para o plano ôntico; em "de não ser nada" é o sentido de "não ser" que traz para o plano ontológico o sentido de "nada". Não haverá assim contradição em dizer que *a ária é cheia de não ser nada*. Mais ainda: como o nível ontológico se dá como a negação do nível ôntico, é porque *não é* nada que a ária pode *aparecer* tão cheia (cheia desse modo particular).

A utilização de pares contraditórios, ou seja, que se contradizem aparentemente no mesmo plano, não é inocente. Fernando Pessoa usa amplamente este procedimento, como notou Jakobson.[24] Temos assim a impressão de que se estabelece também uma *verdadeira* contradição, mesmo quando sabemos que os termos contraditórios são considerados segundo dois planos semânticos diferentes. Mas, paradoxalmente, *esta impressão falsa vai permanecer e entrar na composição da emoção*.

Aqui se situa o eixo da "síntese às avessas". Há uma síntese aparente de termos contraditórios, *coincidentia oppositorum*, cheio e vazio, ser e não ser, síntese tornada possível pela separação dos planos semânticos, *falsa síntese lógica*. Mas síntese emocional verdadeira, porque o jogo com os duplos sentidos produz efeitos sobre a sensação a criar. Tratar-se-á de um

---

[24] "[...] a arte poética de Pessoa, que procura o duplo sentido nas palavras correntes e as desdobra em pares de homônimos. Assim, 'ser vadinte como eu sou,/ Não é ser vadio e pedinte, o que é corrente' etc. Quer dizer, as palavras aparentemente semelhantes ou quase sinônimas diferem nas suas significações porque se enraízarn em idiomas diversos, embora enredados uns nos outros nos nossos usos. De fato, os oxímoros de Pessoa confrontam e delimitam esses dialetos funcionais e as concepções irreconciliáveis que refletem" (op. cit., p. 471).

efeito de síntese, irão o ser e o não ser "fundir-se, confundir-se na sensação"? É visível que não, porque *só nela existem para entrarem em tensão*: há efetivamente, de certo modo, síntese, já que, como vimos, a aparência ainda que falsa de uma coincidência dos termos contraditórios tem um efeito emocional real; mas, por um lado, opõe-se a esta síntese o plano lógico e, por outro, os termos contraditórios entram em tensão, com uma força de exclusão que atua em todos os planos, e mesmo entre os planos.[25] Esta tensão múltipla constitui e reforça a sensação de mistério.

Tensão que, por outro lado, impede, ao mesmo tempo, a contradição de explodir e a fusão dos contraditórios de se realizar. Há, com efeito, exclusão por síntese, mas também *tensão* proveniente da manutenção da exclusão dentro de certos limites, num certo espaço. A ária de flauta, enquanto sensação metafísica, oferece-se como um mistério nascido da exclusão entre a sua aparência "cheia" e o seu ser "vazio", exclusão, todavia, derivada da "falsa" síntese entre ser e não ser; e a tensão interna entre esta verdadeira exclusão e esta falsa síntese aprofunda ainda mais a emoção. No espaço onde se define e se aprofunda o mistério metafísico nenhum atributo (de uma coisa, de um ser) se mantém em estado estável, nenhum pertence verdadeiramente à coisa que, por estas mesmas razões, se pode dar *tal qual* é.

Quando examinamos a emoção metafísica final do mesmo poema, chegamos a resultados idênticos. Só que aqui a análise mostra que os processos utilizados por Fernando Pessoa se revelam ainda mais complexos e, paradoxalmente, mais "naturais". Por uma razão simples: trata-se de "sínteses temporais", e, no tempo subjetivo, os contrários coexistem e imbricam-se (como diz Husserl: a recordação apresenta um passado que é presente como passado).

A *coincidentia oppositorum*, depois de se ter aplicado à série de notas, visa também o sujeito (ou a vida: tão cheia de não ser nada), cavando-se nos dois últimos versos, o fosso entre este último (interior) e a ária de flauta (exterior) – não é sequer possível recordar a ária quando ela para, não há lógica nem fio por onde prendê-la. No entanto, uma vez chegados aqui, o que manifesta a distância – a incapacidade de lembrar, a memória – é o que vai permitir ultrapassá-la, mas num outro plano: não poderei lembrar esta ária quando ela se interromper, tenho consciência disso e

---

25 1º plano: ser cheio (ôntico); 2º plano: não ser nada (ontológico); 3º plano: ser cheio de não ser nada (metafísico); 4º plano: (exclusão das contraditórias – lógico); 5º plano: (síntese dos contraditórios –aparência lógica).

isso faz-me sentir saudades dela, sofro antecipadamente o momento em que cessará. A consciência preenche a distância, ao mesmo tempo que esta se aprofunda no interior da sensação auditiva. A presença do som de flauta é aspirada pelo passado e pelo futuro (já presentes antecipados): a presença do passado atenua ou exclui a presença do presente, mas este passado antecipado é um futuro já passado, um futuro anterior: aparentemente, há sobredeterminação, sobreposição ou "síntese" de pares contraditórios no presente (composto por passado e futuro: passado demasiado passado já no presente e futuro demasiado presente já no passado).

Como para a análise da fase subjetiva da sensação, esta coincidência só é possível porque existe uma diferenciação dos planos semânticos. "E já ao ouvi-la sofro a saudade dela/ E o quando cessar." O presente da percepção ("ao ouvi-la") não é o mesmo que a imagem-recordação apresenta (dado em "a saudade" e em "o quando cessar" – para falarmos apenas das determinações temporais da sensação.

Houve, na realidade, exclusão destas determinações contrárias. A estrutura em abismo jogou plenamente neste poema: no fim, é o passado do passado (a recordação do momento em que a ária terá cessado) que é presente, e é o futuro do futuro (o que advirá num momento futuro) que se apresenta já. O desaparecimento do real (quando o som acaba) faz nascer a realidade na recordação – mas isso "acontece" já no presente (da emoção), antes de acontecer (no real). Este real é tão pouco real, tão pouco coerente, que não haverá mais recordação possível, apenas a recordação da impossibilidade dessa recordação, e a melancolia resultante dessa impossibilidade – não sendo o presente, o som atual da flauta na minha sensação, mais do que toda essa soma de impossibilidades. Estrutura em abismo, mostrando precisamente que o presente é, na realidade, feito *do que resta da exclusão* (segundo múltiplos modos e sob tensão) de todas as dimensões do tempo (presente e não presente, real e irreal etc.), exclusão que provém, todavia, da sua "falsa" síntese no plano da aparência lógica (com um efeito verdadeiro sobre a emoção). E o mistério aloja-se no espaço aberto por esta "síntese às avessas".

Com variantes múltiplas, essa lógica funciona em toda a poesia metafísica de Pessoa. Há sempre uma transformação com três termos: as duas faces da sensação (coisa/emoção, ou exterior/interior, ou objeto/sujeito, ou consciência/emoção); e a distância entre elas. Estes três termos resultam da análise da sensação – que separa os seus dois aspectos, os isola, lhes retira o sentido. Criam-se planos semânticos diferentes ou mesmo opostos, e afirmam-se de uma coisa, em cada um destes planos, atributos contraditórios. Nasce uma tensão entre a exclusão lógica dos contrários e a sua coincidência aparente. Esta tensão abre a distância entre os polos opostos: pois, no fundo, a afirmação simultânea dos dois planos semânticos também não os faz coincidir, mas obriga-os a separarem-se, a excluírem-se mutuamente, cavando mais o fosso e alargando o espaço onde deve aparecer a coisa tal qual é, sem adjetivação, sem metaforização, no seu puro despojamento.[26]

Se há *coincidentia oppositorum* aparente, é para reforçar uma *exclusio oppositorum*. Longe de ser uma análise, que se limita a decompor, a síntese às avessas contém uma *força* de disjunção, que abre a distância que separa os contrários e a determina parcialmente (no sentido longitudinal: distância "larga" ou "estreita", segundo a força de disjunção). Distância que, por seu turno, determina o espaço de indeterminação onde deve surgir a coisa, o espaço de indeterminação determinada (pois não é nele que se manifesta a ária da flauta, tão cheia de não ser nada?). Não se trata de um espaço de neutralização, pois a *exclusio oppositorum* não leva à neutralização dos contrários, mas sim a um solo novo, virgem, onde as sensações (estéticas) se dão como que pela primeira vez.

Se Fernando Pessoa emprega a palavra "síntese" é para sublinhar que a exclusão não se limita a efetuar uma disjunção, que também une, que também junta: não ideias, imagens ou mesmo emoções consideradas em si mesmas, mas as *orlas* desse espaço indeterminado de aparecimento da coisa-mistério, as orlas do espaço de tensão onde estão encerrados os termos que se excluem. Nestas orlas coexistem, como sobre uma estreita fronteira, o ser e o não ser: a tensão da *exclusio oppositorum* reproduz nos seus limites o seu oposto, a *coincidentia oppositorum* – para que, uma vez posto este oposto, se produza uma nova *exclusio*, e assim sucessivamente, em abismo, até ao infinito: sem-fundo do mistério.

Estas orlas são as *dobras* que os termos e os planos contraditórios fazem quando, excluindo-se no plano lógico, se reúnem no plano emocional – unem-se pela orla, dobrando-se segundo a fronteira entre a emoção e a consciência, entre a sensibilidade e a inteligência. Acompanhando as duplicações em abismo das tensões entre exclusão e coincidência, não param de se reproduzir e de soar ("tinir") no espaço da sensação metafísica. A ária de flauta ecoa, porque misteriosa, nesse espaço sem fundo onde, nas suas orlas infinitamente reduplicadas, se tocam o cheio da aparência e o vazio do ser; da mesma maneira surge a ceifeira, na sua

---

26 Como dizem Rilke e Heidegger: esta aparece no Aberto.

presença única, inifinitamente ela própria e separada de tudo, orlada (à distância) pela inconsciência e pela consciência.

Não podendo ser predicados de uma mesma coisa ao mesmo tempo, os termos contraditórios *tornam-se assim as orlas do que corresponde à consciência da distância que os separa*, quer dizer, é consciência de que uma coisa é mais do que parece ser. Tomo consciência de que a ceifeira canta na ignorância da sua felicidade e da sua inconsciência; e tomo consciência da minha consciência, e de que essa consciência faz a minha infelicidade. Ao tomar consciência de tudo isto – da distância que me separa da ceifeira, ou que separa a cosnciência da inconsciência, o pensamento da vida –, uno bruscamente o que estava separado, lanço uma ponte entre os dois lados do fosso. A consciência duplica-se, tornando-se consciência da distância, e, ao abolir esta última, afirma positivamente os contrários (mas agora enquanto orlas) da distância transformada em "coisa". Distância-coisa que é propriamente o mistério da coisa (da ária da flauta, da ceifeira, de mim). É, portanto, no fundo, a consciência da consciência, a consciência duplicada, que produz a sensação de mistério, criando nas orlas do seu espaço a tensão entre exclusão e coincidência.

É a relação e não a substância que suscita a emoção metafísica: não são a vela que passa ou a ceifeira que canta que são misteriosas, mas a sua ligação com o sujeito – portanto, a relação do sujeito com o mundo.

Tomemos ainda outro poema de Fernando Pessoa "ele mesmo", "Ao longe, ao luar". Em três quadras, o poeta cria a emoção metafísica, ao mesmo tempo que revela o processo de sua construção. Com efeito, tudo ali está, a análise das sensações, o isolamento das coisas e das emoções (os meus sonhos separam-se de mim), a angústia e o amor tornados misteriosos graças à consciência que tomo da distância entre a vela e os meus sonhos, o mistério que emana da coincidência e da exclusão dos verbos "passar" e "ficar":

Ao longe, ao luar,
No rio uma vela,
Serena a passar,
Que é que me revela?

Não sei, mas meu ser
Tornou-se-me estranho,
E eu sonho sem ver
Os sonhos que tenho.

Que angústia me enlaça?
Que amor não se explica?
É a vela que passa
Na noite que fica.[27]

Por que construir a emoção metafísica? Para produzir o máximo de sensações com as palavras: "A sensação deve ser expressa de tal modo que tenha a possibilidade de evocar – como um halo em torno de uma manifestação central definida – o maior número possível de outras sensações".[28] O "halo" ou "além" ocupa o espaço de indeterminação do mistério.

Trata-se de carregar as palavras de forças, e a sensação metafísica condensa em si o maior número de sensações, portanto, de forças. E só a linguagem poética sabe forjar as palavras adequadas à produção do mistério mais rico e mais intenso.

Este poema retraça a passagem da "consciência da sensação" à "consciência da consciência da sensação": como tantos outros, desenvolve-se segundo as etapas que assinalam o próprio processo de elaboração da expressão poética. No início, temos a percepção de uma vela no rio, ao luar – nível da consciência da sensação. "Que me revela" esta consciência? Para o saber, é preciso que eu a reflita sobre si própria – segundo nível, da consciência da consciência da sensação. Mas, antes (e ao mesmo tempo, porque o poema confunde o plano da descrição e o plano da expressão), observo que a essa percepção ou face objetiva da sensação corresponde uma emoção que se desdobra e me desdobra (e desdobra os meus sonhos). A consciência da consciência, como consciência destes desdobramentos, preenche a distância entre mim e mim, entre mim e a vela, entre os sonhos que tenho e os que sonho sem disso ter consciência ("sem ver"); entre a realidade da vela tornada sonho (e que, todavia, desaparece: é "a vela que passa") e o sonho sem sonhos tornado realidade vazia (e que, porém, permanece: é "a noite que fica").

Ao passar da consciência da sensação à consciência reflexiva, atingimos o plano expressivo. Tudo se passa como se a linguagem que, no ponto de partida (nível primeiro de consciência), *nomeava* as coisas (uma vela, o rio) abandonasse esses referentes reais, exteriores a si, para passar a apoiar-se apenas nas palavras, suscitando sensações, que já só vêm de uma outra realidade, criada exclusivamente graças à sua ação

---

27 OPP, I, p. 230.

28 OPP, I, p. 136 (texto provavelmente de 1916, enunciando os princípios de sensacionismo).

– uma realidade poética (ou, como diz Pessoa, "abstrata"). O "halo" que rodeia a coisa e a transforma vem da reflexão da consciência operada pela linguagem: ao duplicar-se, recolhendo-se sobre si própria, esta perde os seus referentes externos e cria o mistério no seu interior. Agora afirma-se plenamente a palavra: antes da formação do plano expressivo, tinha uma função nominativa; ao constituir-se como linguagem expressiva, altera a ordem de subordinação das palavras e das coisas; aquelas deixam de servir para designar estas, uma outra "coisa" misteriosa é agora nomeada. Ao mesmo tempo, acrescenta-se uma outra tensão à dos termos contrários, entre a função nominativa da linguagem (porque a vela e a noite continuam presentes) e o seu jogo interno poético, autônomo (a vela não é já, no entanto, a vela percepcionada – tensão que adensa ainda mais o mistério, tensão propriamente poética, encerrando em si funções poéticas e não poéticas da linguagem...).

Tudo se faz para que as palavras provoquem a emoção metafísica. O trabalho do poeta segue, assim, um trajeto que vai das sensações às sensações (metafísicas), passando pela linguagem; ou, então, das sensações à "metafísica das sensações", expressão que remete para todo o sentido misterioso que as sensações encerram e que o poeta deve exprimir – se quiser produzir, com as palavras, o maior número possível de sensações.

×××

Fernando Pessoa ligou explicitamente "a metafísica das sensações" (expressão que só utilizou uma vez) ao mistério da distância ou do intervalo:

Arre, acabemos com as distinções,
As sutilezas, o interstício, o entre,
A metafísica das sensações...[29]

Sensações do interstício, era natural que as "sensações de coisas mínimas" se predispusessem a exprimir o mistério. Elas deixam-se impregnar de metafísica. E, antes do mais, como sublinhou Bernardo Soares, porque, sendo "milimétricas", abrem por si próprias intervalos: "O mínimo sabe-me a irreal. O inútil é belo porque é menos real que o útil, que se continua e prolonga, ao passo que o maravilhoso fútil, o glorioso infinitesimal fica onde está, não passa de ser o que é, vive liberto e independente. O

---

29 OPP, I, p. 1049. (Álvaro de Campos: "Barrow-on-Furness", v).

inútil e o fútil abrem na nossa vida real intervalos de estática humilde."[30] O fútil isola-se, o útil liga, o infinitesimal, por ser fútil, aparece desligado de tudo. Surge então, quase naturalmente, o mistério da sua existência, na própria sensação que o acompanha.

Bernardo Soares começa por se situar, no plano da percepção, ao primeiro nível de consciência; e mostra como, ao passar depois ao segundo grau de consciência, se forma o mistério das coisas mínimas:

"Depois, entre as sensações que mais penetrantemente doem até serem agradáveis, o desassossego do mistério é uma das mais complexas e extensas. E o mistério nunca transparece tanto como na contemplação das pequeninas coisas, que, como se não movem, são perfeitamente translúcidas a ele, que param para o deixar passar. É mais difícil ter o sentimento do mistério contemplando uma batalha – e contudo pensar no absurdo que é haver gente, e sociedades e combates delas é o que mais pode desfraldar dentro do nosso pensamento a bandeira de conquista do mistério – do que diante da contemplação duma pequena pedra parada numa estrada, que, porque nenhuma ideia provoca além de que existe, outra ideia não pode provocar, se continuarmos pensando do que, imediatamente a seguir, a do seu mistério de existir."[31] Note-se que o desassossego se liga aqui ao movimento incessante no intervalo entre duas sensações: o desassossego é o movimento do mistério.

Se se despoja de todo o sentimento a percepção de um objeto, a consciência da consciência dessa percepção só poderá incidir sobre o fato nu da existência desse objeto. A sensação milimétrica concentra a consciência sobre a forma isolada do percepcionado, pois a atenção ao ínfimo amplia as formas, autonomiza-as, separa-as, portanto, das formas das outras coisas; separada, privada de sentido, a ideia "imediatamente a seguir" só poderá surgir de uma reflexão da consciência sobre a existência pura e simples da coisa. Reflexão que deixa em aberto "o mistério de existir": a consciência da consciência da sensação transforma esta última em *sensação de consciência* ou sensação de inteligência ("Minha inteligência tornou-se um coração cheio de pavor"), pois se atingiu o último grau de intelectualização da sensação. Esta consciência da consciência, ou consciência da existência "sem porquê", realiza, ao mesmo tempo, a sensação do mistério enquanto mistério da existência e a *realidade abstrata* daquilo a que corresponde esta

---

30 LD, II, 319, p. 51.
31 LD, II, 319, p. 52.

sensação (modalidade do mistério, segundo a interrogação sobre esta ou aquela existência particular).

Como é que a consciência da consciência produz, nas condições obtidas pela análise das sensações (isolamento, ausência de sentido), a "sensação de consciência" – a que Pessoa chama "emoção metafísica" ou "ideia tornada emoção"? Há agora uma ideia que, quando é pensada, faz nascer sensações de mistério. Não se formou a partir do intelecto, mas graças a um processo que parte de "baixo", do nível das sensações; tornou-se emotiva quando a sensação atingiu o mais alto grau possível de abstração: transformou-se em ideia "sem deixar de ser emoção". Realiza, graças à sua natureza abstrata, um misto de ideia e de sensação, de pensamento e de emoção.

A reflexão da consciência leva não apenas a uma consciência do mistério, mas a uma sensação da consciência do mistério, sensação metafísica por excelência. O processo de abstração que aí conduz comporta dois momentos: a neutralização do sentir e a abstração última operada pelo "fenômeno abstrato da consciência".

Quanto à neutralização do sentir, encontramo-la já por duas vezes: no *Livro do desassossego* e na "Ode marítima". Esta última situava-a no momento preciso em que o poeta manifestava o desejo de "sentir de outra maneira" e se deixava invadir por "um grande vácuo". Trata-se de um momento crítico da transformação das sensações em intensidades, que se soltarão no plano de consistência. O sentir deixa de se focalizar num eu, torna-se sensação do corpo, esvazia-se de emoções "espirituais", esvazia-se mesmo de toda a emoção... atinge-se o ponto zero do sentir.

O que aqui apenas se deixa apreender em dois ou três versos de Álvaro de Campos foi largamente explorado por Bernardo Soares nos seus fragmentos: o grau nulo do sentir aparece nos estados experimentais intersticiais, estados neutros de desassossego que mal se distinguem desses períodos de "estagnação", em que tudo está "morto" e inexpressivo.

O ponto zero do sentir – e do sentido – define um limiar: pode-se pender para um lado ou para outro, ou mesmo para vários lados, para um ou vários modos de sentir, quer dizer, os devires-outros da heteronímia; ou ainda para o sentir, quando a consciência se reflete sobre si própria, como consciência da consciência de não sentir – e é por isso que os estados de torpor, de tédio, de fadiga, de insônia abrem imediatamente para uma experiência metafísica da existência. Em ambos os casos (que podem imbricar-se), o resultado pressupõe a intensificação das sensações: porque este ponto zero provoca uma grande "sede", um desejo extremo (a "ânsia" da "Ode marítima") de sentir de outra maneira. Isto é necessário à metamorfose – quer dizer, à mudança do regime do sentir – que vai se seguir. É preciso que o mundo se torne oco, que a alma se esvazie, que todo o movimento se detenha, que o quente se torne frio (sem que, no entanto, haja estagnação ou rigidificação), para que se forje o mais intenso dos corpos-plenos, o corpo-pleno do mistério propriamente poético.

Uma vez obtida a neutralização do sentir, o "fenômeno abstrato da consciência" aplica-se à consciência do vazio, que rodeia a coisa a que se retirou todo o sentido, do vazio que se instalou no próprio coração da coisa, do vazio, enfim, da alma, das sensações, das ideias, de tudo o que poderia alicerçar a vida e o mundo através do mínimo sentido. Ora, a consciência da consciência opera, segundo vimos, uma espécie de reviravolta, transformando a consciência da sensação em sensação de consciência; e isto porque essa duplicação da consciência leva aos seus últimos limites a intelectualização ou abstração da sensação.

Evocamos já esse poder tão particular da consciência, que consiste em *filtrar* ou *abstrair* tudo o que entra no seu campo, tudo o que se torna consciente. Não se trata de um fenômeno psicológico, ou melhor, o psicológico é aqui imediatamente estético: a consciência não abstrai porque a atenção que a acompanha se centra num número restrito de impressões, ou por não poder prender-se a mais do que um objeto de cada vez. Não se trata de uma função geral do sujeito, mas de uma espécie de órgão (estético) de todos os órgãos (sensíveis); ou um *meio rarefeito* que recebe impressões e faz a sua triagem; ou ainda, para utilizar uma imagem por vezes empregada por Pessoa, "uma placa fotográfica" extremamente sensível e delicada: tudo o que nela vem inscrever-se deixa uma marca sutil, abstrata – uma *forma* (que é forma de todas as formas sensíveis). É a consciência que faz "passar a sensação imediatamente através da inteligência pura", que a faz "coar" pela "análise superior, para que ela se esculpa em [uma] forma literária e tome vulto e relevo próprio".[32] O meio rarefeito da consciência só aceita no seu seio o que se conforma ou de algum modo se confunde com a sua textura: deixar entrar alguma coisa no campo da consciência é filtrar, triando, aquilo que, da coisa, não pode tornar-se consciente daquilo que se tornará consciência, escultura ou desenho inscrito no tecido da consciência – escultura ou desenho em parte determinado por esta mesma filtragem.

32 LD, II, p. 42.

Para exprimir esta ação da consciência, Fernando Pessoa emprega várias vezes verbos que traduzem a ideia de uma escolha: "coar", "joeirar". "Cada sensação deve ser plenamente expressa, isto é, a consciência de cada sensação deve ser joeirada até ao fundo."[33] Assim, todas as coisas de que tomamos consciência são já realidade e forma abstratas, não se deixando a consciência impressionar senão pela forma sutil comum a todas as sensações de todos os órgãos.

Se a consciência de uma casa a transforma assim em casa abstrata (dotada de uma forma estética: primeiro grau da consciência), por maioria de razão a consciência da consciência dessa casa permite atingir um grau superior de abstração, que Fernando Pessoa identifica com o "nível da expressão literária". Vimos que a consciência da sensação se torna a este nível consciência sensitiva, sensação abstrata da consciência produzida pela palavra. Agora é a linguagem poética que fornece a *forma* de acordo com a qual a sensação se esculpe "de encontro à consciência".

Ora, quando a sensação (e a coisa correspondente) foi esvaziada do seu sentido, restando apenas a percepção nua, isolada e oca da sua existência, a consciência dessa consciência (do vazio do seu sentido e da sua existência) *realiza o grau mais elevado possível do processo de abstração da sensação*: uma vez que nem a emoção nem a coisa têm agora qualquer sentido, a forma abstrata resultante da reflexão da consciência

---

[33] Esta citação é extraída de um longo texto, onde Pessoa enuncia os princípios do sensacionismo. Dada a sua importância, resumimos aqui "a atitude central do sensacionismo: 1. A única realidade da vida é a sensação. A única realidade em arte é a consciência da sensação. 2. Não há filosofia, ética ou estética mesmo na arte, seja qual for a parcela que delas haja na vida. Na arte existem apenas sensações e a consciência que delas temos. Seja qual for o amor, alegria, dor, que existam na vida, na arte são apenas sensações; em si próprias, nada valem para a arte. Deus é uma sensação nossa (pois uma ideia é uma sensação), e na arte é usado apenas para exprimir certas sensações – como reverência, mistério etc. Nenhum artista pode crer ou deixar de crer em Deus [...] 3. A arte, na sua definição plena, é a expressão harmônica da nossa consciência das sensações; ou seja, as nossas sensações devem ser expressas de tal modo que *criem um objeto que seja uma sensação para os outros*. A arte não é, como disse Bacon, 'o homem acrescentado à Natureza'; é a sensação multiplicada pela consciência –multiplicada, note-se bem. 4. Os três princípios da arte são: 1) cada sensação deve ser plenamente expressa, isto é, a consciência de cada sensação deve ser joeirada até ao fundo; 2) a sensação deve ser expressa de tal modo que tenha a possibilidade de evocar – como um halo em torno de uma manifestação central definida – o maior número possível de outras sensações; 3) o todo assim produzido deve ter a maior parecença possível com um ser organizado, por ser essa a condição da vitalidade. Chamo a estes três princípios 1) o da Sensação, 2) o da Sugestão, 3) o da Construção. Este último, o grande princípio dos gregos – cujo grande filósofo considerava, até, um poema como 'um animal'..." (PI, pp. 137-8).

sobre si própria só se refere ao fato único de existir, despojado de qualquer significação particular ou geral. O que se repercute na consciência para nela se inscrever não é nem a ideia (enquanto consciência) de alguma coisa, nem um sentido, nem *uma* existência, mas sim a ideia de um não sei quê o qual, no entanto, é (enquanto "não sei quê" que não tem sentido): a consciência ou a ideia dessa ideia não pode já assim ser uma ideia, porque o sentido se esgotou ao nível da primeira ideia; a duplicação da consciência não podendo já alargar o vazio, e não podendo também preenchê-lo seja com que conteúdo for, *vai realizar o pleno (do mistério metafísico) fazendo vibrar a consciência (ou a ideia) como se se tratasse de um órgão sensível*. Esta ideia da ideia não é já uma ideia, mas uma *emoção do intelecto*, ou uma *sensação da consciência*: eis a emoção metafísica criada graças à *forma abstrata última*, construída segundo as regras da arte poética.

Compreendemos o que Pessoa quer significar quando emprega expressões do gênero "o pensamento torna-se sensível", "sinto com as minhas ideias", ou ainda "a alma arde-me como uma mão, fisicamente", "o sono mental que desce fisicamente sobre mim".[34] E quando duplica as suas impressões do vazio – coisa que Álvaro de Campos, mas também Soares, gosta de fazer, criando paradoxalmente um mistério dos estados-zero da estagnação –, "tudo é mais vazio que o vazio mais morto que a morte" –, não faz nascer uma nova ideia (nada é mais vazio do que o vazio), mas sim uma emoção misteriosa, construída a partir da vibração sensível da inteligência – transformada, porque estimulada, mas impossibilitada de pensar, numa espécie de órgão sensível. Emoção misteriosa ou emoção de mistério, pois dizer que alguma coisa é mais vazia do que o vazio é tornar o vazio de certo modo – misteriosamente –, não vazio, como se torna a morte não morta, ao dizer que alguém está mais morto do que a morte. É realizar, por exclusão, a coincidência dos contrários, criando o mistério como "coisa", ao nível literário.

O que é então o mistério para Pessoa? A mais complexa das sensações: ao formar-se, a sensação de mistério, emoção da consciência provocada

---

34 Cf. o breve poema cujo jogo se desenrola em vários registros ao mesmo tempo, entre os quais aquele de que estamos a tratar:
   O binômio de Newton é tão belo como a Vênus de Milo.
   O que há é pouca gente para dar por isso.
   óóóó–óóóóóóóóó–óóóóóóóóóóóóóóó
   (*O vento lá fora*).
(Álvaro de Campos, OPP, I, p. 1028).

pela forma mais abstrata que uma emoção pode atingir sem deixar de o ser, condensa em si um máximo de sensações. A forma mais abstrata é a forma de todas as formas sensíveis. E quando essa forma ressoa como uma emoção, quando se torna forma de uma emoção metafísica, são múltiplas as sensações que ressoam com ela. O mistério em Pessoa representa o estádio último da riqueza emocional, a etapa última da expressão poética – que se pode traduzir em infinitas sensações libertadas, circulando sobre um plano de consistência; ou então, ficar como que suspensa à espessura da linguagem, desenrolando o seu jogo acima da distância, mistério da "profundidade" e do "abismo",[35] fruto de uma lógica precisa da construção da emoção metafísica.

O mistério em que os contrários se excluem coexistindo, os opostos coincidem sem se justaporem, realiza o irracional – que resulta, no entanto, da mais racional das elaborações. Fernando Pessoa sabia-o bem, chegou mesmo a teorizá-lo: é com lógica, *construindo* (noção em que ele insiste, particularmente quando quer distinguir as suas ideias estéticas das dos simbolistas), que se inscrevem poemas. E como a arte deve atingir o irracional (metafísico), é preciso chegar a este da maneira mais rigorosa: "A minha teoria estética [...] resume-se nisto: na irracionalização das atividades que não são (pelo menos ainda) racionalizáveis. Como a metafísica é uma ciência virtual [...] proponho a [sua] irracionalização [...] – isto é, a metafísica tornada arte [...]. As teorias [...] inteiramente originais e novas que proponho [...] são, por uma razão lógica, inteiramente irracionais, exatamente como a vida."[36] Atingir, graças a uma construção poética racional, o irracional, é também exprimir da maneira mais fiel a irracionalidade da vida – é uma coisa que só compreenderemos plenamente quando tivermos compreendido também uma outra lógica, a da heteronímia.

Considerado muitas vezes e com razão como um poeta "da inteligência", Fernando Pessoa não é, todavia, um poeta arrazoador ou "filósofo". É apenas, como ele próprio diz, "um profissional da literatura", que se atribuiu a tarefa de fazer sentir de todas as maneiras, de restituir o mundo como mundo infinitamente vibrátil, em estado nascente: da sensação mais minúscula e insignificante até "Hegel", até ao binômio de Newton ou até "Deus", de tudo fará um feixe de emoções, quer dizer, um "mistério".

---

35 O mistério está sempre associado em Pessoa a um "fundo" (que pode ser simplesmente "o mistério do fundo da rua") e ao "abismo".

36 OPP, II, p. 1136-7 ("O que é a metafísica?").

3. CAEIRO, O METAFÍSICO SEM METAFÍSICA, E O SEU DISCÍPULO REIS

Acabamos de seguir o fio da construção da emoção metafísica em Pessoa, tomando como exemplos constantes Álvaro de Campos e Fernando Pessoa "ele mesmo". Abstivemo-nos de citar os outros dois heterônimos, Alberto Caeiro e Ricardo Reis, porque estes colocam problemas particulares.

Trata-se de dois poetas da transparência. Para Caeiro, o mestre "objetivista absoluto", cada coisa está por inteiro e completamente no que delas vemos, a natureza não esconde nada atrás de si. Não há metafísica em Caeiro, que a recusa explicitamente. Reis em nada difeririria de Caeiro quanto a este ponto – a menos que a distância que separa um mestre de seu discípulo[37] implique já diferenças essenciais.

Começam por nos surpreender as afirmações aparentemente contraditórias sobre o teor metafísico da poesia de Caeiro. Enquanto este nega explicitamente num poema toda a metafísica e o conjunto da sua poesia não é mais do que uma glosa desta recusa, Reis e Pessoa – em numerosos textos consagrados a Caeiro: comentários críticos, entrevistas, projetos de prefácios – falam do "temperamento metafísico do mestre",[38] da sua filosofia,[39] do "modo diretamente metafísico e místico" como ele encara a Natureza,[40] do "místico puro"[41] etc. É verdade que, quando Reis (?, o manuscrito não está assinado)[42] procura definir de modo mais preciso as "sensações de Caeiro", comparando-as com Walt Whitman, escreve: "E enquanto que as sensações de Whitman são imensamente variadas e incluem o natural e o artificial e tanto o metafísico como o físico, as sensações de Caeiro excluem persistentemente até as coisas mais 'naturalmente artificiais' e são apenas metafísicas desse modo extrema e peculiarmente negativo que é uma das novidades da sua atitude."[43] Haveria assim algo como uma maneira negativa de ser metafísico e seria essa a

---

[37] Reis é, na constelação pessoana de heterônimos, o discípulo mais próximo de Caeiro. O outro discípulo é Campos. Fernando Pessoa ortônimo constitui um caso à parte.

[38] PI, p. 363.

[39] PI, p. 373.

[40] PI, p. 344.

[41] PI, p. 351.

[42] PI, p. 368.

[43] PI, pp. 372-3.

maneira de Caeiro. Embora isto permita já compreender melhor o mestre do "neopaganismo moderno",[44] outras afirmações contrariam diretamente esta ideia, pois não há emoção mais positiva do que a sua: "Sente positivamente o que até aqui só podia ser concebido como sentimento negativo."[45] Ricardo Reis refere-se ao sentimento da natureza, sentimento despojado em Caeiro de todo sentido, de toda a significação, para lá dos da existência percepcionada das coisas. Existência dada na percepção e que se basta a si própria: "Uma flor acaso tem beleza?/ Tem beleza acaso um fruto?/ Não: têm cor e forma e existência apenas." A beleza "não significa nada", porque só devemos ver aquilo que há para ver, quer dizer, a exterioridade pura do visível.

O que é, então, sentir positivamente a natureza? É sentir com os sentidos e não sentir senão com eles. É preciso ver, e nunca enxertar pensamento no que se vê – eis o que Caeiro repete incansavelmente. O pensamento ou a consciência introduzem elementos estranhos no percebido, fazendo-nos crer que uma nuvem ou o vento podem trazer a tristeza ou a alegria; mas o vento é apenas o vento, e a tristeza não é uma coisa. Não se deve misturar o subjetivo com o objetivo, não se deve, sobretudo, impregnar o objetivo de subjetivo: as sensações mal podem ser ditas subjetivas – elas restituem-nos as coisas da Natureza, tais como são, na sua diversidade e singularidade infinitas, e é tudo.

Como é possível em tais condições escrever *poesia*? As metáforas, as metonímias, os tropos, que dizem uma coisa por meio de outra, que pressupõem que uma coisa é mais do que aquilo que *parece* aos sentidos, deveriam ser banidos da linguagem poética. Fernando Pessoa discute o problema: como é possível, enquanto poesia, uma poesia como a de Caeiro? Como é que esta não se reduz à prosa,[46] prosa que, por seu turno, se reduziria (e é essa a tendência de toda a obra de Caeiro) a uma imensa tautologia: uma flor é uma flor, uma estrela não é mais do que uma estrela? Dado que toda a emoção poética se encontra contida nessa

---

[44] O neopaganismo é a nova "religião" ou "mitologia" (violentamente anticristã, como escreve Pessoa) sobre a qual, por volta de 1917, um heterônimo filósofo, António Mora, planejava escrever um livro, *Regresso dos deuses*, do qual deixou uma profusão de rascunhos. Alberto Caeiro seria o seu mestre, pioneiro e revolucionário. A sua poesia, "a maior do século" (os mais extraordinários elogios não cessam de fluir sob a pena de Reis, seu discípulo e também poeta neopagão), surge, aos olhos de Pessoa, como uma espécie de fenômeno de originalidade absoluta em todos os campos: poético, filosófico, religioso, social.

[45] PI, p. 347.

[46] Um comentador (José Augusto Seabra) viu nessa poesia "o grau zero da poesia".

emoção abstrata que é a emoção metafísica, perguntar se Caeiro escreve ainda poesia é o mesmo que querer saber se ele faz poesia metafísica.

Mais claramente do que qualquer outro comentador, Reis levantou as questões essenciais: "[Caeiro] fala algumas vezes com ternura das coisas, mas pede-nos perdão de o fazer, explicando que se fala assim é por causa da nossa 'estupidez dos sentidos', para nos fazer sentir 'a existência absolutamente real' das coisas. Entregue a si próprio, não tem qualquer ternura pelas coisas, mal tem qualquer ternura, até, pelas suas sensações. Aqui tocamos a sua grande originalidade, a sua objetividade quase inconcebível. Vê as coisas apenas com os olhos, não com a mente. Quando olha para uma flor, não permite que isso provoque quaisquer pensamentos. Longe de ver sermões nas pedras, nem sequer se permite conceber uma pedra como ponto de partida para um sermão. O único sermão que uma pedra encerra é, para ele, o fato de existir. A única coisa que uma pedra lhe diz é que nada tem para lhe dizer. Pode-se conceber um estado de espírito parecido com este, *mas não pode conceber-se num poeta*. Esta maneira de olhar para uma pedra pode ser definida como a maneira totalmente não poética de a olhar. O fato estupendo acerca de Caeiro é que produz poesia a partir deste sentimento, ou antes, ausência de sentimento. Sente positivamente o que até aqui só podia ser concebido como sentimento negativo. Perguntai a vós próprios: que pensais de uma pedra quando a olhais sem pensar nela? O que se resume no seguinte: que pensais de uma pedra quando não pensais mesmo nela? A pergunta, é claro, é completamente absurda. A coisa estranha em tudo isto é que toda a poesia de Caeiro se baseia num sentimento que achais impossível conceber como suscetível de existir."[47]

A sensação em Caeiro detém-se nos sentidos. Poderemos sentir sem pensar? A transparência da sensação, a sua objetividade absoluta devem--se, segundo Reis, ao fato de o pensamento já não se enxertar na sensação, perdendo esta o seu lado subjetivo, ou antes reduzindo-se esse lado a uma ligeira emoção desligada da informação sensível objetiva. Ver, e ver que o visível não é mais do que o visível, eis toda a filosofia de Caeiro. A metafísica, o mistério, vêm do interior quando os projetamos no exterior, quando cremos que uma paisagem é um estado de alma. "Pensar é estar doente dos olhos [...]. Eu não tenho filosofia: tenho sentidos..."[48] Mas, uma vez mais, será concebível uma tal objetividade num poeta?

---

[47] PI, pp. 346-7.
[48] Alberto Caeiro, "O guardador de rebanhos", II, OPP, I, p. 743.

Existirá realmente esta objetividade em Caeiro?

Dois discursos tecem incessantemente o fio da sua poesia: um discurso positivo e um metadiscurso negativo. O primeiro enuncia – ou finge enunciar – tautologias: o sol é o sol, a Natureza é a Natureza. O segundo afirma que os metafísicos são doentes, que não há metafísica nas sensações, que é falso dizer que uma flor é mais do que aquilo que dela se vê. E o primeiro discurso apoia-se exclusivamente no metadiscurso negativo. Eis um poema em que a interpenetração dos dois planos quase não é perceptível:

O que nós vemos das coisas são as coisas.
Por que veríamos nós uma coisa se houvesse outra?
Por que é que ver e ouvir seria iludir-nos
Se ver e ouvir são ver e ouvir?
O essencial é saber ver,
Saber ver sem estar a pensar,
Saber ver quando se vê,
E nem pensar quando se vê
Nem ver quando se pensa.[49]

Este discurso da negação da subjetividade das emoções tem uma função essencial em Caeiro: criar o horizonte (recusado) no qual se destaca a (falsa) positividade, a (falsa) objetividade da sua filosofia dos sentidos. Se retirarmos o tecido metadiscursivo, pouca coisa resta. Isto quer dizer que é *também* (pois ele utiliza ainda um outro processo) na tensão entre discurso positivo e metadiscurso negativo que Caeiro faz nascer a aparência de uma ausência de metafísica e, de um modo muito peculiar, fabrica realmente uma (que, por conseguinte, suscita emoções metafísicas).[50]

---

49 OPP, I, p. 761 (XXIV).

50 Se levarmos mais longe a análise, apercebemo-nos de que não há apenas um discurso positivo tautológico e um metadiscurso negativo. Caeiro não se limita, com efeito, a enunciar tautologias do tipo "uma árvore é uma árvore" – "explica" também as sensações, e as suas explicações dão, na opinião de Fernando Pessoa, "prolongamentos metafísicos" às sensações: através de imperceptíveis derivações acrescentam à "árvore" alguma coisa mais.
Tudo isto é explicitado num pequeno texto que os organizadores da edição intitularam "O processo poético de Alberto Caeiro, segundo Fernando Pessoa ortônimo" (OPP, II, p. 1054). Fernando Pessoa distingue três processos de "utilização da sensibilidade pela inteligência": clássico, romântico, e um terceiro, o que Alberto Caeiro emprega, "que consiste em dar a

De onde vem a metafísica das sensações? De projetarmos na distância entre a sensação e a coisa um sentido último inanalisável, misterioso. E este sentido tem origem em nós, diz Caeiro, em nós que praticamos o animismo, que atribuímos à Natureza sentimentos e pensamentos:

Li hoje quase duas páginas
Do livro dum poeta místico,
E ri como quem tem chorado muito.

Os poetas místicos são filósofos doentes,
E os filósofos são homens doidos.

Porque os poetas místicos dizem que as flores sentem
E dizem que as pedras têm alma
E que os rios têm êxtases ao luar.

Mas as flores, se sentissem, não eram flores,
Eram gente;
E se as pedras tivessem alma, eram coisas vivas, não eram pedras;
E se os rios tivessem êxtases ao luar,
Os rios seriam homens doentes.

[...]
Por mim, escrevo a prosa dos meus versos
E fico contente,
Porque sei que compreendo a Natureza por fora;
E não a compreendo por dentro
Porque a Natureza não tem dentro;
Senão não era a Natureza.[51]

---

cada emoção ou sensação um prolongamento metafísico ou racional, de sorte que o que nela, tal qual, é dado, seja ininteligível, ganhe inteligibilidade pelo prolongamento explicativo". Se Caeiro comunicar ao leitor a sua aversão pela cor verde (e, no fim do texto, Pessoa escreve um poema à maneira de Caeiro para ilustrar o processo), expressará diretamente a sua aversão subjetiva pelo verde, mas acrescentará, "por exemplo, 'é a cor das coisas nitidamente vivas que hão de tão depressa morrer'. O leitor, embora não colabore comigo na minha aversão pelo verde, compreenderá que se odeie o verde por aquela razão". Em Caeiro, assim, "embora pareça espontânea, cada sensação é explicada, embora, para fingir uma personalidade humana, a explicação seja velada na maioria dos casos".

51 OPP, I, p. 764 (XXVIII).

Se Caeiro não falasse tanto da maneira como os outros não deveriam ver, não saberíamos como ele vê. Produz-se nele uma estranha reflexão, que vai criar uma sensação de mistério igualmente estranha. Se o metadiscurso negativo afasta toda a consciência de consciência (para que as coisas sejam apenas "aquilo que são"), um outro metadiscurso estabelece uma ponte entre a coisa e o sujeito: não já um discurso da consciência sobre a consciência da sensação, mas do olhar sobre o olhar. Na realidade, Caeiro não nos diz nunca *o que é* a coisa, *qual* a sua forma ou a sua cor; diz-nos que a coisa é *apenas* a coisa, que a forma é apenas a forma. A forma da asa da borboleta, essa não a conheceremos – o que interessa a Caeiro é *dizer* que essa asa é apenas aquilo que dela vemos. Como se, quanto ao resto, ele remetesse implicitamente para a experiência e já, não para as palavras – não existindo estas, de fato, mesmo na sua função nominativa, senão quando inseridas num metadiscurso.

Do percepcionado, temos assim não a coisa, mas Caeiro, olhando-a. Vejo-me vendo: eis o modo como digo (ou designo), ao mesmo tempo, o que vejo (como coisa) e como vejo – indiretamente. Vejo-me vendo: e vejo-me tranquilo, calmo, não agitado, procurando o exterior das coisas. E eis *esse exterior*: não é uma dada forma ou uma dada cor, que, na sua pura exterioridade, mo apresenta, mas o *meu* exterior tornado modelo do exterior da coisa percepcionada. Assim, o sujeito e o lado subjetivo da sensação são exteriorizados, esvaziados de quase toda a sua interioridade: o que sinto quando vejo esta flor é apenas o ligeiro contentamento de saber que não vejo mais do que o exterior desta flor, a satisfação de me ver vendo. A emoção que deveria corresponder à coisa corresponde, na realidade, a mim visto por mim próprio: duplicando o olhar, retiro à sensação o seu aspecto subjetivo, observo-o e anulo-o: o olhar torna-se sujeito-visto, agora objetivo. "O meu olhar azul como o céu/ É calmo como a água ao sol/ É assim, azul e calmo,/ Porque não interroga nem se espanta..."[52]

Caeiro recusa o enxertar do pensamento na sensação: *é a reflexão do olhar que anula o pensamento*. Já não preciso de descrever aquilo que vejo, basta dizer que o vejo (ou seja: que não faço mais do que vê-lo). O metadiscurso negativo é acompanhado por uma reflexão do olhar sobre si próprio: entre os dois, vem colocar-se a "ilusão" do discurso positivo de Caeiro sobre a Natureza.

Há efetivamente ilusão, porque a positividade deste discurso (o sol é o sol) não incide sobre as coisas em si próprias, mas sobre a experiência

---

52 OPP, I, p. 761 (XXIII).

das coisas; e, como as "condições de possibilidade da experiência" – enunciado de regras para que o olhar atinja as coisas tais como são – continuam ainda a ser negativas, a única positividade real instaura-se com a duplicação do olhar. A filosofia de Caeiro faz assentar o seu axioma ("as coisas não são senão o que parecem ser") sobre o princípio negativo: "não pensar a sensação", e sobre o princípio positivo implícito: "olhar (as coisas) como me olho olhando". Por fim, é ao realizar o segundo princípio que concretizo positivamente o primeiro: se ainda era possível suspeitar uma subjetividade (um "halo" em torno da coisa, resultante do pensamento da emoção) na minha contemplação da natureza, todas as dúvidas desaparecem com a duplicação do olhar: tornando-me, ao mesmo tempo, objeto olhado e sujeito que olha, coincido, nos dois polos da sensação, com essa transparência de mim a mim, que constato entre o interior que sou (e não tenho) e o exterior que vejo (e que sou). Transfiro assim para o sujeito que olha a exterioridade do sujeito olhado; e daí, para todos os objetos. Olhar uma coisa como me olho olhando é olhar uma coisa sem pensar a sensação.

Temos aqui o essencial da lógica da emoção metafísica em Caeiro. O que é uma coisa? É o que é. Mas o que ela é só o é porque ela não é senão o que é. A positividade da coisa só se obtém graças à negação de tudo o que ela não é, negação de todo o "halo" possível:

O luar através dos altos ramos,
Dizem os poetas todos que ele é mais
Que o luar através dos altos ramos.

Mas para mim, que não sei o que penso,
O que o luar através dos altos ramos
É, além de ser
O luar através dos altos ramos,
É não ser mais
Que o luar através dos altos ramos.[53]

Ao despojar as coisas de todos os atributos positivos, à maneira da teologia negativa (a coisa não é isto nem aquilo nem...), remete-se para uma experiência pré-verbal absolutamente inapreensível pela linguagem: reside aqui toda a dificuldade das noções de "experiência perceptiva

---

53 OPP, I, p. 768 (XXXV).

originária" ou "antepredicativa" dos fenomenólogos. Mas, ao contrário de Husserl e Merleau-Ponty, Caeiro não admite nenhuma espessura, nenhuma opacidade neste estrato perceptivo pré-verbal: tudo aí é transparente, porque tudo se esgota na pura sensação sensorial. Mas *remeter* para uma experiência pré-verbal não será restabelecer uma relação de sentido, pensar uma relação – e, portanto, preencher com uma significação a sensação? Não, porque entre as palavras e as coisas se instaura, ao mesmo tempo, uma barreira intransponível ("Mas o que é um renque de árvores? Há árvores apenas./ Renque e o plural árvores não são coisas, são nomes") e um isomorfismo total. Ambos são transparentes; e essa transparência garante, por seu turno, a transparência da tradução das coisas em palavras, tradução que constitui toda a poesia de Caeiro.

Assim, o seu nominalismo acompanha-se da construção de uma nova linguagem que não atribui outras significações às coisas percepcionadas além daquilo que delas é percepcionado. Como o olhar, a coisa esvazia-se de significações, porque se reflete sobre si própria num movimento estranho que força a língua, que quer descrevê-la com exatidão, a transformar a sua sintaxe:

> *Passa uma borboleta por diante de mim*
> *E pela primeira vez no Universo eu reparo*
> *Que as borboletas não têm cor nem movimento*
> *Assim como as flores não têm perfume nem cor.*
> *A cor é que tem cor nas asas da borboleta,*
> *No movimento da borboleta o movimento é que se move,*
> *O perfume é que tem perfume no perfume da flor.*
> *A borboleta é apenas borboleta*
> *E a flor é apenas flor.*[54]

Note-se o processo aqui utilizado: substantivam-se as palavras, de modo que as ligações entre as coisas se distendem e se quebram, enquanto são negadas as relações entre as palavras. Assim se isola cada objeto, encerrando-o na sua pura existência ("Mas as coisas não têm nem nome nem personalidade:/ Existem"). Por outro lado, os substantivos são transformados em atributos ("a flor é apenas a flor"), evitando a queda na tautologia absoluta.

Duas atitudes relativamente à metafísica decorrem desta lógica. Conhecemos já a primeira: Caeiro rejeita a metafísica da "constituição

[54] OPP, I, p. 771 (XL).

íntima das coisas". Todo o poema v de "O guardador de rebanhos" enuncia esta recusa:

Há metafísica bastante em não se pensar em nada.
[...]
O mistérios das coisas? Sei lá o que é o mistério!
[...]
Metafísica? Que metafísica têm aquelas árvores?
[...]
"Constituição íntima das coisas"...
"Sentido íntimo do Universo"...
Tudo isto é falso, tudo isto não quer dizer nada.[55]

Mas, quando isolamos a coisa, determinando-a apenas pela sua pura existência sensível, não estaremos a praticar uma análise das sensações, que conduz naturalmente à poesia metafísica? Com efeito, Caeiro é também um metafísico, um metafísico da transparência, um metafísico sem metafísica.

Paradoxalmente, a pergunta sobre a existência – por que é que isto é? – aparece invertida em Caeiro, como pergunta não já sobre o sentido misterioso da existência, mas sobre o mistério da transparência, sobre o mistério da ausência de mistério. Se a consciência é esse poder de abstração que, ao mesmo tempo, dá ao mundo um sentido, transmitindo-lhe o sentido da sensação (a qual impregna toda a consciência da sua tonalidade afetiva), como é que o mundo de Caeiro, onde o pensamento se encontra cortado da sensação, pode ainda ter um sentido? É preciso responder, à maneira do próprio Caeiro (quando escreve: "Não tenho filosofia: tenho sentidos"), que este mundo não tem sentido, tem um mistério. O seu mistério é fazer sentido, quando já não o sustentam significações, sentidos. É um mistério mais misterioso do que todos os outros, o mistério da transparência:

O mistério das coisas, onde está ele?
Onde está ele que não aparece
Pelo menos a mostrar-nos que é mistério?
[...]
Porque o único sentido oculto das coisas
É elas não terem sentido oculto nenhum,

---

55 OPP, I, pp. 745-8.

*É mais estranho do que todas as estranhezas
E do que os sonhos de todos os poetas*

*E os pensamentos de todos os filósofos,
Que as coisas sejam realmente o que parecem ser
E não haja nada que compreender*

*Sim, eis o que os meus sentidos aprenderam sozinhos: –
As coisas não têm significação: têm existência.
As coisas são o único sentido oculto das coisas.*[56]

Como é possível que uma coisa seja sustentada unicamente pela sua aparência, como é que a sua existência pode ser dada no seu simples aparecer? Porque o seu aparecer – à superfície dos sentidos – lhe pertence em exclusivo, não a ligando a mais nada. Não existe um Todo que abarque e reúna as coisas da Natureza; não há finalidade, não há força, sentido, organização internos e "íntimos" que permitam afirmar a Natureza como Totalidade. É uma forma de enunciar o mistério da transparência:

*Entrevi, como uma estrada por entre as árvores,
O que talvez seja o Grande Segredo,
Aquele Grande Mistério de que os poetas falsos falam.*

*Vi que não há Natureza,
Que Natureza não existe,
Que há montes, vales, planícies,
Que há árvores, flores, ervas,
Que há rios e pedras,
Mas que não há um todo a que isso pertença,
Que um conjunto real e verdadeiro
É uma doença das nossas ideias.
A Natureza é partes sem um todo.
Isto é talvez o tal mistério de que falo.*[57]

O mistério não é senão a coexistência de múltiplas coisas sem ligação, que formam um conjunto sem formarem um conjunto.

[56] OPP, I, pp. 770-1.
[57] OPP, I, pp. 775-6 (XLVII).

Como vimos, este mistério constrói-se a partir de certas operações discursivas: mistério poético, que obedece à mesma lógica que presidia à construção da emoção metafísica em Álvaro de Campos e Fernando Pessoa "ele mesmo". Mas, uma vez que os termos da equação se encontram invertidos – mistério da transparência e não da opacidade –, a mesma lógica segue o mesmo caminho, mas ao contrário. Aqui, a consciência não se torna sensitiva e não vibra como um órgão dos sentidos para produzir a emoção metafísica, a emoção correspondente ao mistério; mas a emoção também não alcança a abstração – pela simples razão de que não existe enquanto tonalidade subjetiva da sensação.[58]

De onde vem então a emoção metafísica em Caeiro? Da intelectualização dos sentidos, assim tornados abstratos, da vista, do ouvido, do olfato, transformados em qualquer coisa como ideias, do sentir transformado em modo do pensamento: "Mesmo quando Caeiro sente, o seu sentir é um modo do seu pensamento", escreve Reis.[59] Os sentidos pensam – para excluírem da sua percepção tudo o que os torna doentes, quer dizer, o que lhes traz a consciência e o pensamento. Há um saber dos sentidos, feito de tudo que eles não sabem: "Bem dito seja eu por tudo quanto não sei."[60] É preciso "sentir como quem olha/ Pensar como quem anda": tornar o pensamento tão natural como um órgão, esvaziar a sensação de toda a emoção, torná-la transparente como o olhar – eis o objetivo.

O objetivo que, uma vez atingido, suscita uma emoção metafísica: compreendemos que Caeiro realize ao mesmo tempo a mais pura poesia metafísica e uma linguagem aparentemente no limite das possibilidades poéticas. A mais pura poesia metafísica: despojadas da sua subjetividade, tornada esta imediatamente objetiva, as sensações não precisam de se esculpir de encontro à consciência para fazerem nascer uma "forma" ou uma "realidade" abstrata; a abstração opera-se a partir da recepção das sensações pelos órgãos dos sentidos. Não há redução ou correção da emoção a efetuar; portanto, sentir é pensar. O mistério da existência de uma coisa concentra em si todos os tipos de "sínteses às avessas" de termos contraditórios que se excluem: partes sem todo, aparecer idêntico ao ser, sentidos que sentem sem emoção, emoções (ou sensações)

---

58 Recordemos que Caeiro só tem sensações objetivas e "verdadeiras": "Sou o Argonauta das sensações verdadeiras" (OPP, I, p. 775 [XLVI]).

59 PI, p. 374.

60 "O guardador de rebanhos", V (edição da Ática), p. 51, XVII. A edição da Quadros traz um erro ("Bendito seja eu por tudo quanto sei").

objetivas, coisas percepcionadas sem significação etc. – tudo isto, *imediatamente* dado na sensação, compõe a ideia mais misteriosa possível da existência de uma coisa. Nenhum outro heterônimo construiu uma poesia tão objetiva, tão "exterior". É por isso que Caeiro é designado (por Álvaro de Campos) como mestre de todos eles.[61]

Estaremos ainda no plano da linguagem poética?

Apesar de Ricardo Reis afirmar que "o ritmo de Caeiro é notavelmente ausente"; que "ele é tão distintamente intelectual que os versos não têm nenhuma onda de sentimento da qual pudesse derivar o seu movimento rítmico",[62] existe em Caeiro uma *contenção no abandono* que constitui o resultado longínquo de um trabalho de abstração da emoção. Esta seria então o efeito de uma "síntese" entre a contenção e o abandono: o sentimento do mistério da existência das coisas em Caeiro seria, no fim das contas, dado pelo ritmo da sua poesia que veicula essa mesma *forma* da inocência e da simplicidade do olhar (abandono: espontaneidade, superfície) que implicam um "saber" tão grave e invisível (contenção: profundidade).

×××

Uma análise do mesmo tipo revelaria processos semelhantes em Ricardo Reis. Um aspecto o separa de Caeiro: enquanto o seu mestre se abandona aos sentidos, Reis cultiva o controle e a disciplina: do verso e como atitude filosófica. Esta disciplina – em que muito insiste, criticando constantemente em Caeiro o seu desleixo – constitui toda a originalidade da emoção metafísica que produz.

Ricardo Reis sente-se incessantemente ameaçado pelo tempo e pelo vazio que este abre, com a morte, na vida aos homens. Daí a sua recusa

---

[61] É possível defender que todas estas coincidências de contrários só são possíveis graças a um metadiscurso negativo: resta o fato de Caeiro conservar, mesmo no plano do pensamento, uma originalidade certa, porque mantém o propósito de construir um *sistema coerente descentrado*, ou com múltiplos centros. Pode sempre se dizer, é certo, que estas "partes sem um todo" são, na realidade, soldadas pelo sujeito-olhar do metadiscurso sobre o olhar, que se olha olhando as coisas, foco de onde irradiam os fios que as unem, olhar que abarca tudo, a si próprio e às coisas olhadas. Há efetivamente um todo, mas que se situa no plano da existência pré-verbal (ela própria suscitada e revelada pela duplicação da linguagem). Mas, neste caso, a emoção metafísica, o mistério da poesia de Caeiro, proviriam da exclusão por síntese às avessas destes dois enunciados: a natureza é partes sem um todo; e: a natureza é partes de um todo.

[62] PI, pp. 374-5.

de sentir para além do presente;[63] e como o presente, sem passado nem futuro – pois todo o decurso temporal é já morte e perda –, realiza o instante sem profundidade, toda a poesia de Reis faz o elogio do presente. Caeiro dizia: uma árvore não é senão uma árvore. Reis escreve: não nos deixemos arrastar pelo fluxo do tempo, evitando que uma árvore possa ser mais do que uma árvore. Enquanto Caeiro afirma que não há um interior das coisas, Reis *procura* ficar sempre de fora, ver de fora, *como se soubesse já que existe um interior das coisas*, sempre ameaçador, sempre na iminência de surgir com a passagem do tempo: "Não sei de quem recordo o meu passado/ [...] Somos quem somos, e quem fomos foi/ Coisa vista por dentro."[64]

A negação da "constituição íntima do Universo" equivale também em Reis à recusa dos "afetos".[65] Mas, tal como em Caeiro a emoção metafísica nasce do fato de a positividade do olhar ser sustentada pelo metadiscurso, que nega as significações da sensação, em Reis a angústia do tempo é tanto mais sentida quanto se arrisca a cada momento a destruir a injunção: "vivamos o presente!" (subentendido ou, por vezes, mesmo explicitamente: "pois pode sobrevir a morte"). Para Caeiro, não há morte, não diferindo o sentido desta do de um acontecimento natural. Para Reis, a possibilidade da morte condiciona toda a sua atitude estoica.

Resta o fato de o mistério como emoção metafísica resultar, na poesia de Reis, de uma tensão particular: entre a afirmação da passagem do tempo destruidor, da morte, da inevitabilidade da dissolução final de todas as coisas e de todas as vidas; e a injunção de recusar essa mesma passagem do tempo, como se fosse possível escapar-lhe. Tensão que se resolve numa estranha "síntese às avessas" de termos contraditórios: o ser e o nada.

Aguardo, equânime, o que não conheço –
Meu futuro e o de tudo.
No fim tudo será silêncio salvo
Onde o mar banhar nada.[66]

---

63 Enquanto Caeiro recusa o tempo e o espaço e, explicitamente, o presente: "Mas eu não quero o presente, quero a realidade; [...] Vê-las [as coisas] sem tempo nem espaço,/ [...] É esta a ciência de ver, que não é nenhuma" (opp, i, pp. 800-1).

64 opp, i, p. 850.

65 opp, i, p. 850: "despido de afetos...".

66 opp, i, p. 869.

IV

Devir-outro e "devir-si próprio"

1. NAS ORIGENS DA HETERONÍMIA: O TRABALHO DO SONHO

A obra de Pessoa é, em primeiro lugar e sobretudo, Caeiro, Reis, Campos, Pessoa "ele mesmo", em suma: os heterônimos. Poder-se-á mesmo dizer que a obra não existe fora da heteronímia – será então obra de um outro? Que fazer das cartas, dos ensaios de crítica literária e filosófica, dos textos econômicos e políticos assinados "Fernando Pessoa"? Poder-se-á pensar que "Fernando Pessoa", esse homem de biografia quase inexistente, de vida pobre em acontecimentos, é ele próprio, como sugeriu um comentador,[1] um heterônimo? Quem é então aquele que fala dos heterônimos, do modo como *ele* os fez nascer?

Convém abordar estas questões obliquamente, indiretamente, se quisermos apreender com clareza o que se entende por "heteronímia".

E, em primeiro lugar, a heteronímia não surge de repente; há, como diz Fernando Pessoa numa carta famosa, uma "gênese dos heterônimos".[2] É preciso distinguir claramente, como faz o poeta, esta gênese da "gênese dos heterônimos literários":[3] há, portanto, heterônimos não literários, esses "amigos e conhecidos" inteiramente inventados por Pessoa em criança e adolescente, e que não eram nem escritores nem poetas. A confusão entre estes "momentos" da gênese dos heterônimos levou a maior parte dos comentadores a procurar "explicações" da heteronímia diretamente na psiquiatria,[4] na psicanálise, nas atitudes filosó-

---

1 Antonio Tabucchi, in *Pessoana mínima* (Lisboa: IN/CM, 1984).

2 Carta a Casais Monteiro, de 13/1/1935.

3 Carta a Casais Monteiro, de 13/1/1935 (OPP, II, p. 340): "Vou entrar na gênese dos meus heterônimos literários, que é, afinal, o que V. quer saber." Antes, Pessoa tinha descrito a "gênese dos heterônimos" não literários.

4 Fernando Pessoa recorreu muito cedo à psiquiatria para compreender o seu "caso", como revela a carta de 10/6/1919 a dois psiquiatras franceses (PI, pp. 69-74). Aparentemente, em 1935, tinha já uma ideia precisa da importância e dos limites da psiquiatria para a compreensão da heteronímia – esta, com efeito, esclarece apenas a sua "origem orgânica": "Começo pela parte psiquiátrica. A origem dos meus heterônimos é o fundo traço da histeria que existe em mim. Não sei se sou simplesmente histérico, se sou, mais propriamente, um histero-neurastênico. Tendo para esta segunda hipótese, porque há em mim fenômenos de abulia que a histeria, propriamente dita, não enquadra no registro dos seus sintomas. Seja como for, a origem mental dos meus heterônimos está na minha tendência orgânica e constante para a despersonalização e para a simulação. Estes fenômenos – felizmente para mim e para os outros – mentalizaram-se em mim; quer dizer, não se manifestam na minha vida prática, exterior e de contato com os outros; fazem explosão para dentro e vivo-os eu a sós comigo. Se eu fosse mulher – na mulher os fenômenos histéricos rompem em ataques e coisas parecidas – cada poema de Álvaro de

ficas "perante a vida" ou no "mal-estar existêncial" de Pessoa – ou ainda, aproximando-se mais do plano da escrita, na "necessidade" de expressar várias correntes literárias, e, por fim, no gosto, que o poeta manifestou desde a mais tenra infância, pelo desdobramento teatral, pela máscara ou mesmo pela mistificação.

Devemos levar a sério a distinção entre as duas gêneses, radicalizá--la, considerar que começa por haver um devir-outro e só depois um devir-heterônimo; e procurar o terreno da gênese "literária" onde este realmente se encontra: no laboratório poético de Bernardo Soares, nas suas experiências visando produzir essa característica própria das sensações – o fato de se agruparem em fluxos analisados – que lhes permitirá tornarem-se poéticas.

Podemos distinguir, do ponto de vista da produção e da organização dos fluxos, três operações correspondentes às três etapas anteriormente analisadas da elaboração do poema a partir da análise das sensações:[5] uma primeira, na qual se trata de fazer nascer um máximo de sensações, graças a estados particulares (torpor, tédio, fadiga); uma segunda, na qual estas sensações se organizam em fluxos analisados e orientados; por fim, uma terceira, na qual estes fluxos se tornam fluxos de palavras poéticas, de versos e de ritmos, de palavras-sensações.

Ora, segundo a lógica da arte poética de Pessoa, estas três etapas conduzem precisamente à formação dos heterônimos. De tal modo que a heteronímia não surge como resultado de um traço psíquico singular, mas como a própria maneira de fazer poesia. Escrever poemas é escrever segundo a lógica da heteronímia, é iniciar um processo de devir-outro que deverá necessariamente levar à produção poética dos heterônimos. "Necessariamente", ou seja, com todo o rigor, segundo as regras que governam a análise das sensações, a fim de se conseguir a expressão

---

Campos (o mais histericamente histérico de mim) seria um alarme para a vizinhança. Mas sou homem – e nos homens a histeria assume principalmente aspectos mentais; assim tudo acaba em silêncio e poesia... Isto explica, *tant bien que mal*, a origem orgânica do meu heteronimismo" (OPP, II, p. 339).

Num rascunho desta mesma carta, Pessoa escrevia: "Não nego, porém – favoreço até – a explicação psiquiátrica, mas deve compreender-se que toda a atividade superior do espírito, porque é anormal, é igualmente suscetível de interpretação psiquiátrica. Não me custa admitir que eu seja louco, mas exijo que se compreenda que não sou louco diferentemente de Shakespeare, qualquer que seja o valor relativo dos produtos do lado são da nossa loucura" (OPP, II, p. 1024).

5 Cf. capítulo II.

poética mais ampla e mais expressiva. A heteronímia obedece a estes imperativos da expressão, surgindo como seu efeito natural.

Observando deste ângulo as três etapas da produção e do trabalho sobre os fluxos sensoriais, vemo-los como outros tantos momentos da metamorfose que culminará num heterônimo. Note-se que o deviroutro corresponde às duas primeiras etapas, só tendo lugar o devir-heterônimo quando se formam os fluxos de linguagem poética – e que a distinção entre as duas gêneses se sobrepõe assim à que se estabelece entre as fases de constituição dos fluxos de sensações.

São as etapas de um devir-outro poético, etapas de uma experimentação precisa e rigorosa que tem os seus protocolos, os seus princípios, as suas exigências e os seus interditos. O primeiro destes princípios é já nosso conhecido, e com ele se inicia todo o programa experimental: sentir tudo de todas as maneiras.

Como sentir tudo de todas as maneiras? Dando a cada sensação uma autonomia, cuidando de seguir o maior número possível de fluxos sensoriais sem os misturar, de os intensificar precisando os seus contornos, apreendendo o conjunto múltiplo e diverso e desenvolvendo ao mesmo tempo cada singularidade... Tudo isto exige técnicas sofisticadas: o *Livro do desassossego* descreve várias, ao relatar sucessos e fracassos do ajudante de guarda-livros Bernardo Soares, quando passeava por Lisboa para experimentar, afinar e desenvolver diferentes modos de sentir. Não são assim heterônimos o que se cria, mas são já devires-outros o que este desencadear de sensações provoca: "Em cada uma dessas sensações sou outro, renovo-me dolorosamente em cada impressão indefinida."[6]

Encontramo-nos, com efeito, na primeira etapa do devir-outro. Esta caracteriza-se por um traço essencial: anuncia já tudo o que vai produzir-se na etapa final da expressão poética; contém em si todos os elementos que vão entrar no plano de expressão dos heterônimos – à exceção justamente destes últimos que ainda não estão formados. Os estados de semissono, de fadiga extrema, de tédio ou de torpor desencadeiam fluxos de sensações de todos os sentidos, provocando um abaixamento do limiar da consciência, com interseção e cruzamento de fluxos sensoriais, dissolução do sujeito (anonimato, diluição da identidade social), que se "perde" na proliferação das sensações como num devir-outro, desagregação dos esquemas habituais do espaço e do tempo e construção de um outro espaço e de um outro tempo. Tudo isto reaparecerá no plano de

[6] LD, I, 33, p. 35.

consistência da expressão poética, mas a um nível superior, muito mais elaborado e incluindo a existência de heterônimos.

Objetar-se-á: mas não é verdade que poemas como "A múmia" ou "Chuva oblíqua", ou ainda toda a prosa de Bernardo Soares, descrevem esse plano "inferior" de consistência – e não é verdade que são produções de heterônimos? É verdade: *descrevem* esse plano, mas não se *encontram* nele.[7] Temos aqui uma característica própria do nível da expressão poética: não apenas suscita a multiplicidade dos fluxos de intensidade a um nível muito mais requintado, mas (e como efeito desse requinte)[8] pode também reproduzir, *como se se tratasse do simples plano desses estados experimentais,* o nível primeiro, o mais baixo, no qual as sensações jorram numa especie de sentir imediato, de estrato puramente percepcionado e não trabalhado pela linguagem. Daí essa confusão que tantas vezes perturba o leitor de Pessoa: este encontra, nos poemas em que o cansaço, a passividade, a imobilidade do tédio constituem "o estado de espírito do momento", os mesmos efeitos (sensações descosidas, proliferação dos fluxos, interseções e transferências de sensações provenientes de sentidos diferentes, acuidade e intensidade do sentir) que nos poemas como a "Ode marítima", em que o "estado de espírito" se caracteriza pela intensidade, pelo tumulto, pela agitação, criados por tensões energéticas extremas.

Ambos pressupõem, na realidade, um mesmo plano de consistência e da expressão poética. Mas cada uma destas categorias de poemas descreve de modos diversos as diferentes fases da construção desse plano. Uma vez mais, não devemos confundir os dois níveis: um é próprio de todo o poema; o outro é objeto de alguns poemas particulares. Não devemos, portanto, cair na ingenuidade de julgar que a existência de um plano onde correm intensidades terá que apresentar qualquer forma de tumulto ou de incoerência ao nível expressivo. Não é preciso exibir sensações intensas para sentir intensamente: recorde-se que as sensações mais intensas não são sentidas pelos órgãos, mas sim pela consciência.

---

7 Vimos (no capítulo II) que "A múmia" realiza um caso particular da consistência enquanto inverso do plano de consistência. Note-se que Pessoa hesitou, na classificação que nos deixou de sua obra, em situar dois poemas citados, atribuindo especificamente o segundo a Bernardo Soares (e não a Fernando Pessoa, que o assinou quando da sua publicação, em 1915, na revista *Orpheu,* 2). Recorde-se também que Bernardo Soares é um "semi-heterônimo", segundo Pessoa; escreve em prosa, o que, segundo Fernando Pessoa, torna muito mais limitada a capacidade de "devir-outro" (literalmente, de "se outrar", neologismo criado por Pessoa).

8 Palavra especialmente apreciada por Pessoa (-Soares), quando pretende caracterizar o grau de elaboração das sensações a que chegou.

As sensações mais abstratas são as mais agudas. Ora, estas são criadas no plano de consistência poética, seja qual for a poesia ou o poeta.

Regressemos ao processo de devir-outro: no "meio" segregado pelos estados experimentais, cada sensação minúscula toma uma acuidade particular; se a atenção se fixa num pormenor, num movimento, numa forma, o poeta arrisca-se, por pouco que o queira ou se dê conta disso, a transformar-se nesse movimento, a adaptar essa forma. "O mais pequeno episódio" ameaça transformar Bernardo Soares num outro: "uma alteração saindo da luz, a queda enrolada de uma folha seca, a pétala que se despega amarelecida, a voz do outro lado do muro ou os passos de quem a diz...".[9] A esse nível, não há ainda outros "sujeitos" a que prender as sensações, mas simplesmente a capacidade de adaptação, através de uma sensação, a uma forma impessoal: neste sentido, esta técnica de dissolução do sujeito, graças ao poder concedido às formas minúsculas, às "coisas mínimas", tende para um devir-anônimo.[10]

A partir daqui, podemos desdobrar-nos, multiplicar-nos, moldar-nos a cada fluxo de sensações. Situamo-nos agora a um outro nível de organização dos fluxos sensoriais. É preciso, ao captar as sensações, construir séries, continuidades temporais e espaciais. A este processo chamará Fernando Pessoa "sonhar". Sonhar não é devanear, abandonar-se sem critério a fantasias flutuantes e desligadas. Para Fernando Pessoa, o sonho alia a vagabundagem da imaginação a um objetivo preciso: exprimir a ideia abstrata da essência do objeto do sonho, ao mesmo tempo que se apreende, no estado mais puro, a sensação que ela sustenta. Estes dois aspectos estão necessariamente ligados.

Eis um longo fragmento do *Livro do desassossego* em que Bernardo Soares descreve o desenvolvimento e a proliferação dos fluxos, seguindo a pista das imagens objetivas (trata-se, efetivamente, de sensações, de fluxos sensoriais e de investimentos de forças, como indica a última frase: "Saio do carro exausto". Proliferação, ou antes, multiplicação de imagens-sensações. Pois ver é aqui o meio de devir-outro como que por contato, sem mediação.

---

9 LD, I, 33, p. 35.

10 Manifesta-se muito claramente em Pessoa um "devir-imperceptível", no sentido em que o entendem Deleuze e Guattari (e que já detectamos em Soares). Todos os temas relativos à necessidade de "monotonizar" a vida; o horror à viagem, porque a verdadeira viagem é a das sensações; a recusa da subjetivação, da celebridade – são outros tantos meios de desbravar o terreno para permitir "o sonho", ou seja, a intensidade máxima do *puro sentir* num devir-outro.

"Vou num carro elétrico, e estou reparando lentamente, conforme é meu costume, em todos os pormenores das pessoas que vão adiante de mim. Para mim, os pormenores são coisas, vozes, letras [variante: frases]. Neste vestido da rapariga que vai em minha frente decomponho o vestido em o estofo de que se compõe, o trabalho com que o fizeram – pois que o vejo vestido e não estofo – e o bordado leve que orla a parte que contorna o pescoço separa-se-me em retrós de seda com que se o bordou, e o trabalho que houve de o bordar. E imediatamente, como um livro primário de economia política, desdobram-se diante de mim as fábricas e os trabalhos – a fábrica onde se fez o tecido; a fábrica onde se fez o retrós, de um tom mais escuro, com que se orla de coisinhas retorcidas o seu lugar junto ao pescoço; e vejo as seções das fábricas, as máquinas, os operários, as costureiras, meus olhos virados para dentro penetram nos escritórios, vejo os gerentes procurar estas sossegados, sigo, nos livros, a contabilidade de tudo; mas não é só isto; vejo, para além, as vidas domésticas dos que vivem a sua vida social nessas fábricas e nesses escritorios... Todo o mundo se me desenrola aos olhos porque tenho diante de mim, abaixo de um pescoço moreno, que de outro lado tem não sei que cara, um orlar irregular regular verde-escuro sobre um verde-claro de vestido.

"Toda a vida social jaz a meus olhos.

"Para além disto pressinto os amores, as secrecias [*sic*], a alma de todos quantos trabalharam para que esta mulher que está diante de mim no elétrico use, em torno do seu pescoço mortal, a banalidade sinuosa de um retrós de seda verde-escura fazenda verde menos escura.

"Entonteço. Os bancos do elétrico, de um entretecido de palha forte e pequena, levam-me a regiões distantes, multiplicam-se-me em indústrias operários, casas de operários, vidas, realidades, tudo.

"Saio do carro exausto e sonâmbulo. Vivi a vida inteira."[11]

Encontramos aqui em ação uma certa análise das sensações. Em primeiro lugar, há a percepção de um pormenor, destacando do seu contexto uma forma minúscula; depois, analisa-se essa forma, distinguem-se nela dois aspectos diferentes, que se tornam dois pontos de partida de linhas imaginativas; ao desenvolver-se, cada uma delas se multiplica em inúmeras ramificações, sem fim. O "todo" ("toda a vida social", "tudo") não designa uma totalidade orgânica homogênea e perspectivada segundo um único sentido, mas sim o *limite* do poder dessa técnica de

---

11 LD, I, 163, pp. 184-5.

desdobramento de multiplicidades sensoriais para atingir toda a realidade, para a analisar, para a exprimir exteriorizando-a, fazendo passar o dentro para fora.

Com a organização dos fluxos o devir-outro atinge uma nova etapa. O segredo do sonho reside inteiramente na visão: saber olhar par ver, saber ver para sentir, saber sentir para devir-outro – três momentos que apenas se distinguem na aprendizagem da técnica do sonho porque estão estreitamente ligados e caminham a par: sonhar *é* ver, sentir, mudar de pele.[12]

Trata-se, efetivamente, de fluxos no sonho: o hábito de sonhar fez "do meu espírito uma constante corrente de devaneios",[13] "devaneio ininterrupto"[14] que possui o seu próprio "curso", que o sonhador segue como se lhe aplicasse a sua atenção – enquanto o sonho contém em si mesmo a sua própria atenção interior.[15] Ora, neste hábito forjado ao longo de toda uma vida "devotada ao sonho, de uma alma educada só em sonhar",[16] Fernando Pessoa adquiriu diversos poderes, entre os quais o de "seguir varias ideias ao mesmo tempo".

Diversos textos mostram Bernardo Soares marvilhando-se com esta capacidade de desenrolar fios (ou fluxos) variados de imagens. Sonhar consiste assim na transformação da realidade percepcionada, graças ao cruzamento e à convergência (sem mistura, porém) de vários fluxos. E, a partir daqui, compreende-se que toda a técnica do sonho seja um processo essencial para o devir-outro, e como que uma etapa decisiva na gênese dos heterônimos. Convém reter dessa teoria do sonho enquanto técnica literária os seguintes aspectos:

1. Sonhar é constituir um fluxo do percepcionado e, ao mesmo tempo, "sobrepor-lhe"[17] um fluxo de imagens suscitadas pelo sonhar, como acontece no exemplo da gola bordada da rapariga do elétrico. "Sigo o curso dos meus sonhos, fazendo das imagens degraus para outras imagens."[18]

---

[12] Bernardo Soares fala dos seus "processos [...] de sonhar e de aprender a sonhar" (LD, I, 32, p. 33). Ou ainda, mais explicitamente, "Há uma técnica do sonho, como as há das diversas realidades..." (LD, II, 451, p. 193).

[13] LD, II, 374, p. 117.

[14] LD, II, 374, p. 121.

[15] LD, II, 374, p. 121.

[16] LD, II, 374, p. 117.

[17] "Passei a sobrepor às coisas vivas, mesmo quando já sonhadamente vistas, outros sonhos que comigo trago."

[18] LD, II, 363, p. 103.

Como construir este fluxo de sonho? A visão tem o poder de modificar a percepção visual – ver é, sabemo-lo agora, ver para além do imediatamente percebido. Mas esta modificação não substitui o percebido, fazendo-o, por assim dizer, flutuar, libertando o olhar e o pensamento, imprimindo um movimento específico, insubmisso, ao curso das imagens: é o lado devaneio do sonho, a vagabundagem do pensamento. Mas vagabundagem que segue caminhos específicos: num primeiro estádio, o visível conserva as mesmas formas e os mesmos objetos, surgindo a diferença no seio da identidade; num segundo estádio, é o percepcionado que naufraga. Note-se no seguinte texto a referência ao "êxtase", à intensidade do sentir que acompanha a visão: "Esforço-me [...] de substituir certas árvores e flores por outras, vastamente as mesmas diferentissimamente; de ver outras cores de efeito idêntico no poente – e assim crio, de educado que estou, e com o próprio gosto de olhar com que espontaneamente vejo, um modo interior do exterior.

Isto, porém, é o grau ínfimo de substituição do visível. Nos meus bens e abandonados momentos de sonho arquiteto muito mais.

Faço a paisagem ter para mim os efeitos da música, evocar-me imagens visuais – curioso e dificílimo triunfo do êxtase, tão difícil porque o agente evocativo é da mesma ordem de sensações que o que há de evocar. O meu triunfo máximo no gênero foi quando, a certa hora ambígua de aspecto e luz olhando para o Cais do Sodré nitidamente o *vi*, um pagode chinês com estranhos guizos nas pontas dos telhados como chapéus absurdos – curioso pagode chinês *pintado* no espaço, sobre o espaço-cetim, não sei como, sobre o espaço que perdura a abominável terceira dimensão."[19]

Devemos aproximar este texto do fragmento já citado em que Bernardo Soares evocava a "intenção melódica" que reunia várias percepções. "Intenção" ou "linha" melódica: aqui a referência aos "efeitos" da música parece referir-se à mesma ideia. Tratar-se-ia assim de, sonhando, construir linhas melódicas comuns em primeiro lugar ao percepcionado e ao sonho, e em segundo lugar ao sonho e às imagens que este suscita. Poderíamos dizer: a linha melódica é a linha de fluxo – noções semelhantes às de "forma abstrata" e "forma emocional", que já encontramos noutros contextos. E por que é que é preciso construir linhas de fluxo? Precisamente para que haja *fluxos*, continuidades rítmicas de um fluir; condição que, como veremos, é necessária à criação de fluxos de palavras poéticas.

19 LD, II, 393, p. 139.

Ora, para favorecer o nascimento da linha de fluxo, convém desenrolar, ao mesmo tempo (e pelo menos), dois fluxos para podermos compará--los enquanto os construímos – e construimos a sua linha. Assim se tece um fio que tanto prolonga o percebido como o redobra, mas sempre convergindo para um único estado emocional – que fornecerá a "forma da emoção": "Daí a habilidade que adquiri em seguir várias ideias ao mesmo tempo, observar as causas e ao mesmo tempo sonhar assuntos muito diversos, estar ao mesmo tempo sonhando um poente real sobre o Tejo real e uma manhã sonhada sobre um Pacífico interior; e as duas coisas sonhadas intercalam-se uma na outra sem se misturar, sem propriamente confundir mais do que o estado emotivo diverso que cada uma provoca, e sou como alguém que visse passar na rua muita gente e simultaneamente sentisse de dentro as almas de todos – o que teria que fazer numa unidade de sensação – ao mesmo tempo que via os vários corpos – esse tinha que os ver diversos – cruzar-se na rua cheia de movimentos de pernas."[20]

Temos aqui, sem dúvida, uma das origens da heteronímia, como Bernardo Soares se dá conta – ele fala, num outro fragmento dessa capacidade de fixar a atenção em duas coisas ao mesmo tempo, como sendo "a sua tragédia" e "a comédia dessa tragédia", querendo referir-se à divisão da sua personalidade que lhe permite ser ao mesmo tempo sonhador e ajudante de guarda-livros: "Descobri que penso sempre, e atendo sempre a duas coisas ao mesmo tempo. [...] Têm igual relevo as duas realidades a que atendo. Nisto consiste a minha originalidade. Nisto, talvez, consiste a minha tragédia, e a comédia dela."[21]

2. O trabalho do sonho atinge o interior de cada fluxo (de percepções, de imagens, de ideias). Se se trata de fluxos de percepções, transforma-as em imagens graças a uma espécie de ação característica da visão e que se assemelha à abstração: "As coisas são a matéria para os meus sonhos; por isso aplico uma atenção distraidamente sobreatenta a certos detalhes do Exterior. Para dar relevo aos meus sonhos preciso conhecer como é que as paisagens reais e as personagens da vida nos aparecem relevadas. Porque a visão do sonhador não é como a visão do que vê as coisas. No sonho, não há sobre o importante e o inimportante de um objeto o assentar da vista que há na realidade. Só o importante é que o sonhador vê."[22]

20 LD, II, 374, p. 121.
21 LD, I, 118, pp. 121-2.
22 LD, II, 374, p. 119.

Foi o que fez Bernardo Soares quando olhou a gola da rapariga e a analisou: trabalho que transformou o objeto percepcionado, criando outro mais verdadeiro, mais essencial, mais abstrato, um objeto "absoluto". Já deparamos com esta "realidade abstrata", nascida do processo de abstração a que Fernando Pessoa chama "intelectualização da emoção". Aqui, esse processo é realizado pelo sonho. No entanto, o sonho, ao criar um objeto mais real que o percebido, ou emoções mais reais que as emoções sentidas, "arranca" o espírito à sua ligação com a realidade, libertando a imaginação, fazendo flutuar as imagens – ao contrário das percepções, presas a uma lógica do real –, tornando-as suscetíveis de acolherem uma outra lógica, uma outra linha melódica, em suma, de se organizarem em fluxos. É a partir deste nível de sonho que a atenção se debruça seletivamente sobre o percebido; as imagens reúnem-se em fluxos, porque, ao se libertarem, oferecem-se às forças (de desejo) que as investem: "Porque o processo que arranca para uma realidade mais que real um aspecto do mundo ou uma figura de sonho, arranca também para mais que real uma emoção ou um pensamento [...]. Repare-se que a minha objetividade é absoluta, a mais absoluta de todas. Eu crio o objeto absoluto, com qualidades de absoluto no seu concreto."[23]

3. Ao mesmo tempo que o sonho abstrai e faz fluir os fluxos, analisa. E é porque analisa que liga um elemento a outro – proporcionando a análise das sensações e imagens que se ligarão umas as outras, segundo uma mesma forma abstrata. Com efeito, do mesmo modo que um poema resulta, no seu próprio movimento, da análise de uma ou várias sensações, o fluxo do sonho decorre diretamente da análise implícita na ação de sonhar. As duas análises são, de fato, idênticas, contendo muito simplesmente a que é operada pela escrita, a do sonho, porque a retoma – é que, lembremo-lo, as sensações "nascem analisadas", jorram tendo tomado já forma literária; do mesmo modo, quando Soares sonha, ao olhar a gola da rapariga no elétrico, os "pormenores", ou seja, os elementos primitivos em que se apoia o seu sonho, "retrós", "estofo", "cor", são já "palavras" e "frases".

Sonhar é analisar: porque a atenção se prende desde o início às coisas mínimas e porque o sonho é abstração, no duplo sentido de "extrair" e de "subutiliza". "E assim se vê como é natural que eu, sonhador que sou, seja o analítico que me reconheço."[24]

---

23 LD, II, 374, pp. 120-1.
24 LD, II, 374, p. 119. Sonhar é decompor e recompor o mundo: "Viver do sonho e para o sonho, desmanchando o universo e recompondo-o (distraidamente)..." (LD, II, 370, p. 111).

4. A oposição entre o sonho e a vida é, no plano da experiência vivida, uma falsa oposição. Sonhar é viver mais intensamente e com mais diversidade do que na vida real. Tal como a arte, o sonho – antecâmara da literatura, literatura já, pois que a ela conduz – realiza tudo o que a vida oferece, mas de modo mais rico e mais verdadeiro.[25]

Sendo um processo para recriar, no plano artístico, uma outra forma de vida, o sonho surge como uma experimentação. Não como uma experimentação da (ou sobre a) vida, mas, antes, como uma vida tornada experimental; simultaneamente, a vida real transforma-se em experimentação sonhada: a vida transmuta-se em sonho e o sonho em vida, tal como a sensação se torna ideia e a ideia, emoção. A esta descolagem da realidade – tantas vezes descrita pelos escritores – conduz necessariamente o hábito do sonho.

Para a obter, é preciso que o sonho exprima o movimento, as forças e a prolixidade da vida: eis por que ele é fluxo, escoamento e mobilidade, processo dinâmico; eis por que é *viagem*: "Como todo o indivíduo de grande mobilidade mental, tenho um amor orgânico e fatal à fixação. Abomino a vida nova e o lugar desconhecido."[26] Porque viajar em sonho é viajar na mobilidade interior – a qual exige a maior das imobilidades exteriores. É preciso poder fazer nascer as imagens e as sensações mais agudas, ao abrigo de toda a perturbação exterior. Que viaje quem não souber sentir – exclama Bernardo Soares. Para o que sabe sentir, para o sonhador, a vida tornou-se outra: "A vida é uma viagem experimental, feita involuntariamente. É uma viagem do espírito através da matéria, e, como é o espírito que viaja, é nele que se vive. Há, por isso, almas contemplativas que têm vivido mais intensa, mais extensa, mais tumultuariamente do que outras que têm vivido externas. [...] O que se sentiu foi o que se viveu. Recolhe-se tão cansado de um sonho como de um trabalho visível. Nunca se viveu tanto como quando se pensou muito."[27]

Todas as maravilhosas páginas do *Livro do desassossego* sobre a inutilidade das viagens reais giram em torno de uma ideia essencial, expressa no poema de Campos "Afinal, a melhor maneira de viajar é sentir": viver é sentir e sentir é viajar nas sensações. "Argonauta das sensações verdadeiras" se intitula a si próprio Caeiro. Porque sentir é percorrer o fluxo das sensações, atravessar as paisagens interiores, produzir em si intensidades.

---

25 Cf. LD, II, 382, pp. 127-8.
26 LD, II, 383, p. 128.
27 LD, II, 384, pp. 128-9.

Por isso, "para viajar basta existir",[28] basta aprender a sentir: "A erudição da sensibilidade nada tem que ver com a experiência da vida. A experiência da vida nada ensina, como a história nada informa. A verdadeira experiência consiste em restringir o contato com a realidade e aumentar a análise desse contato. Assim, a sensibilidade se alarga e aprofunda, porque em nós está tudo; basta que o procuremos e o saibamos procurar."[29]

5. Sonhar é, enfim, tornar-se outro, entrar num processo de metamorfose: "Agora, no auge conciso de sonhar o que vós fazíeis,/ Perco-me todo de mim, já não vos pertenço, sou vós", escreve Álvaro de Campos na "Ode marítima". A visão atua como operador deste processo. Em diversos fragmentos do *Livro do desassossego*, Bernardo Soares explica de que modo o perder da sua visão lhe permite transformar a percepção dos outros sentidos e da própria vista. A visão não é, portanto, o olhar, mas sim o poder de ver o invisível: a propósito do retrós, Soares sonha com fábricas, de "olhos voltados para dentro", pois o sonhador é um visionário.[30]

Ver o invisível, abstrair, sentir mais intensamente, entrar numa dinâmica de fluxos, tudo isto é o mesmo; mas é também abrir-se a uma metamorfose. Aquele que sonha e vê torna-se naquilo que vê: molda-se aos contornos das coisas vistas, impregna-se da sua substância, transforma-se nelas. A visão substitui o contato. Tal como o tato, não só "absorve" as formas do objeto como se adapta a elas; tal como a pele que, tocando uma rugosidade, se torna ela própria rugosidade, tomando de certo modo o "sujeito" (nesse ponto preciso da sensação) a forma da coisa, a visão transforma-nos no objeto visto. Mais do que qualquer outro sentido, a visão integra o sujeito e o seu corpo no espaço que se desdobra à sua frente, favorecendo assim as transformações do "espaço da sensação" – espaço onde precisamente tem lugar o devir-outro: "Quem está ao canto da sala dança com todos os dançarinos. Vê tudo, e, porque vê tudo, vive tudo. Como tudo, em súmula e ultimidade, é uma sensação nossa, tanto vale o contato com um corpo como a visão dele, ou, até, a sua simples recordação. Danço, pois, quando vejo dançar. Digo, como o poeta inglês, narrando que contemplava, deitado na erva ao longe, três ceifeiros: 'Um quarto está ceifando e esse sou eu.'"[31]

---

28 LD, II, 387, p. 132.
29 LD, II, 389, p. 135.
30 LD, II, 363, p. 102.
31 LD, II, 384, p. 129. Cf. os textos sobre "Arte moderna, arte do sonho", in OPP, III, pp. 147-51. Por exemplo: "O poeta de sonho é geralmente um visual, um visual estático. O sonho é *de vista*

Entre todos estes aspectos da técnica do sonho, há um que é particularmente importante, pois se apresenta como uma condição de possibilidade da constituição de multiplicidades e, portanto, do devir-outro e da heteronímia. Trata-se desse poder de desenrolar, ao mesmo tempo, dois fios de imagens que a atenção deve seguir. Se o sonho – tal como o entende Fernando Pessoa – implica um devir do sujeito que se "identifica" com a coisa vista ou sonhada, então, quando Bernardo Soares desfia duas linhas de fluxos, transforma-se simultaneamente em duas coisas diferentes. Aparentemente, este aspecto da técnica do sonho não deixa de apresentar dificuldades. Uma coisa é seguir dois fluxos de imagens ao mesmo tempo; outra é transformar-se, também ao mesmo tempo, em duas imagens *diferentes* desses fluxos. "Diferentes" quer aqui dizer "pertencentes a espaços e a tempos diferentes"; e correspondentes a *duas* sensações diferentes (que não se unem numa única maneira de sentir, como acontece no texto acima citado).

Por que é que é necessário transformar-se simultaneamente em duas coisas diferentes para se atingir um verdadeiro devir-outro? Não bastaria identificar-se com uma única coisa ou um único ser de cada vez?

2.1 = 2: O DEVIR-"SI PRÓPRIO"

Bernardo Soares insiste neste ponto: quer poder ser dois *ao mesmo tempo*; isso parece-lhe ser um objetivo difícil, quase inacessível, mas essencial:

"Há almas sobre quem pesa como uma maldição o não lhes ser possível ser hoje gente da idade média. Aconteceu deste sofrimento em tempo. Hoje já não me acontece. Requintei para além disso. Mas dói-me, por exemplo, não me poder sonhar dois reis em dois reinos diversos, pertencentes, por exemplo, a universos com diversas espécies de espaços e de tempo. Não conseguir isso magoa-me verdadeiramente. Sabe-me a passar fome.

Poder sonhar o inconcebível visibilizando-o é um dos grandes triunfos que não eu, que sou tão grande, senão raras vezes atinjo. Sim, sonhar

---

geralmente. Pouco sabe auditivamente, tatilmente." Este texto, em aparente contradição com outros que já citamos, apenas opõe – e sobrepõe – um "saber visual" a um saber tátil e auditivo, não negando a primazia do tato e do ouvido no plano da intensidade da sensação ("proximidade" carnal com o objeto).

que sou, por exemplo, simultaneamente, separadamente, inconfusamente, o homem e a mulher dum passeio que um homem e uma mulher dão à beira-rio. Ver-me, ao mesmo tempo, com igual nitidez, do mesmo modo, sem mistura, sendo as duas coisas com igual integração nelas, um navio consciente num mar do sul e uma página impressa dum livro antigo. Que absurdo que isto parece! Mas tudo é absurdo, e o sonho ainda é o que o é menos."[32]

Poder ser, ao mesmo tempo, duas coisas radicalmente diferentes situadas em espaços e tempos diferentes surge como uma espécie de teste do devir-outro. Tudo se passa como se Bernardo Soares pensasse que a identificação com uma única coisa não significava uma verdadeira metamorfose; e, em segundo lugar, que, ao tornar-se duas coisas totalmente outras e diferentes entre si, o poder de devir-outro se abria definitivamente – e até ao infinito.

Se consigo ser dois reis em dois reinos diferentes poderei tornar-me tudo, terei atingido o mais alto grau do poder de devir-outro. Poderei devir-*outro*, e sem me enganar quanto à natureza do meu devir tomando-o por mais uma variante da minha maneira de sentir. Quer dizer, poderei tornar-me totalmente, radicalmente, outro.

Que quer isto dizer? Tratar-se-á de transformar-se no outro enquanto outro? Sob que modalidade? Porque, é evidente, não nos tornamos "realmente" outros (não tendo, de resto, essa "realidade" nenhum interesse para Pessoa). Tornar-se radicalmente outro significa *sentir as sensações de um outro*, viver as sensações-outras, fazer suas maneiras inteiramente estranhas de sentir. Para o conseguir, não basta identificar-se (Soares diz: integrar-se) com o outro, pois nunca teremos a certeza de, no fim de contas, a identificação com um único objeto nos proporcionar mais do que uma modalidade (mesmo que distante ou desconhecida) do nosso próprio modo de sentir. É evidente que toda a sensação sentida por nós é um dos nossos modos de sentir, mesmo a sensação de um outro radicalmente outro; mas existe uma diferença entre um verdadeiro devir-outro e a revelação de sensações pessoais "soterradas": neste último caso, não há metamorfose.

Não se trata, assim, essencialmente, do critério do devir, mas do *poder* de transformação de si próprio – só depois de adquirido este poder seremos capazes de experimentar todas as sensações possíveis. E como adquirir este poder, e ter a certeza de que se trata de um verdadeiro

---

32 LD, I, 32, p. 34.

poder (e regressamos à questão do critério)? Sentindo duas sensações diferentes ao mesmo tempo, vivendo simultaneamente, mas separadamente, duas unidades emocionais. E por que é que estas duas vivências separadas e diferentes garantem o devir-outro?

Vejamos: de que modo se me apresenta o outro enquanto outro? Se me identifico com o outro, transfiro-me para ele, desrealizando o meu presente. O sonho traz em si essa possibilidade, é desrealização. Mas então, o outro não é mais do que uma transposição ou uma "projeção" de mim próprio. Ora, aqui, quando nos tornamos duas coisas diferentes ao mesmo tempo, encontramo-nos num estádio superior, mais abstrato, do sonho. Não se trata, em Pessoa, de "projeção", nem mesmo de "identificação" de si próprio, noções que deixam intactos o "eu" e a "personalidade" (a projeção absorve o outro no eu; a identificação abole o eu no outro eu).

No devir-outro e na heteronímia pessoanos, entra em ação um poder bem mais profundo e radical, que implica a fragmentação (e a mutação) do eu. Assim, não basta tornar-se um outro para devir-outro, é preciso devir-dois, é preciso, para que não se trate nem de identificação nem de projeção, mantendo-se a consistência do eu, mas antes de devir e de metamorfose internos, poder sentir duas sensações, viver duas coisas opostas ao mesmo tempo.[33] Se nos "identificamos" com ou nos "projetamos" sobre duas coisas (A é B) simultaneamente, deixa de haver identificação ou projeção. A diferença entre A e B garante a diferença entre o sujeito (S) e cada uma dessas coisas; pois, para que eu possa transformar-me em dois reis, em dois espaços e tempos diferentes, é preciso que eu esteja separado em mim próprio, é preciso que exista uma distância de mim a mim, *distância que garante todo o poder de metamorfose*. Ao ser (pelo menos) dois, não sou um no sentido de um eu unitário, e posso assim transformar-me em duas outras coisas diferentes de mim: não se trata de desrealizar o meu espaço e o meu tempo, aqui e agora, para *me* projetar noutro lado; transformo-me *em mim*, num outro radicalmente diferente, porque eu próprio não sou substância, mas relação.

---

[33] Estas distinções não são estranhas a Pessoa: num texto em inglês, sobre Shakespeare, datado provavelmente de 1928, ele distingue três graus no gênio lírico: o segundo caracteriza-se pela capacidade de exprimir "uma diversidade de emoções sem sair de si próprio", como Goethe, que apresentava um largo espectro de emoções, mas sempre "pessoais". Shakespeare, classificado no terceiro grau, tinha "a capacidade de *viver* em imaginação os estados mentais da histeria, e, portanto, o poder de os projetar no exterior em pessoas separadas" (OPP, III, p. 158). É claro que Fernando Pessoa se inclui a si próprio na terceira categoria. Retomaremos mais adiante esse texto.

Podemos formular simplesmente tudo isto do seguinte modo: S = A, S = B, sendo que A ≠ B. Daqui decorre S ≠ S, marcando esta diferença a distância interna que *distende* o sujeito no interior de si próprio e o faz tornar-se relação, ao fragmentar o eu substancial.

Num texto de 1924 (data provável), que surge como uma fundamentação filosófica da heteronímia,[34] Fernando Pessoa desenvolve longamente a ideia de que "a pura identidade e a pura relação são a mesma coisa; isto é, que a Identidade é a mesma coisa que a Distinção". Ou ainda, que "para se sentir puramente si-próprio, cada ente tem que sentir-se todos os outros, e absolutamente consubstanciado com todos os outros". Ideia fundamental, porque Fernando Pessoa vai fazer dela o ponto de partida da afirmação da diferença no interior de si próprio, como condição de possibilidade da relação com outrem, e, portanto, do devir-outro. Eis um excerto significativo: "Ora isto não pode implicar fusão (de qualquer espécie) com os outros, pois assim o ente não se sentiria a si-próprio; sentir-se-á não-si-próprio, e não si-próprio-outros.[35] Para não deixar de ser si-próprio, tem que continuar a ser distinto dos outros. Como, porém, nessa altura do relacionar-se, os outros são outros-ele, para ser distinto dos outros, ele tem que ser distinto dos outros-ele. Ser distinto dos outros-ele só pode darse sendo ele distinto de si mesmo."[36]

A originalidade deste texto – que se inicia com o postulado: "Um ente, ou Eu, qualquer existe essencialmente porque se sente e sente-se porque se sente distinto de outro, ou de outros" – reside inteiramente no fato de Fernando Pessoa pretender *fundar* a Identidade na Diferença (ou "Distinção"), identidade que não é um atributo da substância, mas da *relação*, enquanto pura relação de diferença ou distinção de si próprio: "Ou se a Relação Pura, Abstrata, é que é a essência do ente [...], segue que o ente puro é a Relação Pura puramente distinta de si-mesma.

"Ora, relação implica distinção. Temos, pois, que a Relação Pura puramente distinta de si-mesma será uma pura distinção puramente distinta de si-mesma. A distinção pura, porém, é já, por o que é, puramente distinta, visto que é a distinção pura. Por isso a Relação Pura, só por ser a Relação Pura, é pura distinção. Mas se é por isso que é pura distinção,

---

34 Fernando Pessoa, *Textos filosóficos*, I. Lisboa: Ática, 1968, pp. 36-8.

35 Saliente-se a necessidade de afirmar uma metamorfose *positiva* de si próprio; e a recusa de um devir-outro que equivalha a uma destruição de si, quer dizer, de sentir próprio (nomeadamente por "fusão" ou identificação).

36 Fernando Pessoa, *Textos filosóficos*, p. 37.

segue que é pura distinção por ser puramente aquilo que é (que é Relação Pura)."[37]

Em suma, se eu sou Relação Pura e, por isso, puramente distinto de mim próprio, é porque sou puramente eu próprio (identidade) enquanto relação. É a identidade da relação de distinção de si-próprio (a primeira condicionando a segunda) que funda a identidade entre a Identidade e a Relação – mas também, e inversamente, a distinção entre Identidade e Distinção, já que a Identidade é também relação: "Um ente qualquer é, pois, *essencialmente* identidade que é distinção." A estrutura de duplicação em abismo (da identidade da diferença e da diferença da identidade) permite a sua identificação; mas esta identificação só é possível, evidentemente, porque a relação é primeira perante a identidade substancial.

Retenham-se de tudo isto duas ideias centrais: 1. A identidade do sujeito define-se como diferença de si a si. Mas não significa cisão ou divisão que aliene o sujeito, já que é condição de possibilidade da sua "completude" (o texto diz: "Sentir-se ou ser o mais completamente si próprio relacionando-se o mais possível com os outros"), e da sua identidade. 2. Esta diferença ou relação de si a si é aquilo que permite a relação com os outros.

Tornamos, assim, a encontrar as mesmas ideias do texto citado do *Livro do desassossego*. Para produzir multiplicidades, para que haja devir-outro, é preciso poder ser dois ao mesmo tempo; para poder ser dois, é preciso *produzir* uma distância interna de si a si, de tal modo que o sujeito (do devir-outro) deixe de ser definido como "eu", passando a ser diferença, relação, intervalo entre si e si.

×××

Se assim é, a problemática tradicional da "Unidade/Diversidade em Fernando Pessoa" muda consideravelmente de perspectiva. Não se trata já de saber se Pessoa é originalmente múltiplo ou originalmente uno, ou se a multiplicidade entra em relação dialética com a unidade: esta maneira de colocar o problema pressupõe sempre o "eu" ou a "personalidade" como referente primeiro ou termo último. Para além do fato de o postulado do "eu" – e, consequentemente, de "eus" diversos nos heterônimos que são e não são o "eu" de Fernando Pessoa, ao ponto de não sabermos já quem é eu de quem – conduzir a impasses na compreensão da

---

[37] Fernando Pessoa, *Textos filosóficos*, pp. 38-9.

heteronímia, cai-se mais cedo ou mais tarde numa espécie de *pathos* trágico-existencial em que toda a obra de Pessoa parece determinada por uma insondável ferida perante a vida – ferida já presente no cerne do eu (ou da criança Pessoa, psicanalisada ou psiquiatrizada), no qual se abre a fissura "ontológica" do ser dividido e separado de si. Dir-se-á que muitos textos justificam esta interpretação – não é verdade que o próprio Pessoa tantas vezes evocou essa separação perante a vida? Veremos, a propósito da "arte da insinceridade", como se deve interpretar isto: talvez seja preciso encarar numa perspectiva completamente diferente essa posição do eu, de um certo eu que Pessoa *constrói* poeticamente.

Parece-nos, pelo contrário, que todas as antinomias de há muito assinaladas em Pessoa – consciência/inconsciência, eu/outro, consciência/vida, pensar/sentir, particular/universal – não devem ser entendidas segundo uma lógica da "unidade/diversidade" dos eus (que remete para não sei que dilaceração existencial entre um e vários eus, que o poeta teria procurado desesperadamente unificar ao longo de toda a sua obra), mas segundo uma lógica das multiplicidades, do devir.

Fernando Pessoa não procurou unificar, sob a égide de um Eu harmonioso, os polos opostos e diversos que conhecia em si. Porque ele não os descobriu, produziu-os. E não parecia de modo nenhum desesperado, procurando reforçar cada vez mais essa tendência. Quando exclama, a propósito da ceifeira que canta: "ter a tua alegre inconsciência e a consciência disso!", não quer *unir* ou *fundir* a consciência e a inconsciência numa síntese sem conflitos, quer criar o *lugar* de uma coexistência possível entre estas duas emoções contraditórias (aqui produzidas pela "consciência" e pela "inconsciência"). Quer, portanto, mantê-las, salvaguardando a sua autonomia, apesar da sua incompatibilidade. Quando escreve, no *Livro do desassossego*: "Gostava de estar no campo para poder gostar de estar na cidade. Gosto, sem isso, de estar na cidade porém com isso o meu gosto seria dois",[38] não procura abrir a chaga, hiante, de uma vivência impossível, ou de um desejo sempre insatisfeito porque sempre cindido em dois;[39] pelo contrário, visa multiplicar a sua sensação olhando-a de um outro ponto de vista, se assim podemos dizer. Trata-se de uma única sensação, o prazer de estar na cidade (e não de duas, uma vez que o prazer de estar no campo só aparece como meio de análise da

---

38 LD, II, 391, p. 138.
39 Uma vez mais, poderíamos adotar esta interpretação, já que ela aparece num poema do próprio Pessoa. Mas trata-se de uma sensação construída, e o sujeito é um poeta.

primeira sensação, de tal modo que a frase "Gostava de estar na cidade para poder gostar de estar no campo" não é equivalente à do texto); Bernardo Soares encontra, ao imaginar-se no campo, uma outra forma de gostar de estar na cidade, desdobrando a sensação primitiva.

Assim, é preciso "multiplicar-se para se sentir" (Álvaro de Campos), "multiplicar-se para se aprofundar" (Bernardo Soares), proliferar em outros para se transformar em si próprio. Mas o que é este "si próprio", este "sujeito" que devém e se multiplica – já que não é um "eu"? Há na obra de Pessoa, que, em certo sentido, não é mais do que uma imensa glosa deste *eu* incessantemente examinado, múltiplas figuras do sujeito. E o problema não consiste em saber como ser um "eu", sendo ao mesmo tempo múltiplos eus, mas sim como devir-si próprio, ao tornar-se múltiplos outros. O que é que me acontece quando me torno outro? Por que é em mim próprio que mudo quando me torno outro; mas que abrange este *eu*? Só consideraremos aqui o sujeito em devir, proliferando em séries múltiplas de sensações.

Se este sujeito não é um eu, como caracterizá-lo?

Ele torna-se outro, para sentir como o outro, sendo o "eu" o último obstáculo ao "sentir tudo": "Invejo a todas as pessoas não serem eu. Como de todos os impossíveis, esse sempre me pareceu o maior de todos, foi o que mais se constituiu minha ânsia cotidiana, o meu desespero de todas as horas tristes."[40] Invejo, portanto, todas as pessoas por serem outras que não eu, e por sentirem diferentemente de mim; porque quero poder sentir como todas elas. Mas, por outro lado, não suporto saber que outros podem sentir como eu; sinto-me, então, como que desapossado de mim próprio: "Sempre que tenho uma sensação agradável em companhia de outros, invejo-lhes a parte que tiveram nessa sensação. Parece-me um impudor que eles sentissem o mesmo do que eu, que me devassassem a alma por intermédio da alma, unissonamente sentindo, deles."[41] Esta "divina inveja" exprime o desejo de sentir de modo absolutamente específico, de obter a sensação única, singular, insubstituível.

Sentir o que todos os outros sentem, sentir como sentem todos (e cada um), por um lado, e, por outro lado, sentir de maneira inteiramente própria, inimitável. Não haverá aqui contradição? Como é que o "sentir de todas as maneiras" se pode resolver numa singularidade do modo de sentir? Esta dificuldade pode formular-se ainda da seguinte maneira: se

---

[40] LD, I, 214, p. 243.
[41] LD, II, 393, p. 138 ("A divina inveja").

sinto como toda a gente, se é este o meu modo de sentir – não possuindo eu outro modo de sentir senão o de sentir como todos os outros modos de sentir –, como posso eu ter um modo específico de sentir: tratar-se-á ainda de uma "maneira de sentir", se *eu* não faço parte da categoria daqueles (os outros) que têm "maneiras de sentir" (ou só faço parte dela enquanto estranho a mim próprio)?

Em primeiro lugar, está fora de questão abolir a especificidade; pelo contrário, devir-outro ou sentir como um outro não é sentir o outro nem absorvê-lo na maneira pessoal de sentir. Somos nós que nos moldamos ao objeto, sem que por isso – e é aqui que reside a dificuldade – nos percamos nele; o sentir-outro não abole a diferença, aprofunda-a, estabelece-a até como tal a partir de um moldar de formas (como a água e a esponja): "a ânsia [...] de conhecer sem ser com o conhecimento, de meditar só com os sentidos ou pensar de um modo tátil ou sensível, de dentro do objeto pensado, como se fôssemos água e ele esponja."[42] O devir-outro exige que nos despojemos dos conhecimentos que velam a visão do objeto ou do outro. Tal como há uma aprendizagem do sentir e do sonho, há uma aprendizagem do devir-outro que implica uma mudança de si, um "devir-si próprio". O que é este transformar-se em si próprio? Não é, por certo, transformar-se num "eu".

Consideremos uma curiosa passagem do *Livro do desassossego*, aparentemente anódina: Bernardo Soares levantou-se ao amanhecer, saiu para a rua e assiste ao despertar da vida urbana. Está num estado um tanto especial ("Vogo, atenção só dos sentidos, sem pensamento nem emoção. Despertei cedo; vim para a rua sem preconceitos. Examino como quem cisma. Vejo como quem pensa. E uma leve névoa que vai saindo do exterior parece que se me infiltra lentamente").[43] A infiltração da névoa assinala uma relação particular entre o espaço exterior e o espaço da sensação, que se ligam entre si de modo a formarem um único espaço; o que favorece a apreensão, a "penetração" dos objetos pela visão. Por uma visão absoluta: Bernardo Soares olha os transeuntes, as vendedeiras, os leiteiros que "chocalham, como chaves ocas e absurdas, as latas desiguais do seu ofício andante. Os polícias estagnam nos cruzamentos, desmentido parado da civilização ao movimento invisível da subida do dia". Olha tudo isto e exclama: "Quem me dera, neste momento o sinto, ser alguém que pudesse ver isto como se não tivesse com ele mais relação

---

42 LD, II, 425, p. 166.
43 LD, I, 87, pp. 90-3; p. 91.

que o vê-lo – contemplar tudo como se fora o viajante adulto chegado hoje à superfície da vida! Não ter aprendido, da nascença em diante, a dar sentidos dados a estas coisas todas, poder vê-las na expressão que têm separadamente da expressão que lhes foi imposta. Poder conhecer na varina a sua realidade humana independente de se lhe chamar varina, e de se saber que existe o que vende. Ver o polícia como Deus o vê. Reparar em tudo pela primeira vez, não apocalipticamente, como revelações do Mistério, mas diretamente, como florações da Realidade."[44]

Conseguir apreender a coisa sem mistério, sem fundo, na sua objetividade absoluta, é ver como Caeiro. Todavia, aqui a visão complica-se, trata-se também de um "interior" das coisas, e do contato *imediato* da visão com ele. É, com efeito, isto que a continuação do texto explicita: de súbito, porque soam as oito horas, Bernardo Soares "acorda de si", a visão obscurece-lhe, reaparece a realidade comum, a névoa deixa de atuar como um meio que permite que a visão mais aguda se exerça para se tornar véu, barreira que perturba o contato com o exterior. Este torna-se de novo banal, revestido do conhecimento habitual que dele temos: a névoa "entrou-me verdadeiramente para a alma, e ao mesmo tempo entrou para a parte de dentro de todas as coisas, que é por onde elas têm contatado com a minha alma. Perdi a visão do que via. Ceguei com vista. Sinto já com a banalidade do conhecimento".

Antes, Bernardo Soares penetrava no interior das coisas; agora desliga-se dele. Antes, podia transformar-se no que via: para o conseguir era preciso despojar o objeto de tudo aquilo com que foi encoberto – até mesmo do seu nome. Ver o polícia como Deus o vê é ver sem nenhuma mediação, com um conhecimento intuitivo absoluto. Mas despojar o objeto é despojar-se a si próprio, esvaziar-se de tudo o que se aprendeu: "Avanço lentamente, morto, e a minha visão já não é minha, já não é nada: é só a do animal humano que herdou sem querer a cultura grega, a ordem romana, a moral cristã e todas as mais ilusões que formam a civilização em que sinto."[45] Ao despojar-se de todos os conhecimentos, Bernardo Soares atinge o objeto absoluto e, ao mesmo tempo, entra num processo de "devir-si próprio", uma vez que se desembaraça de tudo o que, sendo estranho, transforma e deforma o nosso poder de visão.

Para alguém "devir-si próprio" é preciso que tenha a possibilidade de devir-outro, de penetrar e ver o objeto de dentro. O "si próprio" de que

---

44 LD, I, p. 92.
45 LD, I, p. 93.

aqui se trata não se caracteriza por nada que seja traduzível num conhecimento, antes por um poder: o de, em si próprio, sentir como qualquer outro, provindo a especificidade, a singularidade deste sentir, da *maneira* como se alcançam estes múltiplos modos de sentir. Esta maneira define, por si só, um sentir singular, próprio daqueles que conseguem exprimir todas as outras maneiras de sentir: um modo de sentir *através da consciência de todos os outros modos de sentir*. Temos, assim, uma especificidade, marcada por dois traços complementares: 1. a maneira como são expressos os múltiplos modos de sentir; 2. o modo de sentir correspondente a esta maneira de expressar os outros.[46]

Podemos vê-lo agora: o sujeito só se transforma em si própro quando atinge o domínio máximo (na expressão, quer dizer, como veremos, num *estilo*) dos modos de sentir dos outros; isto exige uma distância de si a si que agora podemos determinar como *distância da consciência à sensação*. Não se trata de uma distância feita de separação ou de espaço vazio, mas de múltiplas tensões. O "si próprio" que então se devém é o sujeito plástico capaz de metamorfose: *enquanto unidade, situa-se num dos polos da distância consciência-sensação, enquanto toda a sua "substância" se reduz, todavia, a esta distância* (que define um estilo). O paradoxo é que a sua unidade (abstracta) não existe senão pela unidade do estilo. O "si próprio" é o puro agente do estilo.

×××

Os textos mais diversos – tanto pelos temas abordados como pelo momento em que foram escritos – confirmam este ponto de vista. É verdade que as ideias de Fernando Pessoa variam muito pouco: "não há evolução na minha obra, não evoluo, viajo", dizia.

Quando, em 1917, extrai, no "Ultimatum", as consequências políticas, filosóficas e artísticas da heteronímia, depois de propor "1. [A] Abolição

---

[46] Que implica "sentir com a consciência". Ideia conhecida que aqui tornamos a encontrar, e que encontraremos de novo no cerne da arte poética da insinceridade. Não interpretamos nada em Pessoa, em quem quase sempre tudo se imbrica e se diz explicitamente: num texto, frequentemente citado, de 1930 (?), sobre "Os graus da poesia lírica" (OPP, III, p. 87), que pressupõem graus equivalentes de "despersonalização", ele escreve, a propósito do terceiro grau: "é aquele em que poeta, ainda mais intelectual, começa a despersonalizar-se, a sentir, não já porque sente, mas porque pensa que sente; a sentir estados de alma que realmente não tem, simplesmente porque os compreende." O quarto grau acentua ainda mais estes traços: é evidente que a maneira de sentir como todos os outros é uma consciência de sentir.

do dogma da personalidade" e "2. [A] Abolição do preconceito da individualidade", enuncia o que entende por "3. [A] Abolição do dogma do objetivismo pessoal": "A objetividade é uma média grosseira entre as subjetividades parciais. Se uma sociedade for composta, por ex., de cinco homens a, b, c, d, e e, a 'verdade' ou 'objetividade' para essa sociedade será representada por: $\dfrac{a+b+c+d+e}{5}$

"No futuro, cada indivíduo deve tender para realizar em si esta média. Tendência, portanto, de cada indivíduo, ou, pelo menos, de cada indivíduo superior, a ser uma harmonia entre as subjetividades alheias (das quais a própria faz parte), para assim se aproximar o mais possível daquela Verdade-Infinito, para a qual idealmente tende a série numérica das verdades parciais."[47]

Poder-se-ia julgar, a partir desta citação isolada do seu contexto, que Campos (pois é ele que assina o texto) propõe uma massificação do indivíduo através da média coletiva.[48] Nada disso. O indivíduo que exprima a Média e tenha "consciência plena de estar exprimindo as opiniões de pessoa nenhuma" será foco não já de uma Expressão (de um sujeito), mas da "Entre-Expressão" de todos os outros indivíduos.

O que é esta Média? É uma "harmonia entre as subjetividades alheias", da qual faz parte a do próprio indivíduo. Este sujeito harmônico define-se por uma distância de si a si (é alheio a si próprio, possuindo uma maneira própria de sentir, mas podendo, todavia, afastar-se dela, para sentir como todos os outros), e pela capacidade de estabelecer uma linha harmônica entre todos aqueles que exprime.

---

47 OPP, II, p. 1115.

48 Ora, ele acaba de exigir que "só [tenha] o direito ou o dever de exprimir o que sente, em arte, o indivíduo que sente por vários. Não confundir com 'a expressão da Época', que é buscada pelos indivíduos que nem sabem sentir por si próprios. O que é preciso é o artista que sinta por um certo número de Outros, todos diferentes uns dos outros, uns do passado, outros do presente, outros do futuro" (p. 1113); acaba de afirmar que "o maior artista será o que menos se definir, e o que escrever em mais gêneros com mais contradições e dissemelhanças" (p. 1114); e de reclamar que seja abolida "toda a convicção que dure mais que um estado de espírito", bem como "o desaparecimento total de toda fixidez de opiniões e modos de ver; desaparecimento portanto de todas as instituições que se apoiem no fato de qualquer 'opinião pública' poder durar mais de meia-hora" (p. 1114); etc.

Não é inútil examinar rapidamente a noção de "harmonia", tal como a emprega Fernando Pessoa – noção que vai buscar aos gregos, que admira, integrando-a na sua estética. Dois textos maiores centram parte da sua argumentação em torno desta noção: "Apontamentos para uma estética não aristotélica", que já evocamos, e sobretudo um longo ensaio crítico, de 1932, sobre António Botto (revestindo-se o conjunto dos escritos de Pessoa consagrados a este poeta de uma importância teórica considerável): "António Botto e o ideal estético criador".

O que é a harmonia? É um equilíbrio de forças. Equilíbrio não quer dizer ausência de tensão, nem desaparecimento da intensidade. Pelo contrário: quanto mais tensão, mais equilíbrio e harmonia; e, portanto, quanto mais harmonia, mais intensidade (de uma sensação, que é composta por forças). Assim se explica a força de irradiação que ainda hoje tem a arte grega.

Sabemos que a estética não aristotélica de Pessoa pretende substituir a ideia de beleza pela de força – chegando esta última a englobar a primeira, uma vez que a compreende: "A ideia de beleza pode ser uma força", quando deixa de ser uma simples "ideia intelectual", para se converter numa "'ideia' da sensibilidade, uma *emoção* e não uma ideia, uma disposição sensível do temperamento".[49]

Entende-se assim que a harmonia – enquanto princípio de beleza e perfeição – resulta de um equilíbrio de *forças*: uma vez que ela própria é composta por forças,[50] é na sensibilidade que a harmonia se engendra: "Assim a arte dos gregos é grande mesmo no meu critério e *sobretudo* o é no meu critério. A beleza, a harmonia, a proporção não eram para os gregos conceitos da sua inteligência, mas disposições íntimas da sua sensibilidade. É por isso que eles eram *um povo de estetas*, procurando, exigindo a beleza, *todos em tudo, sempre*. É por isso que com tal violência *emitiram* a sua sensibilidade sobre o mundo futuro que ainda vivemos súditos da opressão dela."[51]

A arte grega tinha um ideal de perfeição. Definindo-se a perfeição de uma coisa pela sua adequação à própria substância (a qual pode ser material, formal ou definida pelo "fato de ter um fim"), quando se realiza

---

49 OPP, II, p. 1044.

50 Assim, os sentimentos e as emoções contêm forças: "Toda emoção sentida *é* a diagonal de um paralelogramo de forças: vive de ambas e a ambas anula" ("Lirismo e paixão em António Botto", 1935, OPP, II, p. 1273).

51 OPP, II, p. 1095.

a adequação exata atinge-se o ideal de perfeição.⁵² Adequação interna – enquanto relação de forças –, e chama-se então "equilíbrio"; ou externa – enquanto expressão exterior do equilíbrio –, e chama-se então "harmonia". O ideal de perfeição toma o nome de "ideal harmônico".

Este ideal não foge à vida, não a renega – ao contrário do ideal dionisíaco, cristão, caótico e budista –, antes a afirma, já que, achando a vida imperfeita, a quer, *enquanto vida*, mais perfeita (o ideal harmônico está na própria vida, mas perfeita: "quiséramos que aquele corpo [que é por definição imperfeito], sem deixar de ser aquele corpo, fosse aquele corpo com perfeição"). É o único ideal que afirma a vida por si própria. "Como, porém, foram os gregos os que não só criaram este ideal, mas mais intimamente o encarnaram, e como era o deus Febo, ou Apolo, quem para eles o figurava na vida (pois na inteligência o figurava Atena), chamaremos a este ideal o *ideal apolíneo*."⁵³

Ideal que define um tipo de homem superior: o artista. É ele o único, entre os outros tipos de homens superiores – o filósofo e o santo (e o herói como grau inferior do santo) –, que "não resolve a dualidade que o constitui superior [dualidade da inteligência e da vida dos sentidos]; [...] o artista não resolve a dualidade em unidade; resolve-a, porém, em equilíbrio. Ser artista provém de ter em igual desenvolvimento a atenção que está virada para o mundo e a vida, e a atenção que está virada para a inteligência", e o equilíbrio resulta de estas atenções terem a mesma força.⁵⁴

Porque a dualidade permanece e se "resolve" no equilíbrio de forças, porque a vida não é, portanto, negada (é até afirmada através da força que se opõe à da inteligência e do espírito), o ideal apolíneo identifica-se totalmente com o ideal artístico: "é o ideal apolíneo o ideal artístico, isto é, o único ideal cuja natural manifestação é a obra de arte."⁵⁵

Sendo o único ideal "cuja natural manifestação é a obra de arte", o ideal apolíneo é também "O único que se baseia no mundo e na vida". Em resumo, a arte apolínea é a única que, ao afirmar a vida, se afirma a si própria por si própria.⁵⁶ Os outros tipos de artistas, se fazem arte, é por razões sempre estranhas à arte, ou então não a fariam: o dionisíaco para

---

52 OPP, II, p. 1253.
53 OPP, II, pp. 1253-4.
54 OPP, II, p. 1258.
55 OPP, II, p. 1258.
56 Num sentido bem diverso do esteticismo da arte pela arte – que Pessoa explicitamente rejeita noutros textos.

gozar de um máximo de emoções como de um *excesso* de vida; o cristão para a glória de Deus; o caótico (ou niilista) deveria, para ser coerente, suicidar-se "no momento em que conceba em plenitude e sinceridade, o seu ideal noturno"; o budista não pode fazer outra coisa que não seja repudiar a vida, que é apenas ilusão, só podendo a sua arte colocar-se ao serviço do seu ideal místico e ascético.

Assim, já que a arte, por pressupor a afirmação das forças da sensibilidade e da vida, não pode deixar de acrescentar vida à vida, só o artista apolíneo fará arte em nome da arte (e da vida). Neste sentido, todo o artista, se faz arte, é apolíneo – mesmo sem o saber, mesmo quando é dionisíaco, cristão, caótico: "Todo o artista é [...] um expositor involuntário do ideal apolíneo."[57] Se assim é, o artista apolíneo poderá inversamente "seguir" qualquer outra forma de ideal, uma vez que é capaz de adaptar todo o tipo de opiniões, de filosofias, em suma, de ser outro. O artista apolíneo tem o poder da metamorfose, é múltiplo, é mesmo o único que é múltiplo. Ser múltiplo (digamos, antecipando-nos: "ser heteronímico") é, muito simplesmente, ser artista: "Quer dizer, a dualidade, que aparentemente se resolvera pelo equilíbrio, nunca, afinal, se resolveu. Resolver é inclinar-se, e o equilíbrio é não haver inclinação. O artista ficou entre o filósofo e o santo, fusão dos dois e negação de ambos: como o filósofo, pensa, mas não tem opiniões; como o santo, dedica-se, mas não sabe a quê. Provam-no de dois modos opostos os dois maiores poetas do mundo: em Homero não há filosofia nem crença, em Shakespeare há todas."[58]

Note-se como a "resolução" da dualidade se opõe ao seu "equilíbrio", que surge claramente como resultado de uma tensão entre forças opostas. Estas forças chamam-se "inteligência" e "sensibilidade", e a arte apolínea recusa toda a dominação ou primado de uma sobre a outra. Por que é que o artista apolíneo pode tornar-se outro, por que é que Shakespeare pode adaptar todas as filosofias e todas as crenças? Porque pensa, mas não adere àquilo que pensa; e porque sente, mas distancia-se daquilo que sente. Há nele "fusão e negação" do filósofo que pensa e do santo que crê: é o que, num outro contexto, Bernardo Soares caracterizava como uma "exclusão por síntese às avessas". Exclusão de um conteúdo de pensamento e de uma crença aos quais o artista só adere à distância – porque ele é pura distância de si a si, distância da consciência à sensação, que lhe permite viver todas as formas outras de sentir.

[57] OPP, II, p. 1259.
[58] OPP, II, p. 1260.

A harmonia, essa harmonia que faz a "Média" preconizada pelo "Ultimatum", define assim uma relação entre diversas maneiras de sentir: este indivíduo que representa a média é o mesmo que, no plano artístico – o único que nos interessa – deve exprimir uma multiplicidade de correntes, de estilos, de ideias, cada uma destas coisas baseada num modo de sentir. Terá este indivíduo ainda uma singularidade? Decerto: quando ele se esvazia de tudo, de todos os conhecimentos, de todas as crenças, para poder tornar-se um outro, a singularidade do seu modo de sentir traduz-se pela maneira como cria outros modos de sentir; e, portanto, por cada uma das maneiras de sentir assim criadas. Esta maneira chama-se *estilo*, "último reduto da sua [do poeta que se 'despersonalizou'] unidade espiritual, da sua coexistência consigo mesmo":[59] este estilo nasce da harmonia, enquanto equilíbrio da tensão de forças entre os dois polos da distância entre consciência e sensação. A maneira como o poeta *maneja* essa distância define propriamente o estilo. Segundo o modo como uma sensação é posta em relação com outra num modo de sentir-outro – temos o estilo de um heterônimo; e segundo a maneira como um modo de sentir-outro (no respectivo estilo heteronímico) é posto em relação com um outro modo de sentir-outro – temos o estilo de criação dos heterônimos no poeta Pessoa. Porque a singularidade é relação – e consciência da relação; quer dizer, estilo, forma de pôr em relação.

3. A EXPRESSÃO E OS FLUXOS. SINGULARIDADES E MULTIPLICIDADES

Quando abordamos a questão do "devir-si próprio" no quadro da expressão poética, chegamos a conclusões que se harmonizam perfeitamente com a ideia de um "si próprio" intersticial, não substancial. Isto é evidente: a expressão poética mobiliza multiplicidades e fluxos, que, para fluirem de acordo com a sua lógica – a sua força – própria, não devem ser detidos por qualquer obstáculo. É, portanto, preciso que aquele que devém-outro ao percorrer as multiplicidades da sensação realize em si a capacidade mais livre, mais desprendida, mais plástica, de devir-outro: deve levar ao limite extremo o despojamento dos conhecimentos, do saber e de todas as roupagens que revestem o sujeito quando este enverga

---

[59] OPP, III, p. 87.

um "eu". A expressão torna-se, assim, o meio de *construir* (e não apenas de manifestar) o leque mais variado das maneiras de sentir.

Se nos colocarmos agora no plano da expressão, os problemas que se levantam a propósito da natureza do "si próprio", do transformar-se em si próprio, mudam de aspecto. Situando-a no quadro de um *devir* (e não de um ser estático substancial, o "eu"), podemos encarar de modo diferente a sempiterna questão da unidade do eu em Fernando Pessoa: já que o poeta devém-outro ao transformar-se em si próprio, já que (como veremos) o "eu", como qualquer outra sensação expressiva, é uma sensação construída segundo as regras da arte poética, não há contradição, dilaceração, abandono ou solidão ontológica (etc. etc.) do sujeito. É *num devir*, no meio, ao longo e no fim de um tal processo, que o poeta chega a ser outro e si próprio; a ser outro porque "devém-si próprio".

Agora, porém, no plano da dinâmica dos fluxos, as dificuldades ultrapassadas parecem ressurgir: como pode o "devir-si próprio" ser condição do devir-outro, se o sujeito só "devém-si próprio" quando pode devir-outro, se só se "despoja" ao transformar-se num outro (só se desembaraça da cultura grega e da civilização romana porque pode transformar-se em qualquer transeunte que vê, ao romper do dia, numa rua de Lisboa...)? Se assim é, não se tratará de dois processos infinitos, nunca realmente terminados – só podendo o devir-outro e o devir-si próprio desenrolar-se *simultaneamente* (para que um não seja condição unívoca do outro) se nenhum deles terminar antes do outro; e se ambos os processos, porque são condição recíproca de possibilidade um do outro, por um lado, e, por outro lado, porque se desenvolvem em multiplicidades infinitas de sensações, tenderem assintoticamente para pontos-limite nunca efetivamente atingidos? E, nestas condições, teremos ainda o direito de falar de um "si próprio" em devir? O sujeito do devir-outro, o sujeito "Fernando Pessoa", que se exprime através de todos os heterônimos, será uma "entidade", será ainda alguma coisa, alguém?[60]

Coloquemo-nos, então, no plano dos fluxos expressivos. Por que exprimir-se? Por que escrever? O fim da arte não é exterior à arte; por conseguinte, o escritor não escreve para fazer arte, mas para completar um processo de exteriorização do interior, que iniciou com a análise das sensações: "Porque não acrediteis que eu escrevo para publicar, nem

---

60 Não subentendemos aqui, evidentemente, a hipótese medíocre de alguns comentadores que fazem da heteronímia "uma imensa mistificação". A pergunta visa unicamente precisar a natureza de "si próprio", quando o perspectivamos segundo a construção dos fluxos.

para escrever nem para fazer arte, mesmo. Escrevo, porque esse é o fim, o requinte supremo, o requinte temperamentalmente ilógico, [...] da minha cultura de estados de alma. Se pego numa sensação minha e a desfio até poder com ela tecer-lhe a realidade interior a que eu chamo ou A Floresta do Alheiamento, ou a Viagem Nunca Feita,[61] acreditai que o faço não para que a prosa soe lúcida e trêmula, ou mesmo para que eu goze com a prosa [...], mas para que dê completa exterioridade ao que é interior, para que assim realize o irrealizável, conjugue o contraditório e, tornando o sonho exterior, lhe dê o seu máximo poder de puro sonho..."[62] O escritor não se exprime para realizar um objetivo, mas unicamente para seguir a lógica da análise das sensações iniciada com a sua "cultura em estufa". Mas por que é que se quis analisar as sensações? Para cumprir o programa experimental que mandava sentir tudo de todas as maneiras. O escritor exprime-se então para sentir? Mas Soares acaba de negar que o faça "para gozar". E por que quer ele sentir tudo? Para se exprimir?

Pôr as questões desta forma é condenar-se a não avançar. Consideremos o fluxo da expressão e perguntemos: a que estado último deve conduzir este fluxo, se interrogarmos o desejo de exprimir (em si próprio, e não enquanto desejo de se exprimir com vista a um dado fim)? Bernardo Soares respondeu a esta pergunta. No fim de um texto muito belo sobre o devir-outro do sonho e sobre a felicidade extrema que sente quando sonha que é todo "um mundo de amigos" dentro de si,[63] escreve: "Ter de viver e, por pouco que seja, de agir; ter de roçar pelo ato de haver outra gente, real também na vida! Ter de estar aqui escrevendo isto, por me ser preciso à alma fazê-lo, e,/ mesmo isto,/ não poder sonhá-lo apenas, exprimi-lo sem palavras, sem consciência mesmo, por uma construção de mim-próprio em música e esbatimento, de modo que me subissem as lágrimas aos olhos só de me sentir expressar-me, e eu florisse, como um rio encantado, por lentos declives de mim próprio, cada vez mais para o inconsciente e o Distante, sem sentido nenhum exceto/ Deus/".[64]

Este desejo de expressão une-se ao de uma visão absoluta, sem mediações ("ver o polícia como Deus o vê"): recusam-se a consciência, as

---

61 Títulos de fragmentos do *Livro do desassossego*.

62 LD, II, 308, pp. 42-3 ("Educação sentimental").

63 LD, II, 373, pp. 113-7: "E quando sonho isto, passeando no meu quarto, falando alto, gesticulando... quando sonho isto, e me visiono encontrando-os, todo eu me alegro, me realizo, me pulo, brilham-me os olhos, abro os braços e tenho uma felicidade enorme, real" (p. 114).

64 LD, II, 373, p. 117.

palavras, a linguagem poética, e isto em nome da exigência de expressão pura! Tal é o objeto do desejo de expressão: é preciso que o fluxo expressivo corra tão naturalmente, tão espontaneamente, que até as palavras, até a consciência, pareçam constituir obstáculos para ele. Suprime-se progressivamente toda a mediação entre o exprimido (a sensação) e a expressão: já não se quer linguagem, nem consciência, nem sonho, nem sentido, a sensação coincide agora com a expressão, é expressão e sentido – no inconsciente e em Deus. Por que se exprime então o sujeito, se o desejo de expressão tende para a abolição da própria expressão?

Na realidade, a expressão não tende para o seu próprio apagamento, no sentido descrito: se quer desaparecer, é enquanto estádio diferenciado do exprimido; quereria que tudo fosse expressão e que deixasse de haver distinção entre ela própria e o exprimido.

Neste sentido, a expressão não visa um fim exterior a si própria. O sujeito não se exprime *para* alguma coisa. É a *maneira* de se exprimir que constitui o *fim* da expressão. Quanto *mais* se exprime, exprimindo-o *melhor*, mais e melhor se sente (o exprimido). Mas exprimir totalmente o exprimido é exteriorizá-lo completamente, já não é exprimi-lo, é tornar-se expressão: já não há diferença, já não há distância entre o exprimido e a expressão, entre o sujeito que exprime, o meio de exprimir (a linguagem) e o que é exprimido.

Trata-se de ter acesso a esse nível último de abstração em que não há sentir com os sentidos; nem pensamento com o intelecto; antes, sendo o sentir e o pensamento integrados na lógica da expressão total, todas as finalidades de um e de outro são abolidas para dar lugar ao puro curso do fluxo da expressão.[65] Toda a finalidade imposta à expressão detém o seu fluxo próprio; é assim necessário remover os obstáculos que se erguem diante da expressão, é preciso não escrever por glória, por prazer, para fazer arte... Não pode haver outra finalidade da expressão para além da própria expressão: é próprio da expressão ser um fluxo, e é preciso deixá-lo correr.

Insista-se na especificidade desta lógica: contrariamente a outras do mesmo tipo, que se colocam ao serviço de um significante supremo,[66]

---

[65] "Ah, poder exprimir-me todo como um motor se exprime!" (Álvaro de Campos, "Ode triunfal").

[66] Em muitas doutrinas esotéricas (e noutros lugares: discursos políticos, discursos messiânicos etc. Cf. José Gil, *Metamorfoses do corpo*, op. cit.), atua um mesmo tipo de lógica (como lógica dos signos e da verdade). O seu efeito principal – desencadear fluxos de energia – é frequente e quase inevitavelmente acompanhado de um regime de signos que aprisiona a energia,

esta liberta os fluxos sem os subordinar. E, sem dúvida, porque se trata de arte:[67] a natureza dos fluxos impede a dominação de um qualquer significante, identificando-se a expressividade com o próprio movimento de escoamento de fluxos, e, portanto, de remoção dos obstáculos à sua livre passagem – movimento de libertação relativamente a tudo o que se situa fora da expressão (e, portanto, relativamente a todo o significante despótico).

Fluir, percorrer um fluxo, é exprimir-se e, assim, "devir-si próprio". Mas, para se exprimir plenamente, não basta ao sujeito percorrer um fluxo; segundo a lógica da expressão, ele só "devém-si próprio" tornando-se outro, e só devém-outro se se tornar dois – e devir-dois é tornar-se múltiplo. Deixar correr os fluxos exige a entrega a cada bloco de sensações aparentadas (ou "grupo de sensações próximas umas das outras", como diz Pessoa a propósito dos heterônimos), a sua exploração enquanto entidades autônomas, a sua análise e desdobramento, por fim a sua conversão em multiplicidades...

O "si próprio" assim definido como tensão e distância internas, abertura interior (necessária à abertura para o exterior operada pela análise das sensações), despojado dos atributos que fariam dele um "eu", é uma singularidade. Ora, uma singularidade não é outra coisa senão a unidade da "linha melódica" ou "linha de fluxo" que percorre todos os fluxos intensivos. Chegamos aqui às noções de unidade de estilo ou harmonia.

A singularidade é una, possui, evidentemente, a unicidade, sem por isso se posicionar como instância unificadora (psicológica ou filosófica). Não reúne, não homogeniza, porque se conquista a si própria no correr dos fluxos que só surgem, correm e se multiplicam quando o sujeito, tornado singularidade intensiva, adquire a propriedade de se metamorfosear. Mas, na economia (e na geografia) das intensidades e dos fluxos,

---

submetendo-a a um significante despótico. Mas tem sempre como consequência a intensificação da energia, já que liberta fluxos. É o que explica que, por exemplo, os fanatismos (de todos os tipos) aliem a mais forte intensidade dos fluxos à maior dependência relativamente a um significante.

67 Apesar de tudo, é significativo o fato de um dos poemas de Fernando Pessoa contra Salazar e o seu "Estado Novo", escrito um mês antes da sua morte, em 1935, ser precisamente uma sátira acerca do modo como um significante despótico pode ser devastador em poesia. O "Poema de amor em Estado Novo", onde surgem versos do tipo "Meu amor, meu Orçamento!", é uma caricatura de poesia, francamente mau, feio como pode ser o amor por um orçamento. Os comentários violentos de Pessoa contra a censura salazarista relevam, de uma reação idêntica contra a mesma lógica do sistema.

que mecanismo atua, fazendo com que a mesma singularidade adquira o poder de cissiparidade, de se transformar em várias outras? Comecemos por situar a singularidade no mapa dos fluxos, tal como estes se distribuem, por exemplo, num plano de consistência.

Notemos, antes de mais, que, no *Livro do desassossego*, a singularidade se situa a um nível preciso dos estratos principais: enquanto intersticial, insere-se entre o grau nulo do "eu" (a estagnação: "não sou ninguém", escreve Soares) e a intensidade da proliferação de si próprio. Quem sou eu? – pergunta constantemente Soares –, eu que sou tantas coisas e tantos seres e não sou nada nem ninguém. O sujeito do devir-outro, o sujeito dos estados experimentais situa-se num plano que se encontra na interseção entre o plano do estado nulo do sentir (deserto e estagnação) e o da multiplicação das séries de sensações microscópicas (e todo o *Livro do desassossego* oscila entre estes dois planos, entre a estagnação e a febre, entre a nulidade e a embriaguez – movimento que faz também parte do desassossego).

Coloquemo-nos agora no terreno dos fluxos. Há uma imagem várias vezes utilizada por Álvaro de Campos, quando passa em revista múltiplas séries de coisas que percorre "por dentro" (ou seja, num constante devir-outro): a do *souteneur* ("Ah, como eu desejaria ser o *souteneur* disto tudo!").[68] O *souteneur* designa aqui o lugar do sujeito do devir-outro. Como este – que sente com o pensamento e não já diretamente com as sensações –, aquele age, goza e vive por procuração.[69] No ponto de interseção entre várias séries de homens e de mulheres, ele possui (abstratamente) o corpo das suas prostitutas como todos os homens que as compram; mas esse corpo vende-o ele como elas se vendem na realidade; assim, ao mesmo tempo que se torna outro (homens e mulheres), goza, produz, distribui todas as sensações, todo o desejo: "*souteneur* de todas as emoções", vive apenas das dos outros. Ele é o "corpo abstrato" das prostitutas e dos seus clientes, sente as suas sensações "de todos os pontos de vista". O poder da singularidade desdobra-se em 1. um devir-outro (tornar-se múltiplo), percorrendo séries autônomas de sensações; e 2. um devir-outro (tornar-se um outro) de todos os pontos de vista.

O devir-si próprio não escapa a este duplo processo (que é apenas um). Também ele se desdobra, implica a afirmação de um devir-múltiplo – e, nessa direção, nessa linha de fluxo, o si próprio evita a substancialidade,

---

68 *Souteneur*, em francês no texto: "Ode triunfal" (OPP, I, p. 880).
69 "Fui *souteneur* de todas as emoções" (OPP, I, p. 937, "Passagem das Horas").

permanece como puro poder de metamorfose, pura distância de si a si; e a afirmação de um sujeito-entidade que desembocará, em certas condições, num heterônimo – e neste devir-múltiplo assume todos os pontos de vista ("Fernando Pessoa ortônimo"). Porque eu só saberei ver-me e sentir-me de todas as maneiras assumindo eu próprio todos os pontos de vista – sendo esses pontos de vista fornecidos precisamente por todas as sensações de todos os outros a meu respeito:[70] a expressão de si próprio é uma entre-expressão.[71]

Por que é que o sujeito do devir se situa no ponto de interseção de vários fluxos? Porque um *devir* (-outro) resulta de uma mudança de intensidade, de uma variação de fluxo intensivo. A multiplicação, o movimento de cissiparidade da singularidade significa muito simplesmente que, ao percorrer um fluxo, ela bifurca e muda de fluxo; e os pontos de vista múltiplos sobre uma coisa ou um ser provêm do entrecruzamento de dois, três, vários fluxos num ponto singular.

×××

Ilustremos o que acabamos de dizer sobre a singularidade como ponto de interseção de diversos fluxos. Em "Passagem das horas", a um dado momento da enumeração de tudo em que se transforma o "eu", Álvaro de Campos escreve:

Eu, a ama que empurra os perambulators em todos os jardins públicos,
Eu, o polícia que a olha, parado para trás na álea,
Eu, a criança no carro, que acena à sua inconsciência lúcida com um coral com guizos.
Eu, a paisagem por detrás disto tudo, a paz citadina
Coada através das árvores do jardim público,
Eu, o que os espera a todas em casa,
Eu, o que eles encontram na rua,
Eu, o que eles não sabem de si próprios...[72]

---

[70] "Quem sou eu para mim? Só uma sensação minha" (LD, II, 415, p. 158).

[71] É tempo de assinalar a influência de Leibniz sobre Pessoa. Toda esta análise das multiplicidades, da função de "Deus", do infinito e da expressão faz pensar imediatamente em Leibniz, que Fernando Pessoa conhecia. O termo "entre-expressão" aparece, como vimos; no "Ultimatum".

[72] OPP, I, p. 939.

Cada verso forma uma série: a ama empurrando os *perambulators* e os jardins públicos; o polícia, o seu olhar e a álea; a criança, o carro, os guizos. Cada um deles tem movimentos independentes que não se cruzam; embora o polícia olhe a ama, está "parado para trás na álea", e nada tem a ver com ela. Estas três séries de acontecimentos acidentais uns para os outros não estão interligadas, não mantêm qualquer relação entre si, mas, porque "Eu" se torna o ponto de interseção das três séries, porque as percorre convertendo-se em cada uma das suas unidades, elas agrupam-se de súbito num mesmo espaço, embora continuando a manter a sua autonomia. O espaço que as engloba é traduzido pela "paisagem por detrás disto tudo, a paz citadina...".

Como é que o "Eu", a singularidade, percorre as séries de maneira a entretecê-las de um ou de outro modo? Em que ponto preciso de interseção se encontra o olhar do sujeito para que possa "abarcar" todos os pontos de vista? "Abarcar", com uma visão globalizante? Decerto que não: antes com um ponto de vista que seja, como diria Leibniz, o ponto de vista de todos os pontos de vista. O problema consiste em definir uma totalidade e um absoluto da visão sem por isso esmagar cada ponto de vista particular. Em estabelecer, na realidade, um *continuum* entre os pontos de vista particulares e o ponto de vista de todos os pontos de vista – evitando o hiato entre o finito e o infinito, entre o olhar do homem e o de Deus. Ora, há um ponto de vista absoluto e total que realiza esse *continuum*, que está mesmo em toda a parte no visível – e, no entanto, já não pertence ao visível e ao conhecido, situa-se "por detrás" deles: "eu, o que eles não sabem de si próprios".

Que faz Álvaro de Campos? Vai do mais visível, do campo de visão do polícia e da ama, ao que já não se encontra nestes e que, todavia, constitui um ou vários "pontos de vista" daquilo que eles são ("o que os espera em casa, o que eles não sabem de si próprios"). Passo a passo, o ponto de vista do "Eu" desloca-se: começa por ver o polícia de um ponto que ele próprio pode ver; mas, progressivamente, este ponto afasta-se do seu campo de visão, continuando a ser um ponto de vista sobre esse ser situado no espaço. O que é um ponto de vista? Um ponto a partir do qual se abre a visão, mas que deixa sempre um *punctum caecum*, um ponto não visível, "e atrás das costas" de todo o ver: o ponto *de onde* se olha.[73] Trazendo à luz os pontos cegos de toda a visão, Álvaro de Campos não

---

[73] Merleau-Ponty, que aqui citamos, procede, em *O olho e o espírito*, a belas observações sobre o desejo de visão total do pintor, que se manifesta no autorretrato.

quer atingir uma visão total, única e unificada, mas sim afirmar um *plano de consistência da visão*, onde possam coexistir *todos* os pontos de vista possíveis sem deixarem de ser pontos de vista particulares e diversos.

Aquilo que o polícia julga ser (como se vê), a contingência e a particularidade da sua visão: tudo isto eu vou abolir, revelando o ponto de vista preciso que o torna contigente e particular: o seu *punctum caecum*. Ver o polícia como Deus o vê é também saber "tudo o que eles não sabem de si próprios". No plano de consistência da visão, todas as metamorfoses se operam, representando cada uma delas um ponto de vista possível numa multiplicidade.

Vamos ver a importância deste ponto de vista, na interseção de todos os pontos de vista, para o desencadear dos fluxos. Comecemos por distinguir os termos utilizados: temos 1. fluxos, ou seja, cursos ritmados (segundo uma linha melódica) de sensações; 2. séries "molares" (um polícia, uma ama), de que cada unidade pode ser o ponto de partida de uma multiplicidade; 3. multiplicidades que comportam unidades (moleculares), ou seja, sensações com os seus dois aspectos, de imagem e de afeto; 4. singularidades, que são sujeitos do devir-outro.

Se sonhar é viajar, é porque viajar é percorrer uma multiplicidade, ser transportado por um fluxo. E percorrer uma multiplicidade é fluir num devir-outro. Porque o devir-outro implica sempre uma multiplicidade, como mostraram Deleuze e Guattari: o devir é fragmentação e turbulência. Em Álvaro de Campos, nas suas grandes odes, onde circulam múltiplos fluxos intensivos, a metamorfose faz nascer conjuntos selvagens, "os piratas, a pirataria",[74] "essa hora no seu total de crimes, terror, barcos, gente, mar, céu, nuvens/ Brisa, latitude, longitude, vozearia";[75] grupos-coleções-séries cujo critério de classificação se refere mais à qualidade das emoções do que às intensidades ("meu coração *rendez-vous* de toda a humanidade/ [...] meu coração clube, sala, plateia, capacho, guichet, portaló";[76] hordas, "matilhas". As palavras "tudo", "todos", pululam: "Ah,

---

[74] Para se compreender a natureza das multiplicidades em Pessoa, é absolutamente indispensável ler *Mil platôs*; nenhum outro autor (exceto, em parte, Elias Canetti, *Massa e poder*) pensou tão profundamente a natureza das multiplicidades. A nossa análise é uma simples aproximação, sendo a riqueza do problema, em Pessoa, incomparavelmente mais vasta. Um exemplo: como sublinham Deleuze e Guattari, na "matilha" há sempre um "chefe de fila", o "senhor da matilha" (*Mil platôs*, p. 297); na "Ode marítima", é o "Grande Pirata". Resta por fazer o estudo da relação entre o "sujeito" e o Grande Pirata.

[75] OPP, I, p. 905 ("Ode marítima").

[76] OPP, I, p. 936 ("Passagem das horas").

ser tudo nos crimes! ser todos os elementos componentes/ Dos assaltos aos barcos e das chacinas e das violações!";[77] "Passa tudo, todas as coisas num desfile por mim dentro,/ E todas as cidades do mundo...".[78] Todas as cidades, todas as sensações, todas as coisas, todas as viagens, todos os beijos: aquilo que se desencadeia com estes "todos" não se agrupa em realidades-somas, mas condensa-se em multiplicidades reunidas sob um nome, "cidade", "carro", "prostitutas". O "tudo" define um conjunto determinável a partir de um nome indefinido-abstrato.

Percorrer uma multiplicidade é transformar-se no conjunto das suas unidades sustentadas e veiculadas pela linha melódica do fluxo – conjunto em si próprio tomado como unidade plural, fragmentada a partir do interior: "ser no meu corpo passivo a mulher-todas-asmulheres/ Que foram violadas, mortas, feridas, rasgadas pelos piratas!";[79] é também transformar-se em cada uma das unidades da multiplicidade, equivalendo isso a um tornar-se si próprio ao multiplicar os pontos de vista sobre a singularidade (ou seja, ao fazer variar as sensações de cada órgão): "Foram dados na minha boca os beijos de todos os encontros,/ Acenaram no meu coração os lenços de todas as despedidas";[80] é, por fim, transformar-se sucessivamente em cada unidade, no meu corpo, ou num dos seus órgãos, ou na singularidade escolhida seja ela qual for, devindo-outro, sendo de cada vez outro: "Beijo na boca todas as prostitutas,/ Beijo sobre os olhos todos os *souteneurs*."[81]

Torno-me *tudo*; ou *todos* se tornam eu (a minha boca, o meu corpo, o meu sangue); ou eu torno-me *todos*. Seja qual for o caso, devenho enquanto singularidade. Estes casos imbricam-se uns nos outros, mas são maneiras diferentes de percorrer as multiplicidades. Porque, se eu me torno "tudo", este indefinido torna-se ele próprio singular: basta analisá-lo, analisar esta sensação da "mulher-todas-as-mulheres", para redescobrir cada uma das mulheres e para me redescobrir a mim próprio, na medida em que o devir-mulher é também um ponto de vista sobre o "si próprio".

Não há esgotamento das multiplicidades, embora aparentemente aflorem, por toda a parte, totalidades. Mas são totalidades abertas, e não

---

[77] OPP, I, p. 905 ("Ode marítima").
[78] OPP, I, p. 936.
[79] OPP, I, p. 905.
[80] OPP, I, p. 935.
[81] OPP, I, p. 934.

fechadas, não há entropia de fluxos, cada unidade dos quais contém a infinidade de todas as infinidades possíveis de multiplicidades. Porque, em certo sentido, tudo está em mim, não faço mais do que analisar as minhas sensações; se tomo uma sensação e a analiso, assim criando uma multiplicidade, acabarei por encontrar de novo, pelo menos em teoria, as sensações de todas as multiplicidades que, graças às suas ramificações, se ligam umas às outras. Redescobrirei fios e fluxos já atravessados, haverá sobreposições e cruzamentos; mas nunca totalização.

Estas multiplicidades permanecerão sempre abertas. "Passagem das horas", verdadeiro pequeno tratado das multiplicidades, não tem fim: quando as séries de multiplicidades parecem esgotar-se, com a equação final "universo-eu" ("Cavalgada eu, cavalgada eu, cavalgada o universo-eu"), os dois últimos versos reabrem as multiplicidades, inaugurando novas séries: "Helahoho-o-o-o-o-o-o-o.../ Meu ser elástico, mola, agulha, trepidação...".

Não pode haver fim por três razões essenciais: 1. porque há sempre um resto, um excesso de sentir, sejam quais forem as multiplicidades formadas e as sensações analisadas; 2. porque toda a multiplicidade se constitui através de diferenças mínimas, intervalos internos, que não podem desaparecer a não ser por meio de minha ação externa; 3. porque o ponto de vista de todos os pontos de vista sobre uma coisa implica uma infinidade de pontos de vista.

Sentir tudo deixa um resto, alguma coisa que não foi possível sentir – e que exigirá a formação de outras multiplicidades e de outros fluxos a percorrer. Deste excesso falou muitas vezes Fernando Pessoa: "Eu, sinto que ficou fora do que imaginei tudo o que quis,/ Que embora eu quisesse tudo, tudo me faltou".[82] Há vida demais na vida, esta ultrapassa o pensamento e os sentidos, que não bastam para a abarcar: "Porque, por mais que sentisse, sempre me faltou sentir".[83] Ou ainda:

Seja o que for, era melhor não ter nascido,
Porque, de tão interessante que é a todos os momentos,
A vida chega a doer, a enjoar, a cortar, a roçar, a ranger,
A dar vontade de dar gritos, de dar pulos, de ficar no chão, de sair
Para fora de todas as casas, de todas as lógicas e de todas as sacadas,
E ir ser selvagem para a morte entre árvores e esquecimentos [...].[84]

---

[82] OPP, I. p. 947.
[83] OPP, I, p. 930 ("Passagem das horas").
[84] OPP, I, p. 931 ("Passagem das horas").

Mas há uma outra razão, que diz respeito à própria lógica das multiplicidades e que as impede de serem invadidas pela entropia e pela repetição; e que explica que novas séries continuem sempre a proliferar. Esta lógica quer que a multiplicidade se construa por meio de diferenças imperceptíveis de unidade para unidade, mas sempre afirmadas: estes intervalos garantem a própria existência do sentir. Ao mesmo tempo que formam um *continuum*, marcam o caráter de singularidade potencial de cada unidade (basta que me transforme nisto). Por outro lado, tornam possível a intensificação dos fluxos: fazendo atuar a diferença entre duas sensações permite-se que a sensação surja em toda a sua nudez, a emoção virgem, no estado puro. Assim, a variabilidade das sensações, longe de nos mostrar a vaidade da vida (como em Reis; ao contrário de Caeiro), faz-nos vê-la no esplendor da aurora, em perpétua virgindade: "Viver é ser outro. Nem sentir é possível se hoje se sente como ontem se sentiu [...]. Apagar tudo do quadro de um dia para o outro, ser novo com cada nova madrugada, numa revirgindade perpétua de emoção – isto, e só isto, vale a pena ser ou ter [...] Esta madrugada é a primeira do mundo. Nunca esta cor rosa amarelecendo para branco quente pousou assim na face com que a casaria de oeste encara cheia de olhos vidrados o silêncio que vem na luz crescente."[85]

Por fim, se a totalidade nunca se fecha, é também porque o ponto de vista de todos os pontos de vista que ela deveria realizar escapa, por definição, ao conjunto finito. O que gostaria eu de apreender *do* polícia por trás da álea, *da* ama e *da* criança? Tudo, e neste conjunto totalizado inclui-se "o que eles não sabem de si próprios". Sentir-outro não é um outro sentir, mas, mais profundamente, sentir como o outro nem sequer sente que sente. Soares diz por várias vezes que lhe acontece sentir *melhor* que o outro as sensações que o outro sente: porque pode assumir pontos de vista (maneiras de sentir) confusamente compreendidos mas não pensados pelas sensações de outrem, sensações que Bernardo Soares isola e intensifica ao analisá-las. Há um inconsciente sentido[86] em cada sentir. Adotar os pontos de vista que esclarecem esse inconsciente

---

[85] LD, I, 101, p. 106. Não deixa de ser verdade que, para Pessoa, o tempo – "a passagem das horas" – cria multiplicidades porque nenhum momento repete o precedente: já não sou aquilo que era há um instante. Ideia tão importante que encontramos em todos os heterônimos, constituindo mesmo o fundamento da atitude filosófica de Reis.

[86] Não no sentido de Freud, evidentemente; antes, no sentido das "pequenas percepções" de Leibniz.

é o mesmo que ultrapassar a própria coisa em direção a outros horizontes (outras coisas). Para estabelecer ligações entre aquilo que nela a atravessa e já não "é" (continuando a ser) ela: criar ramificações infinitas e que, no entanto, esse "tudo" limita na denominação.

A ama é o que "a ama" designa – mas, para além disso, ela possui um horizonte de sensações que, uma vez analisadas, revelam outros horizontes com outras sensações, e assim por diante, até ao infinito. Horizontes que se devem ou não incluir na "esfera de pertença da coisa" – só o poeta e o poema o decidem. "Tudo o que eles não sabem de si próprios" abrange o conjunto infinito das sensações desencadeadas pelo sonho de Bernardo Soares, a partir da gola de retrós no pescoço da rapariga do elétrico: o trabalho, as fábricas, as casas dos trabalhadores, a sua vida privada, a cidade, a sociedade inteira, a Terra toda. O desencadear das multiplicidades visa ver, no pormenor da gola de retrós, a infinidade do mundo – sendo o sonho e a multiplicação das sensações a simples expressão do duplo movimento do deslizar para fora de si e da reapropriação (aberta, não totalizada) de si, de todas as coisas e de toda a existência.

Este desencadear ou abertura da multiplicidade faz-se a partir de um ponto de vista aparentemente inexistente, invisível, que perspectiva "aquilo que a coisa não sabe de si própria": aquilo que o barco da "Ode marítima" não sabe de si próprio, ou seja, aquilo que nesse barco, que se aproxima de mim, não se cruza com a minha vida (as outras pessoas, as suas vidas, as suas despedidas, as suas expectativas, as suas viagens) e desencadeia a análise das imagens objetivas do poema. É assim que se chega ao "Cais Anterior e Absoluto", "antes de todos os cais" e de todos os barcos, Cais Absoluto *ignorado* de todos os Cais reais, que totaliza a infinidade dos pontos de vista (visíveis e invisíveis) possíveis sobre o cais onde se encontra o poeta. A linha de fluxo vai assim de um ponto de vista "invisível" (ignorado do meu olhar e não se cruzando com ele) a outro ponto de vista invisível, desenhando a análise das sensações um traço *oblíquo* ou transversal através das sensações produzidas, reveladas. "Oblíquo" ou *intersticial*: eis como o sujeito do devir, ao atravessar um fluxo, se mantém sempre também no espaço-entre.[87]

---

[87] A construção de "Chuva oblíqua" baseia-se neste procedimento que permite dizer de uma coisa tudo o que ela é por (aparentemente) o não ser: "O esplendor do altar-mor é o eu não poder quase ver os montes"; "atravessa o eu não poder vê-la [à Esfinge] uma mão enorme"; "e há ramos de violetas saindo/ De haver uma noite de Primavera lá fora/ sobre o eu estar de olhar fechados"; etc. Em suma, a linha de fluxo atravessa conjuntos de sensações sem ligação visível entre si e que, por assim dizer, só se reúnem "por detrás" da coisa, criando "aquilo que

Em resumo, eu torno-me tudo e todos se tornam eu ("E eu tenho os outros em mim. [...] Sozinho, multidões me cercam";[88] "cada um de nós é uma sociedade inteira"),[89] entrego-me a todos os outros e os outros invadem-me – movimento oscilatório entre o interior e o exterior provocado pela própria análise das sensações.

Tomemos o termo "Deus": a sua função na economia das multiplicidades consiste precisamente em deixar aberta a proliferação dos múltiplos, em impedir a sua interrupção. Sou infinito, tenho em mim uma infinidade de outros seres, sociedades inteiras me habitam: "criar dentro de mim um estado com uma política, com partidos e revoluções, e ser eu isso tudo, ser eu Deus no panteísmo real desse povo-eu [...]. Ser tudo, ser eles e não eles."[90] "Deus" surge sempre no final de um processo de proliferação das multiplicidades. Não é um Deus-substância, um Deus teológico ou religioso, não é sequer esse Deus poético-misterioso que já encontramos em Pessoa. É a figura que permite pensar o infinito e a coexistência de todas as séries e multiplicidades possíveis. Sentir como Deus, ou ver o polícia com o olhar de Deus, é, decerto, sentir e ver sem a mediação do "conhecimento", como diz Pessoa, numa intuição intelectual que só a Deus é dada; mas este olhar, enquanto ponto de vista de todos os pontos de vista, inclui-os a todos, contém-nos em si, sem abolir a sua infinita diversidade.

Neste sentido, "Deus" tem a função de uma linha de fuga. Situando-se no fim de um processo infinito,[91] a sua presença anuncianos que a finalização não tem fim, porque o seu nome abrange o infinito sem o fechar: "Sentir tudo de todas as maneiras; saber pensar sem as emoções e sentir com o pensamento; não desejar muito senão com imaginação; sofrer com coquetterie; ver claro para escrever justo; conhecer-se com fingimento e tática, naturalizar-se diferente e com todos os documentos; em suma,

---

ela não sabe de si própria", ramificações, associações insuspeitadas, não sugeridas, não ditas, ou seja, pontos de vista invisíveis.

88 LD, I, 52, p. 56.

89 LD, II, 358, p. 95.

90 LD, I, 32, p. 33. Examinamos aqui apenas uma das múltiplas funções que "Deus" desempenha em Fernando Pessoa.

91 "Ó parte externa de mim perdida em labirintos de Deus!/ Passa tudo, todas as coisas num desfile por mim dentro,/ E todas as cidades do mundo rumorejam-se dentro de mim..." (OPP, I, p. 936, "Passagem das horas").

usar por dentro todas as sensações, descascando-as até Deus."[92] Este programa, que resume a análise das sensações, não é um meio para chegar "até Deus", mas constitui, pelo contrário, toda a prática artística de Fernando Pessoa. "Deus" marca o horizonte final das séries infinitas, mas um horizonte nunca atingido, não por ser transcendente e absoluto, mas porque, ao ser atingido, fecharia estas séries: este fim não é um ponto para onde convirjam e onde se unifiquem as multiplicidades, porque é aí que alcançam a sua maior diversidade. Recordemos os versos do poema "Afinal a melhor maneira de viajar é sentir": "Sou um monte confuso de forças cheias de infinito/ Tendendo em todas as direções para todos os lados do espaço";[93] "Meu corpo é um centro dum volante estupendo e infinito/ Em marcha sempre vertiginosamente em torno de si,/ Cruzando-se em todas as direções com outros volantes,/ Que se entrepenetram e misturam, porque isto não é no espaço/ Mas não sei onde espacial de uma outra maneira-Deus".[94] As "direções"[95] marcam os pontos de vista de cada multiplicidade possível: as forças, os volantes avançam em todas as direções que indicam outras tantas maneiras de sentir, e Deus, longe de as unificar, permite que coexistam todas, se "entrepenetrem" e se misturem,[96] na sua incoerência, na sua irracionalidade, na sua sem-razão. Eis o que diz sobre isso Álvaro de Campos, com extrema clareza:

92 LD, I, 30, p. 32.
93 OPP, I, p. 1026.
94 OPP, I, p. 1027.
95 O poema termina com este verso: "Sobrevive-me em minha vida em todas as direções!". Cf. "Passagem das horas": "*À moi*, todos os objetos-direções!".
96 Este Deus de Pessoa não é o Deus de Leibniz, tal como o seu universo (este universo) não é idêntico ao que resulta da compossibilidade leibniziana. Para Pessoa não há finitude; o seu universo – já que as sensações são a única realidade – comporta "todos os infinitos": e é isso que Pessoa quer atingir. Sonha, como por várias vezes escreve, não o possível, mas o impossível. Por exemplo: "(O) Cristo é uma forma da emoção. No panteão há lugar para os deuses que se excluem uns aos outros, e todos têm assento e regência. Cada um pode ser tudo, porque aqui não há limites, nem até lógicos, e gozamos no convívio de vários eternos, da coexistência de diferentes infinitos e de diversas eternidades" (LD, II, 491, p. 237). Deus é mesmo o "lugar" que permite a coexistência da contradição lógica: "Sentir tudo de todas as maneiras,/ Ter todas as opiniões,/ Ser sincero contradizendo-se a cada minuto,/ Desagradar a si próprio pela plena liberdade de espírito,/ E amar as coisas como Deus" (OPP, I, p. 938, "Passagem das horas"). No fragmento 468 do LD (II, pp. 215-6), em que afirma que "os Deuses são uma função de estilo", explica de que modo as formas do monoteísmo e do politeísmo (poéticos) dependem do ritmo e da emoção.

Quanto mais eu sinta, quanto mais eu sinta como várias pessoas,
Quanto mais personalidade eu tiver,
Quanto mais intensamente, estridentemente as tiver,
Quanto mais simultaneamente sentir com todas elas,
Quanto mais unificadamente diverso, dispersadamente atento,
Estiver, sentir, viver, for
Mais possuirei a existência total do universo,
Mais completo serei pelo espaço inteiro fora.
Mais análogo serei a Deus, seja ele quem for,
Porque, seja ele quem for, com certeza que é Tudo,
E fora Dele há só Ele, e Tudo para Ele é pouco.

Cada alma é uma escada para Deus,
Cada alma é um corredor-Universo para Deus,
Cada alma é um rio correndo por margens de Externo
Para Deus e em Deus com um sussurro soturno.[97]

4. NO LIMIAR DA HETERONÍMIA: O DEVIR-OUTRO

Existe a unidade da singularidade e a unidade, diferente, do eu. Pensamos que uma certa incompreensão da heteronímia de Fernando Pessoa provém da confusão entre estes dois tipos de unidade.

Estas unidades definem-se ao contrário uma da outra: a singularidade conquista-se através da dissolução do eu e das suas figuras (psicológicas, sociais, morais, filosóficas); a singularidade caracteriza-se pelo seu poder de metamorfose, a essência do eu reside na sua unidade sempre idêntica a si própria; a unidade da primeira resulta da multiplicação do maior número possível de relações, é uma unidade de tensões e de forças, dotada de um vetor centrífugo; enquanto o eu tende a reduzir todas as tensões e a absorver todos os seus modos inscrevendo neles o seu rosto único: tem um vetor centrípeto. Em suma, a unidade da singularidade só se mostra através de um processo, de uma dinâmica, enquanto o eu atravessa, imutável, todas as diferenças – de tempos, de espaços, de velocidades.

Mas onde *situar* a singularidade enquanto unidade (de um "si próprio") em relação a todas as outras figuras de um *eu* produzidas por Fernando Pessoa (ou por Bernardo Soares)? Porque é, com efeito, a singularidade

[97] OPP, I, pp. 1024-5.

que se *transforma* em todos os outros, prendendo-os de algum modo, dando-lhes até uma unidade – é certo que não substancial e egoica, mas de estilo (heteronímico), sendo ela própria o estilo de todos os estilos, a maneira de todas as maneiras de sentir. Este ponto uno, este "si próprio", terá ainda um papel expressivo a desempenhar?

Comecemos por examinar de que modo a singularidade devém-outro. Vários textos do *Livro do desassossego* caracterizam a singularidade pelo seu poder de se cindir e de "emprestar" uma alma àquilo que vê. Num fragmento que faz inevitavelmente pensar em Kafka, Bernardo Soares conta como um dia no seu escritório se tornou mosca ao olhar uma mosca-varejeira: "Fui mosca quando me comparei à mosca. Senti-me mosca quando supus que o senti. E senti-me uma alma à mosca, dormi-me mosca, senti-me fechado mosca. E o horror maior é que no mesmo tempo me senti eu. Sem querer, ergui os olhos para a direção do teto não baixasse sobre mim uma régua suprema, a esmagar-me, como eu poderia esmagar aquela mosca."[98] Sentir-se uma alma à mosca implica uma espécie de cissiparidade da consciência: ele é mosca e é ele, opera-se uma duplicação da consciência; o que, por seu turno, implica um certo estado da consciência próprio dessas atmosferas intermédias, crepusculares, tão características de Bernardo Soares (mas também de Álvaro de Campos quando desencadeia fluxos no plano de consistência). "A alma" ou a consciência fornece àquilo a que se aplica a unidade de uma coisa viva. Atua como um princípio de individuação, tornando singulares os seres e as coisas.

Este fato impressiona a tal ponto Bernardo Soares que ele o descreve longamente, dando vários exemplos: há metáforas, "frases literárias que têm uma individualidade absolutamente humana", cujo som, quando são lidas em voz alta ou em voz baixa, "é absolutamente o de uma coisa que ganhou exterioridade absoluta e alma inteiramente";[99] cada sonho de Soares "é imediatamente [...] encarnado numa outra pessoa", que o sonha;[100] e esta faculdade de individuar cada coisa oferecendo-lhe uma alma vai tão longe que Bernardo Soares chega a pensar numa ciência psicológica possível "das figuras artificiais e das criaturas cuja existência se passa apenas nos tapetes e nos quadros":[101] assim, "quando se quebra

---

98 LD, I, 165, p. 197.
99 LD, I, 32, p. 33.
100 LD, I, 34, p. 35.
101 LD, II, 514, p. 258.

uma chávena da minha coleção japonesa eu sonho que mais de que um descuido das mãos de uma criada tinha sido a causa, ou tinham estado os anseios das figuras que habitam as curvas daquela [...] de louça; a resolução tenebrosa de suicídio que as toma não me causa espanto: serviu-se da criada como eu me sirvo de um revólver."[102] A partir do momento em que sonho, em que tenho uma emoção e em que entro num processo de devir, tenho tendência a atribuir uma alma ao objeto sonhado: "Dar a cada emoção uma personalidade, a cada estado de alma uma alma."[103]

Retenha-se que o devir-outro é um processo de exteriorização (ponto em que Pessoa insiste): não se trata de uma projeção ou de uma transferência da alma de um eu para uma coisa; esta só adquire, pelo contrário, autonomia e vida (e, portanto, alma) quando o sujeito (do devir) se exterioriza (ou exterioriza a coisa-com-uma-alma, o que implica um processo prévio inverso de interiorização ou, como diz Soares, de parasitagem). A exteriorização marca a separação da coisa relativamente ao sujeito.

Não se trata de "animismo", mas do desfecho lógico de um processo de devir – ou de "sonho", ou de construção poética da "realidade abstrata":[104] devir-outro é, como vimos, sentir como o outro, graças ao desenvolvimento da *forma* da emoção. Se me transformo na chinesa da chávena de chá[105] e se crio uma multiplicidade de sensações que nela não estão representadas (inconscientes), é porque esta forma desdobrada se desenvolve por si mesma, graças à sua lógica própria: assim, o sonho da chinesa ganha uma espécie de autonomia e de exterioridade, como se eu não interviesse, como se essa figura se movesse e sentisse por si mesma.

A consciência só surge para completar este processo de expressão. Haverá assim uma alma da chinesa ou da frase literária, e isto de modo brusco ou catastrófico: quando no processo do devir o outro se constitui, é sempre numa descontinuidade em relação ao momento precedente. O devir-outro enquanto acontecimento dá-se bruscamente: só a

---

102 LD, II, 514, p. 259. Cf. Também LD, II, 395, p. 140; 447, p. 191.

103 LD, I, 29, p. 31.

104 Assim, a singularidade enquanto ponto de interseção de várias multiplicidades pode cindir-se e transformar-se numa coisa animada, individuada. Posso transformar-me no "vício-pessoa" de todos os crimes, de todos os assassinos, como no seguinte excerto de "Passagem das horas": "Cometi todos os crimes,/ Vivi dentro de todos os criminosos/ (Eu próprio fui, não um nem o outro no vício,/ Mas o próprio vício-pessoa praticado entre eles...)" (OPP, I, p. 934).

105 LD, II, 447, p. 191: ("Amores com a chinesa de uma chávena de porcelana"). Ver também o pequeno conto de 1914, "Crônica decorativa".

brusquidão do corte separa o outro do sujeito. Fernando Pessoa insiste muito neste ponto: sou outro a cada momento que passa; mudo tanto que não me reconheço (nos meus escritos anteriores, nas minhas recordações, nas minhas sensações); entre mim e esses outros que fui há uma distância, não há sequência, mas ruptura e esquecimento: "Do que sou numa hora na hora seguinte me separo; do que fui num dia no dia seguinte me esqueci."[106]

Se atravesso um fluxo e bifurco, marco uma ruptura no devir-outro em uma outra multiplicidade. A mudança de direção é brusca – como o é o aparecimento do primeiro heterônimo, Caeiro, nesse dia 8 de março de 1914, em que Fernando Pessoa escreveu pela primeira vez "trinta e tantos poemas a fio [do "Guardador de rebanhos"] numa espécie de êxtase cuja natureza não conseguirei definir".[107]

O devir-outro desenvolve-se como um *continuum* e povoa-se de pontos de ruptura; ao metamorfosear-se, o sujeito adapta-se à coisa, penetra-a até o seu interior, mas ao mesmo tempo transforma-a, para depois se desligar dela bruscamente. Se conseguíssemos apreender o mecanismo preciso da fragmentação ou cissiparidade do sujeito, teríamos dado um passo em frente na compreensão da formação dos heterônimos – porque o devir-heterônimo representa apenas um caso muito particular do devir-outro.

Há um texto fundamental do *Livro do desassossego* que, numa página e meia, esclarece a questão de saber se, no devir-outro, sou eu que me transformo numa multidão de "individualidades" ou se os outros, invadindo-me, adaptam a minha personalidade; em suma, se o "eu torno-me todos" equivale ao "todos se tornam eu". Introduzindo uma distinção sutil entre os dois processos, Bernardo Soares vai fazer do devir-outro um movimento duplo, compreendendo os dois tipos de devir.

Ele começa por afirmar[108] que dobra os outros aos seus sonhos, mas dobrando-se primeiro perante as "opiniões deles" para depois se apropriar delas, fazendo "das suas personalidades coisas aparentadas com os [seus] sonhos". Bernardo Soares, porém, não tem personalidade: "De tal modo anteponho o sonho à vida que consigo, no trato verbal (outro não tenho), continuar sonhando, e persistir, através das opiniões alheias e dos sentimentos dos outros, na linha fluida da vida individualidade

---

106 LD, I, 23, p. 27 ("Omar Khayyam"). Ver também textos 21 e 22, pp. 24-7.
107 Carta a Casais Monteiro de 13/1/1935 (OPP, II, p. 341).
108 LD, I, 25, p. 28.

amorfa". Para devir-outro, é preciso despojar-se de toda a personalidade fixa, imutável, de todas as opiniões, ser uma individualidade amorfa – para poder tomar a forma de todos os outros ("Eu, não tendo opinião, posso ter as deles como quaisquer outras").

Uma primeira diferença se esboça: eu posso identificar-me com os outros enquanto "personalidades"; eles não podem identificar-se comigo porque eu não tenho "eu". Que quer então dizer Bernardo Soares quando utiliza expressões como "eles transformam-se em mim", "eles parasitam-me"? "Parecendo às vezes, à minha análise rápida, parasitar os outros, na realidade o que acontece é que os obrigo a ser parasitas da minha posterior emoção. Hábito de viver as cascas das suas individualidades. Decalco as suas passadas em argila do meu espírito e assim mais do que eles, tomando-as para dentro da minha consciência, eu tenho dado os seus passos e andado no(s) seu(s) caminho(s)." Bernardo Soares insiste na ideia de que, ao tornar-se um outro, vive e sente melhor que este as suas próprias emoções. Porque o devir-outro faz-se por meio dessa espécie de parasitagem da qual passo a ser, para o outro, objeto, e que consiste em produzir em mim as suas emoções. Produção que começa pela moldagem de mim próprio às suas sensações e prossegue com a análise destas, a qual engendra ("ulteriormente") emoções que vivo como sendo minhas, porque nasceram em mim, embora pertençam a um outro, uma vez que partem de um conteúdo emocional estranho. Este conteúdo não é, todavia, dado como tal na parasitagem: a sensação não se transmite de outrem para mim no estado bruto; é antes fixada pela consciência que, moldando-se à sua forma (o decalque das suas passadas no meu espírito), vai suscitar em mim um conteúdo emocional construído por mim, mas possuindo uma carga qualitativa que pertence a outrem. O conteúdo é, com efeito, construído pela minha atividade de análise que desdobra e desenrola a sensação segundo uma forma abstrata elaborada graças à escultura ou moldagem da consciência.

Tornamos aqui a encontrar processos já descritos: a formação da sensação abstrata, a análise das sensações. No entanto, trata-se agora de induzir sensações alheias no meu espírito: sinto a partir da minha consciência, é ela que fará nascer verdadeiras sensações estranhas; começa-se pela consciência, vai-se do abstrato (a forma) ao concreto (o conteúdo emocional), para chegar a uma emoção abstrata, ou melhor, a uma abstração sensível. Esta nasce do fato de a forma se desenvolver segundo o ritmo da análise das sensações ou segundo o ritmo do sonho. Mas todo este processo é já nosso conhecido. Portanto, o devir-outro segue exatamente a lógica da análise das sensações – ou, inversamente, toda a análise das sensações é um processo de devir-outro.

A continuação do texto, que citamos sem mais comentários, di-lo claramente: "Em geral, pelo hábito que tenho de, desdobrando-me, seguir ao mesmo tempo duas, diversas operações mentais, eu, ao passo que me vou adaptando em excesso e lucidez ao sentir deles [dos outros], vou analisando em mim o desconhecido estado da alma deles, fazendo a análise puramente objetiva do que eles são e pensam. Assim, entre sonhos, e sem largar o meu devaneio ininterrupto, vou, não só vivendo-lhes a essência requintada das suas emoções às vezes mortas, mas compreendendo e classificando as lógicas interconexas das várias forças do seu espírito que jaziam às vezes num estado simples da sua alma.

"E no meio disto tudo, a sua fisionomia, o seu traje, os seus gestos não me escapam. Vivo ao mesmo tempo os seus sonhos, a alma do instinto e o corpo e altitudes deles. Numa grande dispersão unificada, ubiquito-me[109] neles e eu crio e sou, a cada momento da conversa, uma multidão de seres, conscientes e inconscientes, analisados e analíticos, que se reúnem em leque aberto."

Mas como posso eu fabricar em mim uma sensação alheia? Bernardo Soares vai mais longe: pretende, como sabemos já, viver o que se encontra nos outros em estado inconsciente, viver o que os outros não vivem claramente Ou não têm consciência de viver. Como é isto possível?

Começo por ter uma percepção de formas ou de ideias (gestos, vozes, opiniões). Moldando a minha consciência por estas formas – emprestando a minha consciência à forma exterior daquilo que vejo –, adapto-me "com lucidez" ao sentir alheio. Se não tenho ainda uma sensação, tenho já mais do que a consciência de uma forma, tenho a forma de uma consciência, porque tive antes que modelar a minha consciência segundo as formas alheias. E a forma de uma consciência é uma consciência tornada sensível, ou abstratamente emocional. Para seguir, sonhando, o fio da análise das sensações, basta desdobrar a própria forma desta consciência abstratamente sensível. Assim, nunca se produz um conteúdo emocional bruto, mas a sua "essência refinada", como só a literatura pode fazer.

Tudo se passa imediatamente no plano da sensação ou "realidade" abstrata. Analisar significa aqui deixar agir, no plano da realidade (ou da

---

[109] Bernardo Soares cria aqui um verbo reflexo, "ubiquitar-se". O devir-outro implica sempre a ubiquidade.

sensação) abstrata, a forma da consciência *que analisa ela própria os seus conteúdos*. É um engendrar incessante do interior, por desenvolvimento da linha melódica da forma da consciência: adapto-me ao sentir alheio e tomo consciência disso, analiso-me, diz Bernardo Soares. Eu que me dobrei e moldei aos outros, analiso agora o moldado segundo a própria forma que este tomou. A consciência da consciência retoma essa forma e aplica-se a si própria: compreendemos então como é que os "estados de alma desconhecidos", ou seja, escondidos, inconscientes e, todavia, pertencentes a outrem, podem nascer da análise das formas-sensações que eu produzo.[110] Enquanto fio condutor, a forma da consciência conduz a conteúdos emocionais inconscientes: como quando ao olhar um rosto me apercebo em outrem de sentimentos, ideias, emoções ("aquilo que ele é") que ele não sonha sequer que tem.

Seriando os resultados obtidos, podemos caracterizar o devir-outro do seguinte modo:

1. Trata-se de uma reduplicação da consciência tal que me torno mosca continuando consciente de ser eu (através da reflexão sobre o meu devir).

2. O devir-outro é um processo de exteriorização do interior. Este "interior" deve ser entendido de diversas maneiras: como emoção ou face subjetiva da sensação, como "eu", como "espaço da sensação".

3. O devir-outro implica um duplo movimento, primeiro de coincidência com o objeto, depois da separação e ruptura.

4. O outro em que me torno enquanto maneira de sentir resulta de uma transformação do meu modo de sentir: com a consciência e não já com as sensações.

Como captar num só processo estes aspectos essenciais do devir-outro? Bernardo Soares disse tudo em duas frases: "Creei-me eco e abismo, pensando. Multipliquei-me aprofundando-me."[111] Eco e abismo: não há melhor maneira de descrever o devir-outro, proveniente do desdobrar da consciência refletindo-se sobre si própria: como consciência da

---

110 A análise nunca sai do nível da forma-sensação; é a forma sensível que analisa as sensações – tudo se passa, portanto, de imediato, no plano da linguagem: "A análise constante das nossas sensações cria um modo novo do sentir, que parece artificial a quem analise só com a inteligencia, que não com a própria sensação" (LD, II, 303, p. 35). Recorde-se que, no texto já citado sobre o retrós no pescoço da rapariga no elétrico, os pequenos pormenores que fazem sonhar Soares são "letras [ou frases]". Se lhe vai ser possível desenrolar um fio contínuo de imagens e sensações, é precisamente porque tudo se passa já no plano da linguagem – uma vez que as sensações "nascem analisadas": é a linguagem que suporta a continuidade da corrente de imagens.

111 LD, I, 33, p. 34. Citamos já excertos deste fragmento.

consciência e consciência da consciência da consciência... Em abismo, precisamente; e enquanto eco de mim próprio, reduplicação da minha própria consciência, mas esvaziada das suas sensações. Empresto a consciência ao outro para sentir com sensações alheias.

Mas podemos resumir do seguinte modo todo o desenvolvimento do devir-outro: começa por haver coincidência com as sensações de outrem, cujas formas visíveis percebidas (ou sonhadas) se adotam. Para o conseguir, a consciência deixa-se esculpir pela forma da emoção, o que implica uma transformação do "eu", em particular da consciência que deixa de ter uma função separadora (em relação ao mundo, em relação à coisa) para se tornar "consciência do corpo", abarcando o espaço do corpo ou espaço da sensação. Só neste "meio" pode ter lugar a coincidência com o objeto (ou o outro): neste sentido, o outro "parasita-me", porque me deixo invadir totalmente por ele, porque deixo (a minha consciência deixa) que as suas formas me modelem. Torno-me mosca, torno-me o transeunte na rua, torno-me qualquer ser ou coisa.

No entanto, ao mesmo tempo que me torno mosca, sou eu. Como? Refletindo a consciência sobre si própria. Eis, assim, o modo de criação de todas as multiplicidades de *outros* do devir-outro: penetro o objeto, moldo-me a ele; dá-se uma transformação na minha consciência, que se torna "névoa", "consciência do corpo", criando as condições espaciais para que possa produzir-se um devir, uma metamorfose. Mas, ao mesmo tempo que coincido com o objeto, me moldo por ele como a água pela esponja, *separo-me dele, refletindo a consciência sobre si própria*. Dou uma alma à pedra ou à mosca, mas graças a um procedimento que retém, retoma, a consciência do sujeito.[112] Mas a consciência assim retomada não sai de tal operação idêntica ao que era – sai dela mais abstrata: despojou-se das suas próprias sensações, pôs-se a sentir como um outro, e depois, desligando-se de si própria, cindindo-se por meio de um processo a que podemos chamar *cissiparidade em abismo*, reflete-se sobre si própria, olha-se e olha o outro em que se transformou, e vê-se mais nua, mais "sutil", mais abstrata. Em suma, a produção do outro (ou antes, dos outros) na multiplicidade faz-se graças às trajetórias em abismo que a consciência realiza.

E em que se transforma a consciência que se retoma de cada vez que devém outra? Noutros termos, o que fica da consciência do sujeito quando chega ao fim do processo de proliferação por cissiparidade?

---

[112] Salvaguardando, evidentemente, pelo menos a sua integridade: o devir-outro não é um transe nem uma "viagem" de que se não regressa.

Para começar, ao retomar-se, a consciência deixa de ser "consciência do corpo", e, libertando-se das "névoas" e dos meios-tons, torna-se de novo consciência clara – mas esvaziada das *suas* sensações. Depois, vimos que a totalidade das multiplicidades nunca se fecha; no movimento de coincidência e ruptura e de ruptura por cissiparidade em abismo, a consciência "que fica" não se situa no " fim" de todos os devires-outros, porque estes são teoricamente infinitos. Não aparece como um resto ou como um excedente após tantas experiências do deviroutro. Mas a singularidade, enquanto poder da consciência de se duplicar infinitamente, criando "ecos" em abismo de si mesma, apresenta-se desde o inicio (desde a primeira metamorfose) como o *ponto de fuga* dessa linha que se desenrola à medida que têm lugar as múltiplas duplicações da consciência.

Todo este movimento de devir, cisão e produção do outro constitui uma *exteriorização*. Neste sentido, identifica-se com o movimento expressivo, é esse movimento. Soares repete: "Criei em mim várias personalidades. [...] Para criar, destruí-me; tanto me exteriorizei dentro de mim, que dentro de mim não existo senão exteriormente".[113] Multiplicar-se é "aprofundar-se". Apreendo cada vez mais e melhor o meu interior, vou mais ao fundo de mim próprio, porque ao multiplicar-me, faço vir à superfície estratos cada vez mais profundos do meu ser. Pois é evidente que a cissiparidade em abismo provoca uma exteriorização.

Sabemos já que a análise das sensações[114] é acompanhada por uma abertura cada vez mais larga do interior para o exterior, bem como pela transformação desses dois espaços num espaço único, habitado por "paisagens" exteriores (por conseguinte, exteriorizado); e evocamos, por outro lado, o horror de Pessoa à "interioridade". Aqui, o processo é o mesmo: produzir outros "sujeitos" significa sentir, imaginar, viver em si próprio individualidades estranhas. Por todas as razões indicadas e que dizem respeito à lógica do devir-outro – desde a necessidade de construir (por análise-exteriorização ou "reversão" do espaço interior da sensação para fora) um plano de consistência expressivo até ao mecanismo próprio da criação do outro do devir (por divisão e pelo retomar-se em abismo da consciência) –, à multiplicação metamórfica do sujeito corresponde uma passagem incessante do interior para o exterior. Multiplicar-se, analisar-se, dividir-se, transformar-se – todos estes processos se desenrolam conjuntamente e têm um único nome: "exteriorizar-se".

---

[113] LD, I, 34, p. 35.
[114] Que, como precisaremos adiante, implica um devir-outro.

Talvez isto permita responder àqueles que, impelidos por um desejo absurdo e pertinente, irrisório e irredutível, colocam a si próprios a questão que renasce sempre das suas cinzas: "Quem era Fernando Pessoa?" (Mas "quem" é o quê, é quem? etc.): alguém que quis exteriorizar-se totalmente, revertendo a sua alma para o exterior – permanecendo ele próprio como ponto de fuga desse movimento, o único que nos ajuda a compreender até certo ponto o que significa criar uma "Realidade" por meio da arte (desfazendo os labirintos do mistério, da metafísica e da verdade): "A Realidade, que é só de Deus, ou de si mesma, que não contém mistério nem verdade, que, pois que é real ou o finge ser, algures exista fixa, livre de um ser temporal ou eterna, imagem absoluta, ideia de uma alma que fosse exterior."[115]

[115] LD, I, 87, p. 93.

V
Poesia e heteronímia

1. A CONSTELAÇÃO HETERONÍMICA

O devir-outro não é o devir-heterônimo. Para que apareça um heterônimo, é preciso que o devir-outro sofra ainda algumas outras operações: há uma diferença entre tornar-se uma mosca e tornar-se um outro poeta.

É verdade que Pessoa pode dar a ideia de ter alimentado a confusão: sou múltiplo, sou muitos outros, poetas e não poetas, outros que vejo, que sonho e que nem são escritores; e depois, em certos textos, esta multiplicidade parece aplicar-se unicamente aos heterônimos literários.

A confusão não fica por aqui. Estende-se a todas essas personagens de que o próprio Pessoa falou como sendo criações "duradouras" da sua "tendência para a despersonalização", de tal modo que temos uma quantidade de seres, alguns "amigos", outros filósofos, poetas que escrevem em inglês e em francês, prosadores e até astrólogos. Nem todos são heterônimos, mas não foi possível ainda ordená-los a todos, estabelecendo uma classificação clara.[1]

Quem faz parte da constelação dos heterônimos e quem devemos excluir dela? O que é um "semi-heterônimo" (expressão que Pessoa aplica a Bernardo Soares)? Poderemos falar de "sub-heterônimo"? Para responder a estas questões, é necessário encontrar um critério da heteronímia que permita distinguir os diversos casos, fixar as categorias e classificar os indivíduos.

Convirá procurar tal critério antes de mais nada nos textos de Pessoa cujo espírito, sempre habitado por uma enorme exigência de classificação e de clareza, abordou esta questão sob diversos ângulos. Quatro textos a tratam explicitamente: a carta dita "sobre a gênese dos heterônimos" a Casais Monteiro, já citada, a "Tábua bibliográfica" elaborada por

---

[1] É assim que a *Obra poética e em prosa* (OPP) divide todos os escritos de Pessoa em "ortônimos" e "heterônimos", acrescentando um "Fernando Pessoa" (que se supõe ser o "verdadeiro", o "não fingido") autor de textos sobre literatura, autor de cartas, de textos filosóficos e econômicos – não tendo em conta nem a pseudonímia (que também existe) nem um critério claro da heteronímia em prosa (ficção), e classificando os escritos filosóficos de Mora ou esotéricos de Baldaya de acordo com um critério diverso do da heteronímia; introduzindo, a par dos "sub-heterônimos" e dos "semi-heterônimos", a categoria dos "semi-heterônimos primitivos", sem que se saiba muito bem se se trata de casos de heteronímia, mesmo "primitiva" (ex.: Alexander Search, autor de poemas ingleses – no período entre os quinze e os vinte anos de Pessoa – e de novelas). É certo que se tratava de um empreendimento de monta e sentimo-nos muitas vezes inclinados a aceitar a intuição dos organizadores – António Quadros e Dalila Pereira da Costa –, que utilizam simultaneamente vários critérios sem que nos seja possível apreender claramente os seus motivos. Por que, por exemplo, um "semi-heterônimo primitivo"? Admitirá a heteronímia subdivisões deste tipo?

Pessoa e publicada em 1928 numa revista literária (*Presença*), e dois projetos de prefácio (data provável: 1930) às *Ficções do interlúdio*, título que Pessoa pretendia dar ao conjunto da sua obra heterônima. Outros textos, por vezes muitos curtos, são igualmente importantes – e recorreremos também a eles. Comecemos por examinar os dois primeiros.

Eis um longo excerto da "Tábua bibliográfica", em que Pessoa distingue a heteronímia da pseudonímia.

"O que Fernando Pessoa escreve pertence a duas categorias, a que poderemos chamar ortônimas e heterônimas. Não se poderá dizer que são anônimas e pseudônimas, porque deveras o não são. A obra pseudônima é do autor em sua pessoa, salvo no nome que assina; a heterônima é do autor fora da sua pessoa, é de uma individualidade completa fabricada por ele, como seriam os dizeres de qualquer personagem de qualquer drama seu.

As obras heterônimas de Fernando Pessoa são feitas por, até agora, três nomes de gente – Alberto Caeiro, Ricardo Reis, Álvaro de Campos. Estas individualidades devem ser consideradas como distintas da do autor delas. Formam cada uma uma espécie de drama; e todas elas juntas formam outro drama. Alberto Caeiro, que se tem por nascido em 1889 e morto em 1915, escreveu poemas com uma, e determinada, orientação. Teve por discípulos – oriundos, como tais, de diversos aspectos dessa orientação – aos outros dois: Ricardo Reis, que se considera nascido em 1887, e que isolou naquela obra, estilizando, o lado intelectual e pagão; Álvaro de Campos, nascido em 1890, que nela isolou o lado por assim dizer emotivo, a que chamou, 'sensacionista', e que – ligando-o a influências diversas, em que predomina, ainda que abaixo da de Caeiro, a de Walt Whitman – produziu diversas composições, em geral de índole escandalosa e irritante, sobretudo para Fernando Pessoa, que, em todo o caso, não tem remédio senão fazê-las e publicá-las, por mais que delas discorde. As obras destes três poetas formam, como se disse, um conjunto dramático; e está devidamente estudada a entreação intelectual das personalidades, assim como as suas próprias relações pessoais. Tudo isto constará de biografias a fazer, acompanhadas, quando se publiquem, de horóscopos e, talvez, de fotografias. É um drama em gente, em vez de em atos.

(Se estas três individualidades são mais ou menos reais que o próprio Fernando Pessoa – é problema metafísico, que este, ausente do segredo dos Deuses, e ignorando portanto o que seja realidade, nunca poderá resolver.)"[2]

---

2 OPP, III, pp. 1424-5.

A obra heterônima é assim produzida por "pessoas" que têm "nomes", distintas de Fernando Pessoa; e todo o problema do devir-heterônimo se resume à compreensão exata do sentido destes termos: em quê e como se distingue "Caeiro" de Fernando Pessoa (sem aspas; e com aspas: "Fernando Pessoa" ortônimo)?

Segundo este texto, os heterônimos são em número de três. Estranhamente, Fernando Pessoa "ele mesmo" parece esquecido, enquanto a maior parte das vezes o poeta fala dele como de um outro heterônimo.[3]

Na carta a Casais Monteiro de 13/1/1935, Fernando Pessoa estabelece uma diferença, como já assinalamos, entre "heterônimos literários" e "heterônimos" *tout-court*. Do lado destes últimos, devemos colocar "todas as personagens" surgidas – criadas, inventadas, como "amigos, conhecidos"[4] – até esse dia extraordinário de 1914, em que apareceram subitamente Alberto Caeiro, Reis, Campos, Fernando Pessoa "ele mesmo" (enquanto heterônimo). E talvez, de certo ponto de vista, todos os que aparecem depois desta data possam ser considerados como heterônimos literários.

O interesse desta distinção reside no fato de ela implicar uma outra entre o devir-outro (correspondente aos simples heterônimos) e aquilo a que não podemos deixar de chamar o devir-heterônimo (literário). Quando Pessoa separa os dois tipos de heteronímia, remete para uma outra diferença, não já entre as personagens criadas, mas entre os processos da sua criação: "Vou entrar na gênese dos meus heterônimos literários, que é, afinal, o que V. quer saber. Em todo o caso, o que vai dito acima [sobre a tendência para inventar personagens, desde a infância] dá-lhe a história da mãe que os deu à luz".[5] Que mãe – e que história?

---

3 O primeiro a notar este fato foi Jorge de Sena, um dos melhores comentadores de Pessoa. Cf. *Fernando Pessoa e cia heterônima*. Lisboa: Edições 70, 1984.

4 "Vou agora fazer-lhe a história direta dos meus heterônimos: Começo por aqueles que morreram, e de alguns dos quais já me não lembro – os que jazem perdidos no passado remoto da minha infância quase esquecida.

"Desde criança tive a tendência para criar em meu torno um mundo fictício, de me cercar de amigos e conhecidos que nunca existiram. (Não sei, bem entendido, se realmente não existiram, ou se sou eu que não existo. Nestas coisas, como em todas, não devemos ser dogmáticos.) Desde que me conheço como sendo aquilo aquilo a que chamo eu, me lembro de precisar mentalmente, em figuras, movimentos, caráter e história, várias figuras irreais que eram para mim tão visíveis e minhas como as coisas daquilo a que chamamos, porventura abusivamente, a vida real" (OPP, II, pp. 339-40). Assim, o seu "primeiro heterônimo, ou, antes, o [seu] primeiro conhecido inexistente" foi um certo Chevali de Pas, aos seis anos...

5 OPP, II, p. 340.

A história conta, em versão resumida, os processos de devir-outro que descrevemos longamente, seguindo, sobretudo, os textos do *Livro do desassossego*. A "mãe" é muito simplesmente o sujeito deste devir – o qual não é, evidentemente, nem a biografia de Fernando Nogueira Pessoa nem mesmo a sua história literária. Cronologicamente, são referidos fatos (mentais) ocorridos durante um período "pré-heteronímico", se aceitarmos a data de 1914 como a do nascimento dos heterônimos literários.[1] No que diz respeito ao próprio mecanismo da produção, note-se que Fernando Pessoa se refere a "várias fases" do devir-outro.[2] Podemos supor que se trata de diferentes graus de elaboração da técnica do devir-outro. Nas últimas fases, o processo de devir é desencadeado por um dito de espírito: a linguagem trabalha enquanto "forma abstrata" sobre uma linha de fluxo, a partir da qual se constroem o rosto, a estatura, os gestos da personagem.[3]

    O relato dos pequenos fatos e acontecimentos que precedem e acompanham a data do nascimento dos heterônimos literários sugere o mesmo tipo de desencadeamento de um devir – inicialmente suscitado por um certo tipo de poemas, encarnado depois num autor com um rosto, uma biografia etc.: "Aí por 1912, salvo erro (que nunca pode ser grande), veio-me à ideia escrever uns poemas de índole pagã. Esbocei umas coisas em verso irregular (não no estilo Álvaro de Campos, mas num estilo de meia-regularidade), e abandonei o caso. Esboçara-se-me, contudo, numa penumbra mal urdida, um vago retrato da pessoa que estava a fazer aquilo. (Tinha nascido, sem que eu soubesse, o Ricardo Reis)."[4] Depois, dois anos mais tarde, ocorre o acontecimento extraordinário, a redação de um só fôlego e sem que nada o tivesse anunciado de uma trintena de poemas de Caeiro. É ainda a ideia de criar um certo gênero de poesia

---

1 E tudo parece confirmar que esse nascimento teve, efetivamente, lugar nesse ano, embora subsistam algumas dúvidas quanto à exatidão de certas datas de poemas indicados por Fernando Pessoa.

2 "Esta tendência para criar em torno de mim um outro mundo, igual a este mas com outra gente, nunca me saiu da imaginação. Teve várias fases, entre as quais esta, sucedida já em maioridade. Ocorria-me um dito de espírito, absolutamente alheio, por um motivo ou outro, a quem eu sou, ou a quem suponho que sou. Dizia-o imediatamente, espontaneamente, como sendo de certo amigo meu, cujo nome inventava, cuja história acrescentava, e cuja figura – cara, estatura, traje e gesto – imediatamente eu via diante de mim. E assim arranjei, e propaguei, vários amigos e conhecidos que nunca existiram, mas que ainda hoje, a perto de trinta anos de distância, ouço, sinto, vejo. Repito: ouço, sinto, vejo... E tenho saudades deles" (OPP, II, p. 340).

3 Tal como acontece, lembremo-lo, a Bernardo Soares com a gola de rapariga do elétrico.

4 OPP, II, pp. 340-41.

(e mesmo de poeta) que desencadeia o aparecimento de Caeiro: "Ano e meio, ou dois anos depois, lembrei-me um dia de fazer uma partida ao Sá-Carneiro – de inventar um poeta bucólico, de espécie complicada e apresentar-lho, já não lembro como, em qualquer espécie de realidade. Levei uns dias a elaborar o poeta, mas nada consegui. Num dia em que finalmente desistira – foi em 8 de março de 1914 – acerquei-me de uma cômoda alta e, tomando um papel, comecei a escrever, de pé, como escrevo sempre que posso. E escrevi trinta e tantos poemas a fio, numa espécie de êxtase cuja natureza não conseguirei definir."[5]

A concepção deliberada de um poeta, com características determinadas, falha; e é no momento do fracasso da tentativa voluntária que se verifica a criação "espontânea", bruscamente, em ruptura com a ideia preconcebida – podemos, com efeito, imaginar que, sendo Caeiro (aparentemente) de uma simplicidade extrema, se situa no polo oposto (ou pelo menos é muito diferente) do poeta bucólico complicado. Assim se define o caráter da "simulação" própria do devir-heterônimo: deve provir da própria poesia, a qual não pode ser bem-sucedida a menos que utilize nas suas operações mais secretas a simulação, a "insinceridade" – para ser e aparecer não simulada, não artificial.

O fato de Caeiro ter adotado um estilo quase oposto ao que Fernando Pessoa projetara marca a espontaneidade necessária de toda a produção literária autêntica: a brincadeira destinada a Sá-Carneiro era apenas um pretexto, mas que, no caso, teve efeitos sobre a concepção e a confecção da poesia. A brincadeira não funcionou; porque as coisas só podem resultar se a simulação (brincadeira) for invertida, se já não condicionar a simulação propriamente poética que não deve estar subordinada a nenhum imperativo exterior. Neste sentido, a ruptura efetuada por cada devir-heterônimo testemunha a não causalidade absoluta da arte: não sou "eu" que faço o poema, mas um outro, separado de mim. Constitui prova disso o fato de, no estabelecimento da biobibliografia de cada heterônimo, as componentes biográficas decorrerem ou acompanharem – mas em nenhum caso precederem – as da obra. Os traços físicos, psicológicos, o estatuto social e a formação cultural da personagem são compostos depois da obra e de acordo com ela.[6]

---

5 OPP, II, 341.

6 Afirmamos antes (capítulo I) que os retratos psicológicos e físicos dos heterônimos nem sempre têm uma relação evidente com as respectivas obras. Sem dúvida que é e não é verdade (nestas coisas, há sempre uma margem subjetiva de avaliação). Como indica a "Tábua bibliográfica",

Ainda segundo a carta a Casais Monteiro, existe um núcleo central da heteronímia: Caeiro, Fernando Pessoa "ele mesmo", Reis, Campos – colocando-os pela ordem cronológica do seu nascimento, que é também a das suas ligações genéticas. Assim, depois de ter redigido os poemas de Caeiro, Pessoa escreve, uma vez mais de um jato, os seis longos poemas da "Chuva oblíqua", "imediatamente e totalmente... Foi o regresso de Fernando Pessoa-Alberto Caeiro a Fernando Pessoa ele só. Ou melhor, foi a reação de Fernando Pessoa contra a sua inexistência como Alberto Caeiro".[7] Atente-se nas expressões "reação", "inexistência": o par Caeiro--Pessoa "ele mesmo" nasce num só ato, estando o segundo, ao que parece, geneticamente ligado ao primeiro.

Um processo idêntico liga Campos a Reis. "Aparecido Alberto Caeiro, tratei logo de lhe descobrir – instintiva e subconscientemente – uns discípulos. Arranquei do seu falso paganismo o Ricardo Reis latente, descobri-lhe o nome e ajustei-o a si mesmo, porque nessa altura já o *via*. E, de repente, e em derivação oposta à de Ricardo Reis, surgiu-me impetuosamente um novo indivíduo. Num jato, e à máquina de escrever, sem interrupção nem emenda, surgiu a 'Ode triunfal' de Álvaro de Campos – a Ode com esse nome e o homem com o nome que tem."[8]

O modo como aparece Campos é idêntico ao do nascimento de Fernando Pessoa "ele mesmo": por reação negativa ou "derivação oposta". Reis segue um processo genético diferente (talvez se lhe pudesse chamar "filiação"), já que ele surge como discípulo de Caeiro – embora o seu contorno se esboce antes do nascimento do seu "mestre". Coloca-se a um nível de derivação inferior, que poderíamos representar do seguinte modo:

Caeiro → Fernando Pessoa « ele mesmo »
↓
Reis → Campos

As setas horizontais indicam o movimento de "derivação oposta"; a vertical, um tipo de derivação não oposta, não reativa. Note-se que o próprio Caeiro surge por reação a um projeto (não a uma figura) de um poeta

---

Pessoa pensava redigir biografias mais completas e apresentar até fotografias! Os horóscopos de Caeiro e de Reis, feitos por Pessoa, parecem pressupor que este pensava existir alguma articulação entre os "homens" e as suas obras.

7 OPP, II, p. 341.
8 OPP, II, p. 341.

bucólico "de espécie complicada". Mas, uma vez que as indicações sobre este ponto são muito vagas, nada podemos concluir daí.

Em que consiste essa "derivação oposta"? O estudo de todas as notas que Pessoa deixou sobre a escrita, o estilo, a maneira de trabalhar as sensações (consequentemente, a maneira de sentir) de Caeiro, Reis, Campos, Fernando Pessoa ortônimo, escritas com intuitos comparativos, ajudaria por certo a responder a esta questão. Limitemo-nos, porém, a constatar que a maneira como Fernando Pessoa descreve a Casais Monteiro a gênese dos heterônimos se enquadra perfeitamente na ideia imediata que fazemos da sua tipologia: Caeiro, o mais transparente de todos, o mais objetivo; Fernando Pessoa "ele mesmo", o mais obscuro, o mais interiorizado ("um novelo enrolado para dentro"), o mais subjetivo; Reis, o mais disciplinado de todos, o mais uniforme (na métrica e nas sensações); Campos, o mais indisciplinado, o menos controlado, o mais diverso (na versificação e também nas sensações). Além disso, Reis é o heterônimo mais próximo de Caeiro, aquele que imediatamente conhecemos como seu discípulo.

Uma contradição aparente insinuou-se na passagem da carta que descreve o nascimento de Fernando Pessoa "ele mesmo". Depois de ter redigido os poemas do "Guardador de rebanhos", vê aparecer em si "alguém" a quem dá o nome de Alberto Caeiro; e escreve: "Desculpe-me o absurdo da frase: aparecera em mim o meu mestre. Foi essa a sensação imediata que tive." E, para provar a sua afirmação, acrescenta que redigiu de jato, como reação à sua inexistência devida à existência de Caeiro, os poemas de "Chuva oblíqua", assinados "Fernando Pessoa". Assim, apresenta-se como prova de que nasceu um mestre a reação de oposição que faz nascer "Fernando Pessoa" ortônimo. Quem reage, opondo-se a um mestre? O seu discípulo? Mas este ainda não tinha nascido, pois é dessa reação que nasce! E se este "Fernando Pessoa" não era um discípulo de Caeiro, quem diz então "eu" ao escrever: senti nascer em mim o *meu* mestre?

Caeiro é o mestre dessa constelação primeira – mestre de todos, mesmo dos que a ele se opõem (se considerarmos que Fernando Pessoa ortônimo se opõe a Caeiro), porque mestre de heteronímia: é ele o primeiro heterônimo autêntico, completo, que aparece. E não é por acaso que isso faz de Caeiro um mestre noutros domínios; é que o plano do processo de criação poética condiciona outros planos, como o do "objetivismo" enquanto modo de tratar as sensações condiciona o do "objetivismo" enquanto doutrina filosófica. Caeiro é o mestre de Reis e de Campos, mas é produzido por um sujeito particular, sujeito de um devir-outro heteronímico, embora este possa eventualmente criar-se a si próprio como heterônimo por oposição à heteronímia-outra de Caeiro (a ortonímia é apenas isto: uma ortonímia-outra, cujo processo de engendramento teremos que explicitar com rigor).

Ao escrever a Casais Monteiro, Fernando Pessoa torna a entrar na pele desse sujeito do devir, confundindo-o (porque é ele próprio, enquanto criador) com Fernando Pessoa ortônimo. É por isso que pode escrever: senti que nascera o meu mestre. O *meu* mestre, mestre de todos os heterônimos, aquele cujo nascimento desencadeia o de todos os outros por derivação horizontal ou vertical; mestre de mim também – de mim que devenho e que só sou eu ("si próprio") ao tornar-me múltiplo –, porque Caeiro me ensinou a devir-heterônimo.

Sujeito que, enquanto "si próprio", resulta[9] do devir-si próprio que acompanha cada devir-outro. Neste sentido, o devir-si próprio implica, como já vimos, o despir de todas as "cascas" do eu: com efeito, o si próprio, esse ponto de fuga de todas as multiplicidades e, portanto, de todos os devires-outros, obtém-se através da negação dos "outros" que se autonomizam graças à "cissiparidade em abismo", processo que também pode ser descrito como uma multiplicação de micronegações dos múltiplos outros em que o sujeito se transforma. De cada vez que o sujeito se torna um outro, a consciência (de "si próprio", como consciência abstrata e impessoal, e não como "consciência de si" de um eu) separa-se dele, negando-o: adoto as formas de um outro, depois desligo-me dele, nego-o. É uma micronegação.

A "derivação por oposição" de que fala Pessoa parece bem querer dizer a mesma coisa. Cada heterônimo é produzido por negação e duplicação da consciência.[10] Assim, Fernando Pessoa ortônimo surge como negação de Caeiro num processo do devir-outro que se prolonga na reflexão sobre si próprio, enquanto processo – produzindo Fernando Pessoa ortônimo. E isso era necessário para a máquina heteronímica de Pessoa. Para que um puro sujeito do devir trabalhe livremente nos devir-heterônimos, quer dizer, para que se constitua muito simplesmente

---

9 "Resulta", e todavia é já sujeito do seu próprio devir. O paradoxo tem origem no fato de a categoria do "sujeito" se mostrar aqui muito difícil de manejar (enquanto "sujeito do devir"). Deveria ser sempre substituída pela de "singularidade".

10 Insistamos nesse ponto: o sujeito do devir, enquanto "si próprio", não se afirma como termo de referência primeiro: não se trata de um pobre "eu" que se dividiu e fragmentou em vários heterônimos, porque ele não existe nem antes nem depois da produção destes. Mas pretende-se sempre ver nele o substrato "ontológico" de um sujeito poético...

como puro sujeito desses devires, é preciso que Fernando Pessoa, o "criador de tudo", se desembarace de Fernando Pessoa "ele mesmo", enquanto estilo, poeta, heterônimo.

Examinemos mais de perto o modo cormo se forma este ortônimo-heterônimo; e em que é que difere dos outros.

Distingue-se deles no seguinte: o "outro" que o (se) constitui não provém de uma configuração (de um ser) dada à partida como tal, quer dizer, já como forma de alguém que se *vê* (como diz Fernando Pessoa na carta; que se "vê" ou "sonha"), ou de alguém que se quer apreender (como acontece na primeira tentativa fracassada relativa a Ricardo Reis; ou na que se refere a Caeiro, inspirada na imagem do poeta bucólico); esse outro que será Fernando Pessoa ortônimo *resulta da duplicação da consciência no próprio sujeito do devir-outro*; duplicação que cinde e liberta esse mesmo sujeito. Assim se explica o sentido das seguintes frases: "Foi o regresso de Fernando Pessoa-Alberto Caeiro a Fernando Pessoa ele só. Ou melhor, foi a reação de Fernando Pessoa contra a sua inexistência como Alberto Caeiro." Com efeito: este "Fernando Pessoa" que regressa a si próprio faz um trajeto que o transforma em heterônimo, porque a consciência, duplicando-se e cindindo-se "em abismo", produz uma outra "ela própria". Ora, esta consciência que opera tais metamorfoses acompanha o sujeito do devir, que se define como pura distância de si a si, da consciência à sensação. Refletindo sobre esta distância, separando-se dela e recuperando-se depois como consciência abstrata do devir, ela deixa fora de si aquilo que, entretanto, cria – um outro sujeito-criador, "Fernando Pessoa" ortônimo.

Demonstra-o claramente a poesia deste heterônimo: mais do que qualquer outro, mais ainda do que Campos, Fernando Pessoa "ele mesmo" define-se por toda uma séria de distâncias *interiores* (que, por exemplo, em Campos se encontram projetadas para o exterior): entre a consciência e a sensação, entre a consciência e a inconsciência, entre o pensamento e a vida, entre o presente e o passado etc. Tudo figuras dessa distância do puro sujeito do devir tornado sujeito heterônimo, graças à operação da consciência que, refletindo-se sobre si, se toma a si própria por objeto.

×××

Na sequência da formação da constelação nuclear (Caeiro, Fernando Pessoa "ele mesmo", Reis, Campos), surgem outras unidades, cujo modo de engendramento e cuja posição variam sempre de um para outro caso:

"Criei, então, uma *coterie* inexistente. Fixei aquilo tudo em moldes de realidade. Graduei as influências, conheci as amizades, ouvi, dentro de mim, as discussões e as divergências de critérios, e em tudo isto me parece que fui eu, criador de tudo, o menos que ali houve. Parece que tudo se passou independentemente de mim. E parece que assim ainda se passa."[11]

A *coterie* incluiria, além da constelação primeira, heterônimos menores, alguns mais importantes do que outros, quer pela sua produção, quer pela importância que Fernando Pessoa lhes confere explicitamente noutros textos: Barão de Teive, Thomas Crosse, António Mora, Abílio Quaresma etc.[12] Cada um dos casos deve ser examinado separadamente, e põe os seus problemas, sobretudo relativos à autenticidade heteronímica.

Há um nome que merece uma menção muito especial: Bernardo Soares (ou, eventualmente, Vicente Guedes). Nos dois primeiros textos de projetos de prefácio às *Ficções do interlúdio*, Pessoa refere-se a Soares como a um caso particular. Sem dúvida, porque "em prosa é mais difícil outrar-se",[13] Bernardo Soares não chega a ser um heterônimo completo: "O meu semi-heterônimo Bernardo Soares, que aliás em muitas coisas se parece com Álvaro de Campos, aparece sempre que estou cansado ou sonolento, de sorte que tenha um pouco suspensas as qualidades de raciocínio e de inibição; aquela prosa é um constante devaneio. É um semi-heterônimo porque, não sendo a personalidade a minha, é, não diferente da minha, mas uma simples mutilação dela. Sou eu menos o raciocínio e a afetividade."[14]

---

11 OPP, II, p. 341-2.

12 Acerca de todos estes heterônimos, ver Maria Teresa Rita Lopes, op. cit.

13 OPP, I, p. 711. E ainda: "O difícil para mim é escrever a prosa de Reis – ainda inédita – ou de Campos. A simulação é mais fácil, até porque é mais espontânea, em verso" (OPP, II, p. 343-4).

14 Já falamos longamente de Bernardo Soares no capítulo I. Adaptamos a ideia, geralmente aceita pelos comentadores, de que o *Livro do desassossego* apresenta os heterônimos em estado nascente. Com efeito, aqui se encontram frases inteiras, expressões, ideias, estilos que são como que esboços de versos e dos estilos de Campos, Reis, Caeiro, Fernando Pessoa "ele mesmo". No entanto, é *frequente* esses fragmentos terem datas posteriores, por vezes de anos, às da redação dos poemas! Um exemplo: o fragmento 28 (LD, I, p. 30), datado de 1/12/1931, é uma das "fontes" evidentes (entre outros fragmentos) de "Tabacaria", datada de 15/1/1928. Isto não arruína a hipótese de partida, que nos parece boa, mas obriga-nos a matizá-la: no seu laboratório poético, Bernardo Soares *decompõe* as sensações a partir de termos poéticos dos heterônimos, redescobrindo o "meio" e, portanto, o modo de formação dessas sensações, bem como as múltiplas ramificações que delas partem. Mas teríamos antes que dizer que Bernardo Soares *resulta também* dos outros heterônimos, o que não contradiz a afirmação segundo a qual ele está na sua origem – sendo o processo do *seu* devir-heterônimo *específico* um movimento contínuo de composição e decomposição da heteronímia.

Sempre que Pessoa fala de Soares é para o aproximar de Álvaro de Campos e de si próprio (ortônimo). Ora, Campos e Fernando Pessoa ortônimo formam um par absolutamente extraordinário na constelação heteronímica: Campos é o único heterônimo que Fernando Pessoa conheceu "em carne e ossso" (não nos esqueçamos de que a carne e o osso podem ser sonhados...), sendo as suas relações pessoais tão estreitas que Pessoa faz interferir Campos na sua correspondência com Ofélia, o põe a assinar cartas, a intrigar contra ele próprio (Pessoa); era também o único em quem Pessoa se transformava junto dos amigos (e também de Ofélia), anunciando-lhes certos dias: hoje, têm diante de vós Álvaro de Campos, e, segundo o que os amigos dizem, mudava realmente de voz e de atitude; Álvaro de Campos é o que ele trata por "meu velho amigo", "meu companheiro de psiquismo";[15] o que faz intervenções violentamente críticas (e geniais), provocadoras e libertadoras no meio intelectual de Lisboa; etc. De tal modo que, dada a proximidade de Fernando Pessoa ortônimo e de Bernardo Soares, eles e Álvaro de Campos formam uma tríade – unidos os três por diversas particularidades, mas, essencialmente talvez, pela sua relação *direta* (que se manifesta de três modos) com a própria fonte de criação poética: nascimento e análise das sensações, abstração e expressão. Já o mostramos para os três. Assinalemos apenas que Bernardo Soares – o qual, como Campos, produz a (e vive da) mais vasta prolixidade e diversidade de sensações – se aproxima de Fernando Pessoa ortônimo pelo fato de ser também (mas de maneira diferente) um autor da distância de si a si, do espaço entre, do intersticial.

Caeiro, Fernando Pessoa ortônimo, Reis, Campos, Soares – e talvez, em determinado momento, o filósofo Antônio Mora, que um texto de 1930 associa aos cinco primeiros[16] – constituem, sem dúvida, os nomes mais importantes da heteronímia pessoana. É pouco provável que os inéditos revelem ainda outros heterônimos marcantes. Mas nunca se sabe. No mesmo texto a que acabamos de nos referir, escrevia Pessoa: "Um segundo filósofo [sendo o primeiro Mora] desta escola pagã, cujo nome,[17] porém, ainda não apareceu na minha visão ou audição interior, dará uma defesa do paganismo baseada, inteiramente, em outros argumentos. É possível que, mais tarde, outros indivíduos, deste mesmo gênero de

---

15 OPP, II, p. 222 ("Carta a Francisco Fernandes Lopes" de 26/4/1919).

16 OPP, II, p. 1021 ("Prefácio ao volume I das *Ficções do interlúdio*").

17 Fernando Pessoa acaba de escrever a propósito de Mora: "Os nomes são tão inevitáveis, tão impostos de fora como as personalidades".

verdadeira realidade, apareçam. Não sei; mas serão sempre bem-vindos à minha vida interior, onde convivem melhor comigo do que eu consigo viver com a realidade externa."[18]

2. O QUE É UM HETERÔNIMO?

Um exame mais atento da "*coterie*", e sobretudo dos nomes que giram em torno da constelação nuclear, suscita de novo dúvidas: poder-se-á chamar a Abílio Quaresma, "autor-personagem de contos policiais",[19] um heterônimo; ou ainda a esse Jean Seul de Méluret, que escrevia poemas medíocres em francês; ou a esse Pantaleão, do qual foi encontrada nos inéditos a lista dos trabalhos, contando-se entre estes o projeto de escrever "100 visões"?[20] Somos assim levados a recolocar a questão do critério da heteronímia: por que características reconhecemos um heterônimo; por que meios podemos distingui-lo de um pseudônimo ou de uma simples personagem fingida, fruto de uma brincadeira ou de uma "palhaçada"?[21]

Sobre a diferença entre pseudonímia e heteronímia, Fernando Pessoa explicou-se suficientemente bem nas primeiras linhas da "Tábua bibliográfica":[22] a obra pseudônima é a do "autor na sua pessoa", mas com um nome diferente; a obra heterônima pertence a um autor "fora da sua pessoa", constituindo cada heterônimo "uma individualidade completa fabricada por ele, como seriam os dizeres de qualquer personagem de qualquer drama seu".

---

18 OPP, II, p. 1021. Em 1932, Fernando Pessoa prevê ainda o aproveitamento de alguns outros heterônimos, "incluindo um astrólogo" (OPP, II, p. 319).

19 "[...] e que Pessoa apresenta nos seguintes termos: 'Fui verdadeiramente amigo de Quaresma: verdadeiramente me dói a saudade dele" (Maria Teresa Rita Lopes, op. cit., p. 274; cf. OPP, II, pp. 438-9, "Prefácio a Quaresma").

20 Sobre tudo isto, ver Maria Teresa Rita Lopes, op. cit., pp. 272-3. Sabemos (ver a carta de Pessoa a Tia Anica, de 24/6/1916) que Fernando Pessoa tinha visões – relacionadas com o seu saber ocultista. Nessa carta, conta ele ter visto "na Brasileira do Chiado, de manhã, as costelas de um indivíduo através do fato e da pele". Como tantos outros aspectos importantes da obra de Pessoa, e embora se relacionem com o nosso tema – a estética das sensações –, não abordamos as relações do poeta com o ocultismo.

21 Fernando Pessoa utiliza o termo "palhaço" na carta a Cortes Rodrigues de 19/1/1915.

22 Pessoa só cria o termo "heterônimos" alguns anos depois do aparecimento destes. Em 1919, falava ainda de Campos, Caeiro etc. como de "pseudônimos", embora lhes conferisse já as características que mais tarde atribuiria à heteronímia (cf. carta a Francisco Fernandes Lopes de 26/4/1919, OPP, II, p. 223).

Em todos os textos – cartas, projetos de prefácios, escritos sobre arte poética, sobre Shakespeare – em que se fala de heteronímia, Pessoa associa-a à sua tendência para a dramaturgia. Na "Tábua", escreve a expressão célebre: a sua obra é "um drama em gente, não em atos". Do mesmo modo, depois de criticar Freud e a abordagem freudiana que um comentador faz da sua obra,[23] apresenta o seu próprio ponto de vista "metodológico" sobre a "função do crítico", e dá um exemplo: "Prefiro – até para abreviar – explicar por um exemplo. Escolho-me a mim mesmo que é quem está aqui mais perto. O ponto central da minha personalidade como artista é que sou um poeta dramático; tenho, continuamente, em tudo quanto escrevo, a exaltação íntima do poeta e a despersonalização do dramaturgo. Voo outro – eis tudo. Do ponto de vista humano, em que ao crítico não compete tocar, pois de nada lhe serve que toque – sou um histeroneurastênico com a predominância do elemento histérico na emoção e do elemento neurastênico na inteligência e na vontade (minuciosidade de uma, tibieza de outra). Desde que o crítico fixe, porém, que sou essencialmente poeta dramático, tem a chave da minha personalidade, no que pode interessá-lo a ele, ou a qualquer pessoa que não seja um psiquiatra, que, por hipótese, o crítico não tem que ser. Munido desta chave, ele pode abrir lentamente todas as fechaduras da minha expressão. Sabe que, como poeta, sinto; que, como poeta dramático, sinto despegando-me de mim; que, como dramático (sem poeta), transmudo

---

[23] Numa carta notável (a Gaspar Simões, de 11/12/1931), que contém observações sobre a psicanálise ainda hoje perfeitamente atuais, como a seguinte: "[...] o Freud é em verdade um homem de gênio, criador de um critério psicológico original e atraente, e com o poder emissor derivado de esse critério se ter tornado nele uma franca paranoia de tipo interpretativo. O êxito europeu e ultraeuropeu de Freud procede, a meu ver, em parte da originalidade do critério; em parte do que este tem da força e estreiteza da loucura (assim se formam as religiões e as seitas religiosas, compreendendo nestas, porque o são, as de misticismo político, como o fascismo, o comunismo e outras assim)" (OPP, II, p. 298). No fim desta longa carta, que termina porque é "instantaneamente solicitado a acabar de escrever à máquina por um amigo meu, ainda mais bêbado do que eu, que acaba de chegar e não estima embebedar-se sozinho" – conclui assim: "Nem esqueci, é claro, que, para trás, nesta carta, escrevi qualquer coisa sobre 'afiar a faca psicológica' e 'limpar ou substituir as lentes do miscroscópio crítico'. Registro, com orgulho, que pratiquei, falando de Freud, uma imagem fálica e uma imagem iônica; assim sem dúvida, ele o entenderia. O que concluiria, não sei. Em qualquer caso, raios o partam!" (OPP, II, p. 303). Que regalo para um psicanalista, esta passagem! Porque Fernando Pessoa comete um "lapso", tendo antes escrito "afinar a faca psicológica" e não "afiar" como agora escreve – com tudo o que isso significa, não é?... A menos que este "lapso" seja fruto deliberado do humor tão irônico, tão acerado, de Fernando Pessoa a fim de estimular, afiando-a, a sua interpretação psicanalítica futura (seria bem capaz disso)...

automaticamente o que sinto para uma expressão alheia ao que senti, construindo na emoção uma pessoa inexistente que a sentisse verdadeiramente, e por isso sentisse, em derivação, outras emoções que eu, puramente eu, me esqueci de sentir."[24]

Que devemos entender por "drama", "dramaturgo"? Os heterônimos são considerados por Pessoa como personagens de teatro? Precisamos de examinar outros textos ainda, antes de respondermos a tal interrogação. Retenhamos desta longa citação uma ideia essencial: a produção dramática heteronímica é, ao que parece, um modo de proceder idêntico ao da abstração da emoção. Nos dois casos, há transformação e transferência da emoção no sentido da consciência, de tal modo que a expressão poética equivale a uma emoção da consciência, graças a uma "intelectualização da emoção". Aqui, a transferência da emoção para uma outra personagem é assimilada à sua passagem à consciência da consciência da sensação, esse terceiro grau de análise das sensações que já examinamos.

Tudo isto é dito ainda mais nitidamente em três textos (dois dos quais já parcialmente citados) sobre os graus da poesia lírica: o primeiro fala de Shakespeare enquanto autor dramático, os dois outros da "escala da despersonalização", na sua relação com a poesia lírica. Estes textos contêm o essencial de uma teoria do gênero lírico, que Fernando Pessoa vai aplicar a todo o tipo de domínios (à crítica literária, à avaliação de épocas e autores, às diferenças entre o homem de gênio, o homem de talento e o homem de espírito etc.). Estabelecendo os três textos classificações que parcialmente se sobrepõem, mas que partem de perspectivas nem sempre idênticas, talvez o seu exame permita responder à pergunta: em que é que um heterônimo difere da personagem de um drama escrito para o teatro?

O primeiro texto sobre Shakespeare faz da histeria "a base do gênio lírico". E torna-se claro que Pessoa se inclui a si próprio na categoria em que classifica Shakespeare, o terceiro grau do gênio lírico:[25] nesse grau, a

---

24 OPP, II, pp. 302-3.
25 Sendo os outros dois graus determinados por dois outros tipos de histeria:
  1. Primeiro, uma histeria "por assim dizer", "física", que adota uma forma mental específica, segundo o seu grau de saúde, que é aqui fraco: a forma mental mostrará um poeta lírico (se for histérico) que exprimirá as suas próprias emoções; e, na maior parte dos casos, "a partir de um pequeno número de emoções". Byron e Shelley entram nesta categoria.
  2. O segundo tipo de histeria – que é, "por assim dizer", "mental" – induz no gênio lírico uma grande diversidade de emoções, mas sem que o poeta saia de si próprio. É o caso de Goethe, com emoções variadas e muito pessoais; e o de Victor Hugo, com emoções sempre uniformes e monótonas (OPP, III, p. 157, "Shakespeare").

histeria, atuando sobre uma constituição "neutra", "nem fraca nem forte", torna-se "vagamente física e vagamente mental"; é uma mistura dos dois outros tipos, do mesmo modo que o poeta constitui um misto dos dois graus líricos precedentes: manifesta "a capacidade de *viver* em imaginação estados mentais da histeria, e portanto o poder de os projetar para fora em pessoas separadas, ou seja, mais precisamente, a capacidade psicológica que tende a produzir, mas não necessariamente, o dramaturgo".[26] É o caso de Shakespeare.

Nos textos sobre "a escala da despersonalização", Fernando Pessoa separa-se nitidamente de Shakespeare (o qual, no escrito que acabamos de citar, é, pelo contrário, aproximado de Pessoa). Estes textos apresentam uma classificação mais fina, em cinco graus, da poesia lírica, correspondendo a cinco graus na escala da despersonalização (no texto anterior, era a histeria o agente da despersonalização). Histeria, despersonalização, dramaturgia passam a ser termos equivalentes. Eis um resumo de "Os graus da poesia lírica":[27]

1º grau: aquele a que pertence o tipo mais comum do poeta lírico; pequeno número de emoções, exprimindo a unidade de um temperamento (diz-se: aquele é um "poeta do amor"; aquele outro, "poeta da tristeza").

2º grau: o poeta é mais intelectual, já não é simplista e monocórdico, os seus poemas abarcam diversos temas, unificados pelo estilo e pelo temperamento; "Sendo variado nos tipos de emoção, não o será na maneira de sentir" (ex.: Swinburne).

3º grau: ainda mais intelectual, o poeta "começa a despersonalizar-se, a sentir, não já porque sente, mas porque pensa que sente; a sentir estados de alma que realmente não tem, simplesmente porque os compreende. Estamos na antecâmara da poesia dramática, na sua essência íntima. O temperamento do poeta, seja qual for, está dissolvido pela inteligência. A sua obra será unificada só pelo estilo, último reduto da sua unidade espiritual, da sua coexistência consigo mesmo" (ex: Tennysson, Browning).

4º grau (muito mais raro): "O poeta, mais intelectual ainda, mas igualmente imaginativo, entra em plena despersonalização. Não só sente, mas vive, os estados de alma que não tem diretamente" (como Shakespeare, poeta lírico que se elevou até ao drama, graças ao "espantoso grau de despersonalização que atingiu"). Aqui, "nem já o estilo define a unidade do homem: só o que no estilo há de intelectual a denota".

---

26 OPP, III, p. 158. Data provável, 1928.

27 OPP, III, pp. 87-8. Texto de 1930.

5º grau: "Suponhamos, porém, que o poeta, evitando sempre a poesia dramática, externamente tal, avança ainda um passo na escala da despersonalização. Certos estados de alma, pensados e não sentidos, sentidos imaginativamente e por isso vividos, tenderão a definir para ele uma pessoa fictícia que os sentisse sinceramente".[28]

A progressão é clara: o incremento da despersonalização acarreta uma maior diversidade nas maneiras de sentir. A partir do terceiro grau, a unidade da poesia lirica já é apenas determinada pelo estilo; a despersonalização – primeiro a dissolução da unidade psicológica, a seguir da unidade de estilo – é provocada pela ação da inteligência. E também uma escala dos graus de abstração da emoção. O quinto grau, que marca o advento dos heterônimos, caracteriza-se pelo "retomar" das diversas maneiras de sentir em várias "pessoas". Mas a verdade é que não se vê muito bem a diferença entre o quarto e o quinto graus, não sendo claramente definida a tipologia de Shakespeare,[29] ou "o que no estilo existe de mais intelectual".

Ora, o outro texto sobre a escala da despersonalização acentua a identificação dos "estados de alma" ou dos "sentimentos" com "personagens". Assim, os três primeiros graus, escritos em termos semelhantes aos do texto anteriormente citado, introduzem, todavia, a noção de "personagem". Por exemplo, no segundo grau, o poeta expressará sentimentos "variados e variáveis", como se houvesse uma "multiplicidade de personagens", unificados apenas "pelo temperamento e pelo estilo". Ao passar do quarto ao quinto grau, Fernando Pessoa estabelece uma distinção entre personagens-expressões (de um só poeta) e personagens-poetas. As personagens do quarto grau tornam-se poetas no quinto:

4º grau: "temos o poeta que em cada um dos seus estados mentais vários se integra de tal modo nele que de todo se despersonaliza, de sorte que, vivendo analiticamente esse estado de alma, faz dele como que a expressão de um outro personagem, e, sendo assim, o mesmo estilo tende a variar."

5º grau: "Dê-se o passo final, e teremos um poeta que seja vários poetas, um poeta dramático escrevendo em poesia lírica. Cada grupo de estados de alma mais aproximados insensivelmente se tornará uma personagem,

---

28 O texto, inacabado, termina aqui.

29 Por exernplo, não podemos dizer que já não tem estilo, *porque* tem todos os estilos. Na realidade, a ideia que Fernando Pessoa tem de Shakespeare é muito rica e matizada; há vários Shakespeares, e Shakespeare chegou mesmo a realizar todos os graus da escala da despersonalização (em diferentes etapas da sua vida).

com estilo próprio, com sentimentos porventura diferentes, até opostos, aos típicos do poeta na sua pessoa viva. E assim se terá levado a poesia lírica – ou qualquer forma literária análoga em sua substância à poesia lírica – até à poesia dramática, sem todavia se lhe dar a forma de drama, nem explícita nem implicitamente."

No quarto estádio, temos, portanto: um poeta, diversas maneiras de sentir tão despersonalizadas que se expressam através de personagens-outras (não o poeta). No quinto estádio, temos um poeta que é vários poetas, possuindo estes várias maneiras de sentir. Ao passar de um estádio para o outro, o poeta faz variar a tal ponto as suas emoções e separa-se delas tão nitidamente que inicia um processo de devir-outro que leva ao nascimento de vários poetas ou de um poeta lírico dramático com várias personagens autônomas.

Será então um heterônimo o equivalente de uma personagem dramática de Shakespeare? Dever-se-á encarar Caeiro ou Campos como figuras de um "drama em gente, sem atos" – como se fosse possível obter poetas (no quinto grau de despersonalização) separando as personagens do seu drama, fazendo, por exemplo, muito simplesmente, monologar Hamlet ou Ofélia? Em que sentido se pode comparar o conjunto da heteronímia – essa constelação a formigar de gente, em que cada unidade está em relação com as outras, sofre influências poéticas, afirma as suas divergências de ideias, as suas admirações, as suas hesitações, ou até as suas "repugnâncias"[30] – a uma obra dramática, e cada heterônimo a um criador de um drama, como diz a "Tábua bibliográfica"?

"Suponhamos que um supremo despersonalizado, como Shakespeare, em vez de criar o personagem de Hamlet como parte de um drama, o criava como simples personagem, sem drama. Teria escrito, por assim dizer, um drama de uma só personagem, um monólogo prolongado e analítico. Não seria legítimo ir buscar a esse personagem uma definição dos sentimentos e dos pensamentos de Shakespeare, a não ser que o personagem fosse falhado, porque o mau dramaturgo é o que se revela."[31] Que quer dizer Hamlet não como "parte de um drama", mas "como simples personagem sem drama"?

Encontramos aqui toda a diferença entre o heterônimo e a personagem shakespeariana. A heteronímia é um drama "em gente", em que as

---

[30] "Um exemplo: escrevi com sobressalto e repugnância o poema oitavo do "Guardador de rebanhos" com a sua blasfêmia infantil e o seu antiespiritualismo absoluto" (OPP, I, p. 712).

[31] OPP, I, p. 712.

pessoas substituem os atos. Os "atos", quer dizer, a ação em cena, os gestos, as atitudes – nada disto é representado já num palco, mas decorre *dentro* da personagem, que não age. Por outras palavras, o heterônimo possui algo mais do que a personagem de teatro, algo que substitui a ação desta última, algo que faz dele uma *pessoa dramática*, mas sem ação. Ora, é a ação (teatral) que constitui toda a especificidade do drama cênico. É preciso, portanto, que esse "algo mais" que o heterônimo possui seja um substituto da ação, conservando, no entanto, todo o poder expressivo dramático desta última.

A ação, no drama, traduz-se, antes de mais, por acontecimentos. São acontecimentos que condensam expressivamente os conflitos, quer dizer, que os exprimem revelando-os (de certa maneira: teatral). Num heterônimo, a força dramática provém do fato de os acontecimentos se transformarem, na sua poesia, em *acontecimentos de sensação*. O que é um acontecimento de sensação? É aquilo que o sonho deve produzir na medida em que substitui e exprime a vida, por vezes melhor do que a própria vida; e o sonho abole a ação.

Sabemos que Fernando Pessoa escreveu vários textos para teatro, dos quais publicou um, "O marinheiro". Pretendia criar um gênero novo, o "teatro estático", que define num texto datado de 1913 ou 1914, como o gênero "cujo enredo dramático não constitui ação – isto é, onde as figuras não só não agem, porque nem se deslocam nem dialogam sobre deslocarem-se, mas nem sequer têm sentidos capazes de produzir uma ação; onde não há conflito nem perfeito enredo".[32] Do "Marinheiro", drama estático, está ausente toda a ação; há, no entanto, uma cena, personagens, e estes falam(-se) em prosa. As personagens de Shakespeare falam em verso, mas agem. Os heterônimos não falam uns com os outros, *escrevem*, e não agem. Produzem, escrevendo poesia, aquilo que a prosa do "Marinheiro" não consegue substituir: uma cena real; e aquilo que os versos dramáticos de Shakespeare não pretendem substituir: a ação.

Ora, a ação, numa cena teatral, só tem valor dramático enquanto acontecimento: acontecimento *visto* por um espectador. Na poesia dramática de Fernando Pessoa, o acontecimento não deve já ser visto, mas sonhado;

---

[32] O texto continua do seguinte modo: "Dir-se-á que isto não é teatro. Creio que o é porque creio que o teatro tende a teatro meramente lírico e que o enredo do teatro é, não a ação nem a progressão e consequência da ação – mas, mais abrangentemente, a revelação das almas através das palavras trocadas e a criação de situações [...] Pode haver revelação de almas sem ação, e pode haver criação de situações de inércia, momentos da alma sem janelas ou portas para a realidade" (OPP, III, p. 119).

não deve ser o resultado de uma ação, deve ser sentido. São acontecimentos de sensações: encontros, choques, conflitos, convergências, coincidências etc. de sensações. Não é por acaso que Pessoa, ao caracterizar o quinto grau da poesia lírica, insiste na "análise". Um heterônimo pode bem ser Hamlet monologando *analiticamente*: fazendo proliferar as sensações, multiplicando-as, a análise cria fluxos, intensidades, cada vez mais diversificadas, cada vez mais autônomas – daí, os "dramas".

Na dramaturgia heteronímica, os acontecimentos de sensações são construídos por pessoas independentes do poeta. Enquanto no drama cênico a ação suscita sensações, na poesia dramática elas são produzidas por versos; mas se, nos quatro primeiros graus da poesia lírica, os versos (portanto, as sensações) são criados quer por um temperamento, quer por estilos diversos, no quinto grau (poesia dramática), acontece algo insólito: é a *partir* de uma *pessoa-outra* (que não o poeta) que são construídos os poemas que o poeta escreve (e as sensações que os poemas induzem). É claro que só há um poeta "vivo": mas é, efetivamente, um outro que escreve "O guardador de rebanhos", porque o poeta "vivo" não o teria escrito se não se tivesse tornado outro, se não se tivesse tornado Caeiro. O heterônimo é, portanto, o poeta *a partir* do qual o "criador de tudo" escreve certos poemas que correspondem a grupos de estados de alma mais próximos. Que quer dizer tudo isto? Três coisas, essencialmente:

1. Que a ação e a cena teatrais são substituídas enquanto elementos criadores de acontecimentos (cênicos) pelo *sonho* ou poder de visão que acompanha a expressão poética. O sonho tomou o lugar da ação: primeiro, enquanto espaço ou campo imagético; depois, na medida em que, como vimos, o sonho tem a capacidade de reproduzir e recriar a vida. Mas essa transposição tem limites – precisamente os limites da imaginação, que aboliu totalmente a ação: de uma personagem de Shakespeare, por exemplo, de Hamlet (ou mesmo de uma personagem de romance), podemos imaginar muitas *coisas reais*, a sua psicologia, as suas reações e os seus gestos em situações inéditas. Porque a ação não foi apagada, a psicologia da personagem esboçou-se parcialmente em relação com os acontecimentos da vida. Podemos "prolongar", acrescentar sempre traços de comportamento ou de psicologia a estas personagens; enquanto a psicologia de Caeiro, os comportamentos e os gestos de Campos não são fáceis de imaginar – deixando, em todo o caso, uma larga margem de indeterminação à interpretação subjetiva.

A transposição completa da ação para o sonho faz necessariamente destes indivíduos *sonhadores*, já que eles próprios, nas suas produções, nos seus poemas, são obrigados a sonhar – a sonhar o real, que só pode ser reintroduzido por intermédio da técnica do sonho. Mas sonhar é produzir multiplicidades: eis que os heterônimos, múltiplos de Fernando Pessoa, são necessariamente criadores de outros heterônimos. Regressaremos a este ponto, que nos parece poder representar um elemento essencial da heteronímia.[33]

Retenhamos, de momento, o seguinte: o aparecimento de um heterônimo constitui um *acontecimento maior de sensações*, correspondendo ao mesmo tempo à criação da cena, da personagem e da ação no teatro. Tem, portanto, um valor de ação: no sonho que produzem (e que reproduzem) os versos de certo heterônimo, há também um percurso – multiplicidades e fluxos sensíveis-abstratos, cheios de acontecimentos de sensações... A heteronímia substitui a ação como trajeto, percurso, substitui a ação como produção de acontecimentos no teatro, apresentando-se como a produção de *outras* maneiras de sentir. Os heterônimos não se identificam, portanto, nem com personagens de romance nem com personagens de teatro.[34]

2. Se é a partir de uma pessoa(-outra) que se constroem os acontecimentos de sensações na obra heterônima e se este tipo de poesia substitui a ação e a cena, é porque qualquer coisa de específico do teatro (e comum à ação e à cena) passa para a poesia, o que não acontece em todas as formas poéticas. Este qualquer coisa é o tempo da vida (concentrado, transformado, "simbolizado" até, mas sempre real num palco de teatro, porque, se a vida é um teatro, o teatro também é uma vida).

No quinto grau de despersonalização, a unidade de estilo e a unidade última da consciência mais abstrata emigram para os heterônimos. De onde provém a originalidade, a marca específica do heterônimo? Cada um tem a sua unidade – mas esta é menos do que a unidade do "temperamento" (primeiro grau da poesia lírica), e mais do que a unidade

---

[33] O fato de cada heterônimo ser ele próprio múltiplo foi pertinentemente assinalado por Maria Teresa Rita Lopes na obra citada e em *Le Théâtre de l'Être* (Paris: Éditions de la Différence, 1985). Parece-nos, portanto, que não há motivo para fazer uma classificação dos heterônimos, situando-os nos diversos graus da escala da despersonalização (Rita Lopes cria dois novos graus), já que só o último grau produz a multiplicidade heteronímica. E como cada heterônimo prolifera também segundo multiplicidades...

[34] A primeira tese é a defendida por Adolfo Casais Monteiro, que vê nas "obras heterônimas de Fernando Pessoa [...] uma espécie de monólogos de personagens de romances", em *A poesia de Fernando Pessoa* (Lisboa: IN/CM, 1985, p. 70). Pelas mesmas razões, o "drama" de que fala Pessoa para caracterizar a sua obra é um drama sonhado e não comporta a dimensão da cena (ao contrário do seu teatro estático).

do estilo. Menos do que um poeta na sua "pessoa viva" e mais do que uma "personagem" de ficção. É mesmo mais do que uma ficção (recordemos as últimas linhas da "Tábua bibliográfica", em que Pessoa, com um humor ambíguo, afirma não saber se é mais real do que os seus heterônimos): o heterônimo tem um poder de criação espontânea que lhe é próprio. Esta unidade específica provém da natureza da sua temporalidade – não enquanto poeta singular, mas enquanto heterônimo.

Um traço comum à obra heterônima e ortônima caracteriza toda a poesia de Pessoa: esta é atravessada por um tempo que decorre como um *tempo de vida*; nem puramente subjetivo nem apenas objetivo, tece os acontecimentos de sensações e aparece ao leitor como a própria temporalidade das suas emoções. A poesia de Caeiro, de Reis, de Campos possui sempre esta espécie de transcendência imanente das sensações, que as coloca imediatamente ao alcance das nossas vozes mais anódinas ou mais secretas: isto deve-se ao tempo, à sua qualidade própria que consiste em restituir ao vivo a temporalidade do mundo. Caeiro e, sobretudo Campos – mas também os dois outros e Soares mais do que todos –, produzem um tempo imanente às múltiplas formas: rente às coisas, rente às sensações, rente à vida,[35] fazendo-nos sempre atravessar este imediato, abrindo-o para um "além"; é estranhamente um tempo de vida, não fictício, não imaginário (como se, por saber que o próprio tempo imaginário não escapa ao tempo, ele tivesse decidido recriar, *no tempo*, graças ao tempo – da emoção, do ritmo – um tempo mais real e mais vivo do que a vida).

A poesia de Pessoa é esta busca permanente de um tempo virgem, absolutamente desembaraçado de toda a entropia.[36] Tudo o que fixa, imobiliza, repete ou enquista, o horroriza. Horror tão profundo que, como diz Bernardo Soares num texto admirável, existe um cansaço ainda mais terrível do que o de existir – o de não poder ter existido.[37] Ter já existido

---

[35] O fato de Caeiro negar explicitamente o tempo em nada altera o que dizemos.

[36] "Ter já lido os Pickwick Papers é uma das grandes tragédias de minha vida (não posso tornar a relê-lo)" (LD, I, 218, p. 245).

[37] "Acontece-me às vezes, e sempre que acontece é quase de repente, surgir-me no meio das sensações um cansaço tão terrível da vida que não há sequer hipótese de ato com que dominá-lo. Para o remediar o suicídio parece incerto, a morte mesmo suposta inconsciência, ainda pouco. É um cansaço que ambiciona, não o deixar de existir – o que pode ser ou pode não ser possível –, mas uma coisa muito mais horrorosa e profunda, o deixar de sequer ter existido, o que não há maneira de poder ser."

"Creio entrever, por vezes, nas especulações, em geral confusas, dos índios qualquer coisa desta

é um peso para aquele que gostaria de libertar completamente a vida da sua inércia e o tempo da sua entropia.

Seria talvez necessário utilizar um termo teológico para exprimir essa qualidade do tempo da poesia de Pessoa – uma leveza que dele emana, uma "graça" que se desprende (mas não vem do alto) da própria espessura da vida, do que esta contém de mais pesado, de mais fático, bem como de mais espiritual. Em Caeiro, a pedra mais pesada torna-se ainda mais pedra quando passa a ser puro conjunto de formas, cores, luz; em Reis, a fuga do tempo torna-se suspensão controlada; em Campos, o fracasso da vida, o enquistamento do eu falhado tornam-se sublimes (não sublimados) graças a não se sabe que sortilégio que os faz aparecer na sua máxima nudez; em Fernando Pessoa "ele mesmo", as aporias do tempo ondulam na emoção. Dever-se-ia talvez chamar a esta espécie de graça imanente do tempo uma temporalidade do espírito: será apenas uma outra maneira de dizer o tempo abstrato, o tempo-todos-os-tempos da emoção intelectualizada.

Cada heterônimo tem a sua maneira de tornar abstrato o tempo – e de o recriar *na própria coisa*, como tempo da vida: como tempo às vezes subjetivo, às vezes objetivo, podendo tomar todas as formas do objetivo e do subjetivo e do objetivo-subjetivo, sempre como tempo segregado pela própria coisa, como tempo de uma emoção metafísica.

O modo como se exterioriza o espaço da sensação, que varia de Caeiro para Campos, de Campos para Reis e para Fernando Pessoa "ele mesmo" (e que varia ainda dentro da esfera própria de cada heterônimo), é o processo que permite ao tempo abstrato da emoção intelectualizada tornar-se "tempo da própria coisa".

Seria necessário analisar toda a poesia de Pessoa sob este ângulo essencial: de que modo o acontecimento de sensação como modo de formação cinética do espaço do corpo (enquanto espaço da emoção) cria uma temporalidade específica. A maneira como se "esculpe" a emoção de encontro à consciência implica uma construção do tempo segundo um modo específico.[38]

---

ambição mais negativa do que o nada" (LD, I, 211. p. 237). Cf. também LD, I, 73, p. 80: "Um desespero de consciência, uma angústia de existir preso a mim extravasa-se por mim todo sem me exceder, compondo-me o ser em ternura, medo, dor e desolação."

38 O tempo abstrato, o tempo-todos-os-tempos, atravessa o tempo da própria coisa e toma forma nele (por exemplo, "a véspera de uma partida"): de tal maneira que, em certo sentido, a poesia de Pessoa não é mais do que uma maneira de tornar *concretas*, e, portanto, de analisar, islar, abstrair e exprimir as múltiplas formas (heteronímicas) como vivemos o tempo. Eis um exemplo relativamente simples, entre tantos outros, muito mais complexos, da forma como

É este tempo vivo que confere à metafísica das sensações da poesia heterônima toda a sua força "persuasiva". Poesia que produz vida (como diz Pessoa, ao falar do artista apolíneo: acrescenta vida à vida): daí essa incomparável impressão de que ela fala em nós como uma (ou várias) vozes interiores, que tivessem sido nossas.[39] Talvez o seu poder de devir-outro, ampliado até à criação de heterônimos, nos torne a nós próprios os seus leitores heteronímicos, desenvolvendo as nossas próprias capacidades de devir-outro...

O "drama em gente" faz intervir forças em oposição, fluxos divergentes, em todos os heterônimos. Já não há ação, nem gestos; todos os atos e situações são condensados e expressos enquanto acontecimentos de sensações. A ação existe, a "cena", ou seja, o espaço, também: mas enquanto "gestos" e espaço da sensação. Elas estão presentes, e a prova disso é a

---

Campos trata o tempo (OPP, I, p. 1006):
   Na véspera de não partir nunca
   Ao menos não há que arrumar malas
   Nem que fazer planos em papel,
   Com acompanhamento involuntário de esquecimentos,
   Para o partir ainda livre do dia seguinte.
   Não há que fazer nada
   Na véspera de não partir nunca.
   Grande sossego já não haver sequer de que ter sossego!
   Grande tranquilidade a que nem sabe encolher ombros
   Por isto tudo, ter pensado o tudo
   É o ter chegado deliberadamente a nada.
   Grande alegria de não ter precisão de ser alegre,
   Como uma oportunidade virada do avesso,
   Há quantas vezes vivo
   A vida vegetativa do pensamento!
   Todos os dias sine linea
   Sossego, sim, sossego...
   Grande tranquilidade...
   Que repouso, depois de tantas viagens, físicas e psíquicas!
   Que prazer olhar para as malas fitando como para nada!
   Dormita alma, dormita!
   Aproveita, dormita!
   Dormita!
   É pouco o tempo que tens! Dormita!
   É a véspera de não partir nunca!

39 Seria preciso falar das sucessivas gerações de portugueses que se reconheceram (foi esse o termo incessantemente repetido) na poesia de Pessoa. O que levanta o problema, longamente analisado pelo poeta, da "representatividade do poeta de gênio".

qualidade do tempo desta poesia. Tempo vivo: negado, transformado e transposto, o tempo da ação dá origem ao plano poético, de tal forma que a obra de Pessoa nos coloca perante a própria origem do *tempo poético*.

A oposição ação/sonho (ou vontade/imaginação, ou realidade/sensação etc.) atravessa a poesia de Fernando Pessoa como um eixo principal, em torno do qual se organizam múltiplos temas;[40] e é a negação da ação, não o esqueçamos, que permite todo o trabalho da análise das sensações e do sonho. A elaboração poética desta oposição está no centro da poesia dramática: graças à duplicação da consciência, a essa mesma duplicação que constitui a heteronímia, a oposição torna-se tema, *ao mesmo tempo que absorve, torna abstrato e, de novo, vivo na poesia esse mesmo tempo que a consciência (ou a intelectualização) da emoção negou enquanto real*. A oposição na origem do sonho e da poesia torna-se assim um tema maior da poesia. Toda a heteronímia fala daquilo que a constitui, da fonte que a engendra: do tempo, desse tempo que se desenrola como a própria ação do ritmo poético.[41]

---

40 "Ah, quantos Césares fui!" – esta exclamação, que encontramos em vários heterônimos, é uma das expressões características daquilo a que Pessoa chamava, no plano psiquiátrico, a "abulia da sua vontade".

41 Aqui reside talvez o segredo do tempo peculiar da poesia de Pessoa: o tempo vivo como as origens, quer dizer, como o da narrativa mítica; mas de uma origem que nunca se tematiza enquanto tal – transformando-se não num "tempo mítico" (anterior ao passado), mas num tempo comparável ao da história do herói mítico.

Mais explicitamente: Lévi-Strauss mostrou, ao comparar a confecção de um mito a uma espécie de *bricolage*, que o simbólico só pode ser representado numa "estrutura mítica" pelo minúsculo, pelo pormenor, por pequenos fragmentos de coisas tomadas de empréstimo aos diversos códigos. Isto dá à narrativa mítica um tempo em relação imediata com o cotidiano, palavras, atividades, gestos, aparentemente insignificantes. De tal modo que se o cotidiano, quando analisado, se revela simbólico, é porque o simbólico é construído com aquilo que parece mais anônimo, mais cotidiano.

Toda a poesia de Pessoa é feita dos pormenores mais insignificantes. O cotidiano tem nela um papel essencial, sobretudo em Álvaro de Campos. Os acontecimentos de sensações parecem dar-se num tempo análogo ao tempo cotidiano do mito – sendo agido ou representado por uma personagem que se insere no cotidiano mais banal: estou cansado; fumo; fui ao restaurante; estou no cais; domingo irei para as hortas; não me peguem no braço! etc. Mas este tempo que se assemelha ao da narrativa mítica não se povoa de acontecimentos simbólicos (como diz Octavio Paz, em *O desconhecido de si mesmo (Fernando Pessoa)*, não é preciso ter as chaves de uma simbologia para penetrar na poesia de Pessoa). Álvaro de Campos o disse: "Símbolos? Estou farto de símbolos...", num poema que opõe aos símbolos (o sol, a lua, a terra) *o tempo que passa* entre eles, no real, como tempo de sensações: "Mas que símbolo é, não o sol, não a lua, não a terra/ Mas neste poente precoce e azulando-se/ O sol entre farrapos finos de nuvens,/ Enquanto a lua é já vista, mística, no outro lado,/ E o que fica da luz do dia/

3. Por fim, se cada heterônimo tem o seu universo próprio onde mergulha raízes para criar, é porque possui um horizonte poético específico. Tem a sua própria linguagem e o seu próprio espaço poético delimitando esferas que só a ele pertencem. Assim, só se dá o nascimento de um heterônimo quando o estilo remete para um horizonte próprio – para uma "pessoa". Repita-se: entre o quarto e o quinto graus de despersonalização, os estilos separam-se do seu único polo unificador – a consciência – para se prenderem a vários outros polos; ou seja: a consciência fragmenta-se por seu turno, multiplica-se (cissiparidade em abismo) e nascem pessoas-poetas. Estas só surgem, portanto, quando cada estilo se une de novo a uma consciência – não para compor de novo um poeta de tipo idêntico ao de um dos três graus anteriores, mas de maneira totalmente diferente. *O heterônimo não tem que refazer o trajeto da abstração da sensação, porque só sente com a consciência.* Como diz Pessoa, na carta citada a Gaspar Simões: enquanto dramático, construo "na emoção uma pessoa inexistente que a sentisse verdadeiramente, e por isso sentisse, em derivação, outras emoções que eu, puramente eu, me esqueci de sentir".

Esta passagem da carta é clara: o heterônimo pode "sentir", porque é poeta, mas um poeta que sente numa "expressão alheia" (a Fernando Pessoa); esta expressão, embora estranha, provém de uma "pessoa"; e, "por isso", pode até "sentir em derivação". Sentir assim só é possível porque o heterônimo possui uma linguagem poética singular: pode *criar* as suas próprias sensações, segundo o seu estilo, sem que por isso seja "personificado" num sujeito em carne e osso. Onde bebe, a que fundo

---

Doura a cabeça da costureira que para vagamente à esquina/ Onde se demorava outrora com o namorado que a deixou?/ Símbolos? Não quero símbolos.../ Queria – pobre figura de miséria e desamparo! –/ Que o namorado voltasse para a costureira."

A obra de Pessoa não seria, assim, mais do que uma falsa mitologia da dissolução dos mitos, minados que são pelo que os substitui: as multiplicidades, os heterônimos. Caeiro (tempo subjetivo objetivado, fim das significações), Reis (paganismo, cujos deuses só estão presentes para assegurarem a pluralidade das maneiras de sentir no presente instável), Campos (tempo das sensações), Fernando Pessoa "ele mesmo" (tempo intersticial, entre as sensações) constituiriam as figuras de tal mitologia, de que os acontecimentos de sensações seriam as "histórias" – histórias, todavia, de forças nuas. Por que esta digressão em torno da mitologia? Porque a poesia de Pessoa fala constantemente dos "deuses"; porque haveria vantagem em analisar toda a questão do neopaganismo em Pessoa sob este ângulo: a pluralidade dos deuses relaciona-se com a das sensações e com a dos heterônimos (entre os deuses e os homens, já não há ação heroica, mas apenas acontecimentos de sensações); finalmente, porque Pessoa escreveu um dia esta frase isolada: "Desejo ser um criador de mitos, que é o mistério mais alto que pode obrar alguém da humanidade" (data provável, 1930).

(emocional, linguístico e translinguístico) vai ele buscar com que sentir mais, sentir sempre outra coisa, explorar e ampliar o seu universo poético? No *horizonte* da sua própria linguagem, que lhe fornece com que criar como que um poeta autônomo vivo.

Damos aqui à noção de horizonte um sentido ao mesmo tempo próximo e diferente daquele em que a toma a fenomenalogia. É o fundo não dito, linguístico e não linguístico, para que remete a *expressão* poética.

Por que é que é tão difícil escrever numa língua que não é a nossa? Porque, se "não se possui de dentro [uma língua], isto é, com os pensamentos formados organicamente nela",[42] não nos é possível efetuar as operações necessárias à construção da expressão. Possuir uma língua por dentro é possuir os seus horizontes: uma vez pronunciadas ou escritas, cada palavra, cada expressão – e cada sensação e cada imagem por elas suscitadas – ecoam muito longe nesse fundo linguístico e translinguístico, através de ramificações infinitas, até ao mais profundo do nosso espírito e do nosso corpo. A zona de ressonância ou de irradiação (horizonte) desse eco reduz-se quando passamos da língua natal às línguas estrangeiras; e, dentro destas, ao passarmos das que dominamos melhor às que conhecemos mal. Eis por que Bernardo Soares, ao descrever esses momentos de estagnação, em que o mundo parece "oco", compara a perda da expressividade das coisas a uma escrita em língua estrangeira (como se as casas, os restos, fossem ditos "numa língua estrangeira").

O heterônimo, embora tendo uma "expressão alheia" à do seu "criador", conserva o horizonte que lhe permite criar e ser múltiplo – porque a sua obra resulta simplesmente da exploração deste horizonte original. E isto porque o seu autor é não uma personagem de teatro ou de romance (com horizontes psicológicos, sociais, comportamentais), mas uma pessoa cujo único horizonte é sensitivo e linguístico e que, embora presente no criador-vivo Fernando Pessoa, neste permanece soterrado, não expresso, não dito; e que, estando ausente (como horizonte, por assim dizer, "carnal" prévio) num Campos ou em Caeiro, é neles sempre expresso e *exprimível*, porque só se exprime quando se "transmuta" e se transporta para as personagens dos heterônimos: o horizonte é um

---

[42] Carta a Luís Moitinho de Almeida de 9/11/1931 (OPP II, p. 319), que continua do seguinte modo: "Eu mesmo, como sabe, sei alguma coisa de francês, mas não escreveria um livro nessa língua, a não ser sob ameaça de fuzilamento ou coisa parecida. Publiquei três poemas em francês – por sombra de brincadeira – em um número da *Contemporânea*, e um amigo meu, profundo conhecedor do francês, pediu-me para não repetir a proeza. Os meus poemas eram decentemente em francês, mas, apesar disso, simplesmente não existiam".

horizonte por descobrir, por exprimir, existe no heterônimo sob um modo "protensivo" – no que se apresenta como tempo vivo, por viver.

O "universo" de cada heterônimo compõe-se, assim, das sensações expressas e do seu horizonte ainda por dizer. Como escreve Pessoa, cada "grupo de sensações aproximadas" e "duradouras" forma um autor diferente: um heterônimo caracteriza-se por *uma* maneira de sentir; mas, porque é "uma pessoa sonhada" (no sentido que Pessoa dá ao sonho), prolifera, tem ele próprio múltiplas maneiras de sentir – o que o diferencia radicalmente de uma personagem de teatro, de um Hamlet, por exemplo, que só exprime uma das inúmeras maneiras de sentir de Shakespeare. Ao ponto de podermos imaginar que um heterônimo duplica a sua consciência e cria por cissiparidade os seus próprios satélites: a constelação amplia-se, os discípulos, os seguidores e os adeptos proliferam.

×××

O devir-heterônimo distingue-se do simples devir-outro por produzir alguém capaz de criar literariamente: o heterônimo é um criador, alguém que analisa as sensações, criando séries e multiplicidades. O heterônimo, resultado de um devir-outro, possui, por seu turno, a propriedade de devir-outro. Assim se explica, sem dúvida, que Alberto Caeiro tenha imediatamente suscitado discípulos...

Com efeito, cada poeta da constelação nuclear é múltiplo. Para começar, Caeiro, em quem seria, na aparência, difícil conceber multiplicidades (a partir das emoções). E, todavia: "Sou um guardador de rebanhos./ O rebanho é os meus pensamentos/ E os meus pensamentos são todos sensações";[43] "E se desejo às vezes/ Por imaginar, ser cordeirinho/ (Ou ser o rebanho todo! Para andar espalhado por toda a encosta/ A ser muita coisa feliz ao mesmo tempo)".[44] Caeiro transforma-se em cada uma das partes desse conjunto sem totalidade que é a Natureza.[45]

Ricardo Reis:

Vivem em nós inúmeros;
Se penso ou sinto, ignoro
Quem é que pensa ou sente.

---

43 OPP, II, p. 754 (IX).
44 OPP, II, p. 741 (I).
45 "Como o panteísta se sente árvore e até flor, eu sinto-me vários seres" (OPP, II, p. 1014).

Sou somente o lugar
Onde se sente ou pensa.

Tenho mais almas que uma.
Há mais eus do que eu mesmo.
Existo todavia
Indiferente a todos.
Faço-os calar: eu falo.[46]

Reis é um outro em cada presente que surge, para depois se desmoronar no fluxo do tempo. A tônica posta na unidade da singularidade, mais do que na multiplicidade (ao contrário de Campos), provém do fato de Ricardo Reis lutar contra a morte e o tempo, desdobrando e fixando cada um dos múltiplos instantes presentes.

Fernando Pessoa ortônimo reúne em si vários regimes de produção de multiplicidades: séries de sensações diversas no tempo, como em Reis, de sensações "inconscientes" e "conscientes", sentidas e pensadas, de sensações do eu e da singularidade. E, inevitavelmente – porque isso faz parte da lógica da heteronímia –, escreve um poema sobre o seu poder de multiplicação:

Chegado aqui, onde hoje estou, conheço
Que sou diverso no que informe estou.
No meu próprio caminho me atravesso.
Não conheço quem fui no que hoje sou.
Serei eu, porque nada é impossível,
Vários trazidos de outros mundos...[47]

Quanto a Campos e a Soares, temos constantemente mostrado que são múltiplos. Campos é até o grande especialista das multiplicidades, contém em si, prontos a desencadearem-se, os ritmos e os estilos de Reis, de Pessoa "ele mesmo", de Caeiro e até de Bernardo Soares.[48]

---

46 OPP, II, p. 859.
47 OPP, II, p. 323.
48 Uma breve observação sobre as *Cartas de amor*, onde há também produção de heterônimos. É evidente que a relação amorosa de Pessoa com Ofélia desencadeou vários devires-outros, atraiu alguns heterônimos e produziu outros: as assinaturas de Íbis e de Álvaro de Campos são disso testemunho; mas é frequente uma única carta (como a que abaixo transcrevemos)

A lógica da proliferação heteronímica exige que cada heterônimo se torne vários. Sendo também um criador de multiplicidades, ele está condenado a produzir outros heterônimos. E, mais cedo ou mais tarde, a encontrar no seu caminho, ou seja, no seu fluxo emocional, um dos seus companheiros de heteronímia. Assim, encontramos em toda a parte, em todos os heterônimos, e não apenas em Bernardo Soares, vestígios (versos, ritmos, temas, estilos) de todos os outros heterônimos. À esquina

---

conter em si muitos outros – percorrida como é por vários fluxos emocionais divergentes e descosidos. Com efeito, trata-se antes de mais nesta relação amorosa de um devir-criança, que é ele próprio um múltiplo devir – de onde a complexidade deste gênero de heteronímia e de tudo o que acompanha: há aqui um devir autêntico, mas também pseudonímia e mesmo a ironia desse devir.

Meu Bebê pequeno e rabino:

Cá estou em casa, sozinho, salvo o intelectual que está pondo o papel nas paredes (pudera! havia de ser no teto ou no chão); e esse não conta, E, conforme prometi, vou escrever ao meu Bebezinho para lhe dizer, pelo menos, que ela é muito má, exceto numa coisa, que é na arte de fingir, em que vejo que é mestra.

Sabes? Estou-te escrevendo mas não estou pensando em ti. Estou pensando nas saudades que tenho do meu tempo da caça aos pombos; e isto é uma coisa, como tu sabes, com que tu não tens nada...

Foi agradável hoje o nosso passeio – não foi? Tu estavas bem-disposta, e eu estava bem-disposto, e o dia estava bem-disposto, também. (O meu amigo, não. A. A. Crosse: está de saúde – uma libra de saúde por enquanto, o bastante para não estar constipado.)

Não te admires de a minha letra ser um pouco esquisita. Há para isso duas razões. A primeira é a de este papel (o único acessível agora) ser muito corredio, e a pena passar por ele muito depressa; a segunda é a de eu ter descoberto aqui em casa um vinho do Porto esplêndido, de que abri uma garrafa, de que já bebi metade. A terceira razão é haver só duas razões, e portanto, não haver terceira razão nenhuma. (Álvaro de Campos, engenheiro.)

Quando nos poderemos nos encontrar a sós em qualquer parte, meu amor? Sinto a boca estranha, sabes, por não ter beijinhos há tanto tempo... Meu Bebê para sentar ao colo! Meu Bebê para dar dentadas! Meu Bebê para... (e depois o Bebê é mau e bate-me...) "Corpinho de tentação" te chamei eu; e assim continuarás sendo, mas longe de mim.

Bebê, vem cá; vem para o pé do Nininho; vem para os braços do Nininho; põe a tua boquinha contra a boca do Nininho... Vem... Estou tão só, tão só de beijinhos...

Quem me dera ter a certeza de tu teres saudades de mim a valer. Ao menos isso era uma consolação... Mas tu, se calhar, pensas menos em mim que no rapaz do gargarejo, e no D. A. F. e no guarda-livros da C. D. C.! Má, má, má, má, má...!!!!

Açoites é que tu precisas.

Adeus; vou-me deitar dentro de um balde de cabeça para baixo, para descansar o espírito. Assim fazem todos os grandes homens – pelo menos quando têm – 1º espírito, 2º cabeça, 3º balde onde meter a cabeça.

Um beijo só durando todo o tempo que ainda o mundo tem que durar, do teu, sempre e muito teu
Fernando (Nininho)
5/4/1920 (OPP II, pp. 241-2).

de um verso de Campos, encontramos Caeiro:[49] Fernando Pessoa "ele mesmo" espreita em Reis etc. Assim se formam, como já assinalamos, grupos e ramificações. É esta lógica que se encontra subjacente à intertextualidade em Pessoa.

Porque, como ele próprio diz numa carta a Cortes-Rodrigues, o poeta passou a vida a "recolher diversas maneiras de sentir". Na fonte de onde jorra a heteronímia, há uma ou várias sensações analisadas de diversas maneiras, partindo em direções diferentes. Há, portanto, ritmos primeiros que, com a análise, se desdobram e tomam múltiplos caminhos e novas formas ainda. Não esqueçamos que se, por um lado, o devir-outro isola, autonomiza e separa uma sensação, "dando-lhe uma alma", por outro, está sempre a produzir inúmeras ramificações dessa mesma sensação. Todo o processo de construção da emoção metafísica o implica: sonhar é transformar a sensação, dar-lhe um "além", um "halo". Halo que permitirá que a sensação adquira uma forma; e a sua forma emocional ser-lhe-á dada pelo ritmo da linguagem poética. Mas esta forma (no verso) não pode deixar de produzir outras *sensações poéticas*, cujo halo suscitará outras construções – de formas, de fluxos, de multiplicidades.[50]

Podemos, assim, considerar que os grupos de sensações (de que as mais próximas entre si constituirão uma maneira heterônima de sentir) se formam por *contágio*,[51] quer dizer, por aproximação mimética entre as sensações, que pode ser provocada por uma simples mudança de ponto de vista.

Vistos de certo ângulo, Caeiro, Fernando Pessoa ortônimo, Reis, Campos, Soares pertencem a uma constelação nuclear; de outro ângulo, Pessoa, Campos e Soares formam uma tríade; e podemos continuar: em certos pontos, Campos está mais próximo de Caeiro do que Reis;

---

[49] Por exemplo, a forma rítmica e até certo ponto a ideia do verso de "Tabacaria" (1928): "Come chocolates, pequena!", encontra-se já num verso de Caeiro de 1915 ("Poemas inconjuntos"): "Brinca na poeira, brinca!" – injunção dirigida a uma criança suja.

[50] O halo (que inclui todo o horizonte linguístico e emocional da sensação) acrescenta aos contornos do "percebido" outros contornos e outros espaços. O halo resulta do espaço da emoção (não da experiência emocional do espaço, mas do espaço da experiência emocional), que é o espaço do corpo. A emoção artística é o espaço da emoção a que se deu uma forma; a forma emocional da sensação funde-se com o ritmo das palavras. O que é uma outra maneira de dizer que a metafísica das sensações é a própria poesia.

[51] Bernardo Soares utiliza a palavra "epidêmico" para falar do regime de intensidade das sensações, aguçadas pela consciência, quer dizer, trabalhadas literariamente: "E como o pensamento, quando alberga a emoção, se torna mais exigente que ela, o regime de consciência em que passei a viver o que sentia, tornaram-me mais cotidiana, mais epidêmica, mais titilante a maneira como sentia" (LD, II, 317, p. 49).

ou então, Soares é mais do que Caeiro o "mestre", ou tronco, de onde partem todos os heterônimos; etc. A possibilidade destas combinações liga-se à própria natureza do devir: cada nova multiplicidade comporta singularidades, das quais cada uma é suscetível de ser vista a outra luz, de outro "ângulo" – já que o devir-outro não é mais do que o culminar do processo que se iniciou com uma perspectivação particular; dois pontos de vista diferentes podem encontrar-se sobre a mesma linha de fluxo (ou, se se quiser: na linha de fuga de uma terceira perspectiva). Assim se formam interseções, ramificações laterais de sensações. Criadores de multiplicidades, os heterônimos começam a fervilhar, a produzir – versos e prosa, sendo sempre as ideias também sentidas –, a dirigir poemas uns aos outros (de Campos a Caeiro), a sustentar discussões teóricas sobre a arte poética, a entrevistar-se, a escrever uns para os outros prefácios de livros, a redigir futuros artigos de crítica literária, panfletos etc. etc.:[52] toda uma multidão de grupos, de cachos, de singularidades e de multiplicidades, percorridas por constantes tensões – forças de atração e repulsão, qualidades ou tonalidades de sensações que aproximam ou afastam entre si dois ou três heterônimos. Seria interessante seguir o efeito destas forças localizando os pontos de interseção, de limite ou de fronteira, de passagem, de queda, de absorção. Tudo isto forma, muito exatamente, "rizoma",[53] e passa-se num plano que estas forças atravessam: plano de consistência de heteronímia, que reproduz e contém em si o plano de consistência de cada heterônimo.[54]

×××

Assim, a heteronímia é um fenômeno de multiplicidades que surge como o plano de resolução dos problemas colocados pela estética de Pessoa. Eis que um poeta pode tornar-se dois, três, um número indefinido de outros poetas; possibilidade que é, afinal, uma necessidade se atentarmos na lógica do processo literário expressivo. Agora, no plano de consistência da

---

[52] Poderíamos ser tentados a dizer que Fernando Pessoa recriou assim, no plano do sonho, um universo literário que não conheceu no real – fazendo da carência a mola da heteronímia (e desse universo literário o seu modelo). Mas seria um erro, porque é evidente que 1) este sonho interfere na realidade e é, num certo sentido, tão real como ela; 2) que este movimento não pressupõe a cópia de um modelo de um mundo literário, real ou não, mas uma outra lógica.

[53] Com efeito, ver *Mil platôs* ("1. Introdução: Rizoma").

[54] Ver acima, a propósito do plano de consistência da "Ode marítima", o capítulo II.

heteronímia, é possível ser-se ao mesmo tempo dois universos com dois tempos e dois espaços diferentes; é-se mesmo obrigado a sê-lo, já que a heteronímia permite obter a expressão mais variada, mais intensa e mais inesgotável – pois não é ela uma máquina de produzir multiplicidades, de fazer proliferar as maneiras de sentir, e explorar cada vez mais sensações?

Retomemos a pergunta inicial, aquela que dominava todo o programa experimental de Pessoa: como sentir tudo de todas as maneiras? Conhecemos agora a resposta última a esta pergunta: criando heterônimos.

Para sentir tudo de todas as maneiras, é preciso devir-outro, engendrar o máximo de multiplicidades e pontos de vista sobre mim próprio: exprimo-me o mais completamente possível e da maneira mais intensa exteriorizando-me. E a expressão mais intensa e mais diversa só pode ser obtida através da linguagem poética: a expressão literária de uma sensação representa a própria essência ("essência requintada") dessa sensação. Ora, o que é um heterônimo? Um dispositivo de produção de *sensações literárias* e de multiplicação dessas sensações.

Temos, assim, dois eixos de expressão: um, vertical, vai da sensação à consciência da consciência da sensação e à sua expressão literária; o outro, horizontal, vai de uma singularidade heteronímica a outra. Paradoxalmente, estes dois eixos constituem apenas um, ou antes, cada processo que segue um deles pressupõe o outro. Para criar um heterônimo, é preciso devir-outro, "despersonalizar-se", tornar-se uma singularidade plástica ("si próprio") capaz de se metamorfosear – e metamorfose é apenas uma análise, como migração para a consciência de um outro,[55] de sensações; apenas uma captação de sensações por uma consciência, uma duplicação, acompanhada de cisão, da consciência. Reciprocamente, todo o processo vertical de análise de sensações constitui um devir-outro que desemboca na expressão literária: na passagem da sensação à consciência da consciência da sensação, esta última modifica-se, o "sujeito" torna-se múltiplo, transformando-se em múltiplas sensações. O movimento da expressão poética, ou da construção da linguagem poética a partir das sensações (analisadas na origem), repete o devir-outro-heterônimo. Eis por que a heteronímia é a verdadeira essência da alquimia da linguagem poética, a essência do trabalho poético: tornar-se poeta, para Fernando Pessoa, é ser capaz de criar heterônimos. Neste sentido, toda a poesia é, na sua latência, e independentemente da sua expressão particular num ou noutro poeta, heteronímica.

---

[55] "Sou um nômade da consciência de mim" (LD, II, 318, p. 50).

3. A ARTE DA INSINCERIDADE

Por ser um dispositivo para criar multiplicidades, o heterônimo vive de uma certa distância de si a si, como qualquer sujeito do devir. Mas em que sentido devemos entender esta proliferação das multiplicidades (graças aos mesmos processos que acompanham todo o devir-outro), se o heterônimo é, de certo modo, uma "pessoa inexistente"? E, no entanto, é preciso que de algum modo seja Caeiro e não o sujeito do devir "Fernando Pessoa" que engendra as suas próprias multiplicidades (diferentes das de um Reis).

Duas condições devem ser satisfeitas para que se constitua o dispositivo heteronímico: 1. que a esfera de cada heterônimo seja suficientemente "plástica" para que o sujeito do devir *aí* possa desenvolver as suas capacidades de metamorfose; 2. que essa esfera comporte também o contrário desse sujeito: um eu fixo e unificador.

1. Quando Pessoa, ao falar da construção de um dos primeiros poemas de Campos, "Opiário", se refere a um duplo poder de despersonalização, indica o mecanismo específico da criação de multiplicidades no interior da esfera de cada heterônimo: "Quando foi da publicação de *Orpheu* [a revista do movimento sensacionista], foi preciso, à última hora, arranjar qualquer coisa para completar o número de páginas. Sugeri então ao Sá-Carneiro que eu fizesse um poema 'antigo' do Álvaro de Campos – um poema de como Álvaro de Campos seria antes de ter conhecido Caeiro e ter caído sob a sua influência. E assim fiz o 'Opiário', em que tentei dar todas as tendências latentes de Álvaro de Campos, conforme haviam de ser depois reveladas, mas sem haver ainda qualquer traço de contato com o seu mestre Caeiro. Foi dos poemas que tenho escrito, o que me deu mais que fazer, pelo duplo poder de despersonalização que tive que desenvolver. Mas, enfim, creio que não saiu mal, e que dá o Álvaro em botão...".[56]

Duplo poder de despersonalização: o sujeito do devir-heterônimo já não se limita *simplesmente* a refletir-se sobre si próprio para produzir Campos; reflete-se sobre si *dentro da esfera de Campos,* fazendo este último reduplicar-se, analisando e intelectualizando as sensações *de Campos* – as sensações de Campos antes mesmo de ele se ter tornado Campos (o que é verdadeiramente extraordinário, mas de modo nenhum contraditório): desenrolando o devir-heterônimo o próprio processo de criação poética, é possível analisar poeticamente este processo graças à mesma técnica.

56 OPP, II, p. 342.

2. Todavia, só é possível exercer o poder do devir-heterônimo no interior da esfera de um heterônimo se este comportar, por seu turno (como Fernando Pessoa), dois polos opostos: ao lado da singularidade-Caeiro, que se caracteriza pela ausência de "personalidade" e pelo poder de metamorfose, existe um Caeiro-Eu, que possui uma psicologia e um estatuto social. É característica própria do heterônimo conter em si – ou definir-se por – estes dois polos. É preciso que uma unidade macroscópica seja dada no heterônimo: é preciso que ele tenha um nome, um caráter, uma biografia. Isso é condição para que se possa realizar a desestruturação do eu e, ao mesmo tempo, o devir-outro e a criação literária; é preciso que Álvaro de Campos tenha um "território", um eu, que se diga engenheiro naval, formado em Glasgow etc., para se poderem construir planos de consistência onde passam fluxos de energia que dissolvem esse eu.

Mas não é de modo idêntico que se produz um heterônimo e que a ele se prende um (ou vários) eu(s) fictício(s). Trata-se de duas operações diferentes que é preciso distinguir, sob pena de tornarmos a cair nos inextrincáveis mal-entendidos que fazem de cada heterônimo um "eu" e do poeta Pessoa um ser (um eu) dilacerado entre a vida e o sonho, entre a unidade e a multiplicidade, entre o seu poder de simulação e o seu desejo de "ser verdadeiro". Problema que ressurge quando se coloca a (falsa) questão de saber que parte de "verdade" ou de "autenticidade" e que parte de simulação gratuita encerra a obra heterônima.[57]

O poeta-heterônimo, enquanto "outro", resulta da operação da consciência que designamos por "cissiparidade em abismo". Este outro poeta define-se na sua esfera sensitiva e linguística agora delimitada por uma distância interna de si a si e pela que separa a singularidade de um eu. A singularidade (por exemplo: a singularidade-Caeiro) reúne-se ao sujeito-do-devir-criador-de-tudo, mas na sua esfera específica (a de Caeiro). O mesmo acontece com o eu, construído, porém, de modo um pouco diferente: o engenheiro naval Campos pode também reunir-se ao sujeito Campos, a quem foi dado um nome, um estatuto social, uma fisionomia física e psíquica.

---

[57] Quanto a este ponto, certa exegese pessoana não se divide já entre aqueles que veem na heteronímia um jogo destinado a mistificar toda a gente e aqueles que fazem dela uma tragédia abissal do homem Pessoa, em busca de identidade, da unidade perdida do eu etc. A fronteira desloca-se ligeiramente e passou a formular-se nos termos, que já não sei se distinguimos muito bem, da alternativa (que tende, portanto, a desaparecer): teatro ou tragédia real do eu.

Nesta construção reside a originalidade de Pessoa: mais do que o dizer-nos que é possível "despersonalizar-se", desconstruindo o eu, ele mostra-nos que este é construído e como se constrói.

×××

O artifício, a simulação, a insinceridade são três maneiras diferentes de designar o trabalho da arte, segundo se parta dos meios utilizados, do devir-outro ou da relação vida-literatura. Se o heterônimo se define pela distância que nele se instalou entre a unidade da singularidade e a unidade do eu, é porque, enquanto criador poético, ele precisa de artifício. A expressão poética exige-o, tal como exige a simulação e o devir da singularidade.

O artifício começa pela necessária transformação "bruta", puramente sentida ou vivida, em sensação literária: e conhecemos todas as operações intermédias da consciência. Melhor: conhecemos a relação entre todo este trabalho da consciência e o devir-outro. Ora, Fernando Pessoa associou, por vezes explicitamente, a produção de multiplicidades e a insinceridade.[58]

O texto, já citado,[59] sobre as diferentes etapas que a consciência deve percorrer para chegar à expressão (como consciência da consciência da sensação) termina com um parágrafo que não deixa dúvidas quanto a este ponto. Trata-se da descrição do estádio último de elaboração da sensação: "Mas, quando a sensação passa a ser intelectualizada, resulta que se decompõe. Porque – o que é uma sensação intelectualizada? Uma de três coisas: a) uma sensação decomposta pela análise instintiva ou dirigida, nos seus elementos componentes; b) uma sensação a que se acrescenta conscientemente qualquer outro elemento que nela, mesmo indistintamente, não existe; c) uma sensação que de propósito se falseia para dela tirar um efeito definido, que nela não existe primitivamente. São estas as três possibilidades da intelectualização da sensação."[60]

Nos três casos, há multiplicação das sensações ou transformação da sensação inicial, de tal forma que, em relação ao número de sensações do início, existe agora pelo menos o dobro: as primitivas, "naturais", e as

---

58 Cf., por exemplo, o texto já citado (LD, 25, p. 28), sobre a multiplicidade dos devires-outros, que começa do seguinte modo: "O meu hábito vital de descrença em tudo, especialmente no instintivo, e a minha atitude natural de insinceridade...".

59 Ver capítulo II.

60 PI, p. 193.

literárias ou expressivas, "artificiais". Ora, este processo é precisamente equivalente a esse "nomadismo" da consciência que, no devir-heterónimo, viaja de uma sensação (de outrem) para outra (de um outro outrem). E o devir-heterónimo, não o esqueçamos, equivale a uma intelectualização da emoção, já que o poeta dramático, no quinto grau da despersonalização, já só sente com a consciência de um outro. Vemos, uma vez mais, sobrepor-se o eixo vertical e o eixo horizontal da criação poética. São duas maneiras de dizer que já não é a sensibilidade que sente, mas a consciência ou o "pensamento".

Aqui reside toda a arte da insinceridade. Trata-se de criar uma sinceridade mais profunda do que a sinceridade ingénua, não trabalhada, do puro vivido não artístico. É por isso que, num texto[61] em que, a dado momento, estabelece uma classificação das emoções que produzem a grande poesia, Pessoa escreve, a propósito da última categoria, a das "falsas emoções, ou seja, sentidas no intelecto": "Não é a insinceridade, mas a sinceridade transposta [ou traduzida: *translated sincerity*], que é o fundamento de toda a arte".

Assim, entre o plano da vida e o da arte, há continuidade e ruptura. A arte expressa a vida vivida, mas acrescentando-lhe um artifício; ao fazer isto, expressa-a e a reproduz de maneira ainda mais "verdadeira";[62] porque viver é não saber sentir, é sentir de maneira confusa, misturando (porque uma sensação contém múltiplas outras). Só a arte permite aprender a sentir, sentir melhor, sabendo o que se sente e sentindo mais intensamente. Neste sentido, a arte prolonga a vida.

Mas, se considerarmos a maneira como a arte transforma as sensações, como as torna abstratas, como a consciência abstrata da sensação se torna por sua vez sensível, graças à linguagem poética, suscitando o mesmo tipo de emoções que a vida, mas mais "requintadas", mais intensas – poderemos então dizer que a arte entra em ruptura com a vida; poderemos dizer que o poeta é um simulador.

O célebre poema "Autopsicografia" apresenta de modo condensado todo este processo: as duas dores correspondem ao primeiro e ao último estádio de elaboração da sensação, a sensação "puramente tal" e a sensação "intelectualizada" que é fingida, mas, porque fingida segundo as regras da arte, mais "verdadeira" do que a emoção não trabalhada. A última quadra opõe o coração-comboio-brinquedo à razão, a ingenuidade

---

[61] "Erostratus" (OPP, III, p. 36; §29, p. 63).
[62] "[A literatura] simula a vida" (LD, II, 505, p. 251).

da vida e a espontaneidade da sinceridade ao artifício da razão. Além disso, a imagem do comboio remete, talvez, para o sonho como viagem...

O poeta que sente com a consciência já não é o mesmo que aquele que sente espontaneamente a emoção. Como vimos, a intelectualização da emoção induz um devir: o elemento que transforma a sensação, "decompondo-a", transforma também o sujeito que a vive. O artifício que constitui o poder de expressão, o "fingimento" que se imprime à sensação primitiva, obtém-se graças à operação de cissiparidade, que instaura, ao mesmo tempo, um "outro". O elemento estranho, que se acrescenta à sensação primeira, para melhor a exprimir, pode situar-se muito longe dela quanto ao seu conteúdo; mas deve ter uma forma muito próxima ou mesmo idêntica.

Suponhamos que tenho uma sensação particular que quero exprimir poeticamente. Trabalharei essa sensação de modo a torná-la acessível a todos, tentarei, portanto, sentir como um outro, por exemplo, como um indivíduo "comum", e transferirei a sensação primitiva para o plano da linguagem poética: transferência que implica um devir-homem comum, o qual resulta da análise da sensação, da sua abstração, que dá *forma* à emoção, por fim da sensibilização desta forma abstrata – e todo este trabalho literário constitui o meio específico da arte de *simular*:

"Suponha-se que, por um motivo qualquer, que pode ser o cansaço de fazer contas [B. Soares é ajudante de guarda-livros] ou tédio de não ter que fazer, cai sobre mim uma tristeza vaga da vida, uma angústia de mim que me perturba e inquieta. Se vou traduzir esta emoção por frases que de perto a cinjam, quanto mais de perto a cinjo, mais a dou como propriamente minha, menos, portanto, a comunico a outros. E, se não a comunicá-la a outros, é mais justo e mais fácil senti-la sem a escrever.

"Suponha-se, porém, que desejo comunicá-la a outros, isto é, fazer dela arte, pois a arte é a comunicação aos outros da nossa identidade íntima com eles; sem o que nem há comunicação nem necessidade de a fazer. Procuro qual será a emoção humana vulgar [variante: geral] que tenha o tom, o tipo, a forma desta emoção em que estou agora, pelas razões inumanas e particulares de ser um guardalivros cansado ou um lisboeta aborrecido. E verifico que o tipo de emoção vulgar que produz, na alma vulgar, esta mesma emoção é a saudade da infância perdida.

"Tenho a chave para a porta do meu tema. Escrevo e choro a minha infância perdida;[63] demoro-me comovidamente sobre os pormenores de

---

63 Convém assinalar a este propósito que Fernando Pessoa sempre negou ter saudades da infância (insistiu nisso e com muita clareza, distinguindo nomeadamente a nostalgia da infância

pessoas e mobília da velha casa na província; evoco a felicidade de não ter direitos nem deveres, de ser livre por não saber pensar nem sentir – e esta evocação, se for bem feita como prosa e visões, vai despertar no meu leitor exatamente a emoção que eu senti, e que nada tinha com infância.

"Menti? Não, compreeendi. [...] A mentira é simplesmente a linguagem ideal da alma..."[64]

Escrevo e choro..., torno-me outro. Simular é devir-outro. A singularidade pode tomar a forma de um eu e fingir o seu próprio contrário, um sujeito profundo, com a sua unidade substancial e a sua psicologia.

Como se constrói este eu, inverso da singularidade, o outro polo do heterônimo (será, eventualmente, o que faz Álvaro de Campos na "Ode marítima")? Enquanto figura poética expressiva, resulta de todas as operações que formam o devir-outro. Todavia, é preciso distinguir claramente entre o heterônimo e a figura do eu: esta última (sob todas as modalidades que vemos em Álvaro de Campos, por exemplo – eu falhado, eu ideal) permanece realmente como uma ficção, uma representação, uma imagem. Se há devir-outro (já muito peculiar), não há devir-heterônimo na construção do "eu". Seria, aliás, contraditório, uma vez que o eu se define pela sua fixidez e a singularidade heteronímica pela sua plasticidade e capacidade de moldar-se às sensações alheias.

A construção do eu pressupõe assim um devir-outro, e as sucessivas duplicações da consciência que intelectualizam a emoção. Porque o eu é, antes de mais, uma sensação – por exemplo, a sensação de "não ser nada": não sou ninguém, não sou nada. Ora, aqui, as duplicações da consciência, em vez de abrirem o espaço da sensação,[65] encerramno progressivamente; o movimento não é nem centrífugo nem descentrador ou de expansão, mas centrípeto e de retração. Isto vê-se claramente pelo modo como a consciência, através daquilo que chamamos "inclusão especular", exteriorizando cada vez mais a sensação, abrange um espaço cada vez mais vasto à medida que se alarga o espaço das imagens objetivas. É uma "consciência do corpo", segundo a expressão do próprio Pessoa, e o corpo está em vias de se tornar corpo sem órgãos. Enquanto consciência do corpo, deixa de se apresentar como consciência de um sujeito ou de

---

e do passado da saudade de pessoas que conhecera outrora e que, entretanto, haviam desaparecido), embora este tema surja muitas vezes na sua obra. Mas continua a não se lhe dar ouvidos, a não se ter em conta a construção da emoção "saudade da infância perdida".

64 LD, II, 504, pp. 249-50.

65 Como vimos para o processo de elaboração do plano de consistência na "Ode marítima".

um eu (em vias de dissolução): daí, como vimos, esse regime particular da consciência em Pessoa, que se caracteriza pelo "nevoeiro" ou "névoa".

É bem diferente o regime da consciência na formação do eu. O que a duplicação da consciência conseguira paradoxalmente – desligar-se do sujeito-eu para se ligar apenas à sensação, depois "sensação de consciência" na emoção metafísica – vai aqui ser negado: a consciência vai fixar-se, concentrar-se obsessivamente no sujeito, captá-lo, dar-lhe os seus contornos, iluminá-lo e, em certo sentido, criar efetivamente o eu, como um brinquedo novo (mas de antiga tradição).

Como é que a consciência realiza a fixação do sujeito? Criando uma "consciência de si": a duplicação não seguirá a via habitual (consciência da sensação, consciência da consciência da sensação), mas partirá do próprio intervalo entre consciência e sensação (aparentemente, como para a formação do heterônimo Fernando Pessoa "ele mesmo"): deste intervalo far-se-á *uma* sensação, como sensação de intervalo, de distância ou de *vazio*. Trata-se, é claro, dessa mesma distância de si a si, da sensação à consciência que constitui o ponto de partida da multiplicação das sensações e da proliferação dos devires-outros. Mas, agora, em vez de aplicar a consciência sobre a sensação ou sobre a consciência da sensação (cindindo esta última, decompondo-a, analisando-a), aplicamo-la sobre a distância entre a sensação (uma sensação qualquer) e a própria consciência: afasta-se, assim, o conteúdo da sensação, para se considerar apenas o fosso que a separa da consciência. Construindo deste modo a *sensação de vácuo* – a consciência, na sua segunda duplicação, já só se reflete sobre *um vazio*: a consciência da consciência da sensação torna-se aqui consciência da consciência de um vácuo, que é consciência de uma *consciência vazia*. Ou seja: consciência de *um eu*, sendo o eu essa consciência vazia que se enche de todos os vazios (ou *carências*, se o referimos ao seu oposto simétrico, o eu ideal), de todas as formas que pode adotar a distância entre a sensação e a consciência; e esta consciência de um eu dá-se ao sujeito como consciência de si próprio. Eis como, ao fixar uma "consciência de sensação de vazio", a consciência constrói uma figura do eu vazio, nulo, falhado. Uma vez construído, o eu absorve, chamando a si, qualquer outra sensação que possa aparecer no campo da consciência, para ser analisada; ou antes, afasta-a, ocupando-se apenas da distância entre ela e a consciência, para fazer desta uma nova sensação de vazio e alimentar o vácuo interno do eu. "Tabacaria" ilustra maravilhosamente este processo.

Porém, sendo uma ficção criada pelo heterônimo, este eu não se confunde de modo nenhum com ele. O eu-falhado de Álvaro de Campos não é o heterônimo-poeta Álvaro de Campos, mas uma das suas múltiplas figuras. Precisamente, o eu não produz multiplicidades; pelo contrário, enquistado, por sua vez enquista, paralisa e obstrui a passagem dos fluxos. Mas, tratando-se de uma construção artificial, de uma figura ou representação, este eu (de Álvaro de Campos, de Fernando Pessoa ortônimo, de Bernardo Soares) não quebra o fluxo da expressão. Mas como, para parecer "autêntico", "verídico", é também preciso que ele pareça paralisar o movimento das multiplicidades, estabelece-se um jogo sutil no plano da expressão entre a singularidade e o eu, permitindo passar de um ponto de vista (por exemplo, o da singularidade) ao seu oposto (o do eu). Este movimento (tão característico de "Tabacaria") impede o enquistamento, graças à oscilação constante entre os dois pontos de vista. Ora, um dos principais operadores desta reviravolta, na poesia de Pessoa, é o *paradoxo*.

Já se escreveu muito sobre o paradoxo em Fernando Pessoa.[66] Aqui, abordaremos apenas um aspecto menor, a função do paradoxo no jogo singularidade-eu.

O paradoxo é a arte de dizer uma coisa dizendo o seu contrário ou uma coisa diferente: "O mito é o nada que é tudo"; "fingir é conhecer-se"; etc. No paradoxo, são afirmados dois enunciados que, contradizendo-se aparentemente, se esclarecem um ao outro. Podemos adotar o ponto de vista de "fingir": é, com efeito, conhecer-se segundo a arte da simulação poética. Ou adotar o ponto de vista de "conhecer-se": inversamente, posso encarar o conhecimento de mim próprio como um fingimento, uma ficção, uma ilusão – basta escolher ora um, ora outro dos dois sentidos de "fingir".[67]

---

66 E mais ainda sobre a ironia; estranhamente pouco sobre o humor – embora Pessoa seja cheio de humor, de um humor que adota múltiplas formas e que pode também ser acerado, irônico. Da ironia, Pessoa dava a seguinte definição: "dizer uma coisa para dizer o contrário. A essência da ironia consiste em não se poder descobrir o segundo sentido do texto por nenhuma palavra dele, deduzindo-se porém esse segundo sentido do fato de ser impossível dever o texto dizer aquilo que diz" (por exemplo Swift, quando propõe aos ingleses, o mais seriamente possível, que comam os seus próprios filhos para resolver o problema da fome) (OPP, II, p. 1303, "O provincianismo português", 1928).

67 Longe de se reduzir a um jogo gratuito, o paradoxo representava para Pessoa um meio de explorar a realidade; ou antes, um meio sério que integrava o jogo e a sua gratuidade – mas só aparentemente, como jogo ainda de uma atividade mais profunda. Em determinada época, Pessoa parece ter procedido a uma busca sistemática de enunciados paradoxais, para "ideias literárias". Em fragmentos de um "diário" de 1913, escreve frequentemente: "Tive várias ideias para paradoxos". Depois, estas anotações cessam e surgem em vez delas frases como: "Tive algumas ideias literárias" (OPP, II, p. 91). Num texto não datado do *Livro do desassossego*, lê-se: "Pensar em frases que se contradigam, falando alto em sons que não são sons e cores que não são cores.

A arte de fingir e de simular é paradoxal: eu é um outro, a sensação que sinto não é aquela que sinto. A *Autopsicografia* exprime-se por meio de paradoxos: o poeta chega ao ponto de fingir a dor que sente realmente. A dor não é fingida nem real, é construída. A arte poética da insinceridade diz-nos que não se trata nem simplesmente de simular, nem unicamente de se conhecer a si próprio, fingindo ser-se um outro, mas de se construir como um outro; pois só construindo-nos assim nos podemos conhecer fingindo.

O paradoxo não é um simples enunciado, a realidade é paradoxal, o paradoxo exprime a sua essência. O devir-outro (1 = 2) é paradoxal, as aporias do tempo (que Fernando Pessoa tão frequentemente utiliza) manifestam a sua natureza paradoxal.

Interessa-nos particularmente uma função (entre outras) que Pessoa atribui ao paradoxo: este permite-lhe mudar de ponto de vista, passar de um eu fixo à singularidade móvel, e desta àquele – detendo ou libertando, conforme se queira, o curso do fluxo da expressão. Por exemplo, neste poema de Álvaro de Campos:

> Depus a máscara e vi-me ao espelho.
> Era a criança de há quantos anos.
> Não tinha mudado nada...
> É essa a vantagem de saber tirar a máscara.
> É-se sempre a criança,
> O passado que foi
> A criança.
> Depus a máscara, e tornei a pô-la.
> Assim é melhor,
> Assim sem a máscara.
> E volto à personalidade como a um términus de linha[68]

Retiro a máscara: começo por aparecer como uma criança (dando ao leitor a impressão de saber distinguir bem a realidade da máscara). Todavia, torno a pôr a máscara e escrevo este enunciado paradoxal: sim, é melhor assim, sem máscara. Descubro repentinamente que a infância

---

Dizer e compreendê-lo, o que é aliás impossível – que temos consciência de não ter consciência, e que não somos os que somos. Explicar tudo isto por um sentido oculto e paradoxo que as coisas tenham..." (LD, II, 370, pp. 111-2).

[68] OPP, I, p. 1005-6.

é uma outra máscara, que ela é também uma construção ("É-se sempre o passado que foi a criança"). Portanto, é melhor assim, "sem máscara"; mas esta imagem de mim, sem máscara, só a tenho depois de ter tornado a pôr a máscara: o "sem máscara" é uma máscara. A prova é que regresso à personalidade como a um términus de linha.

As reviravoltas sucessivas devem-se às mudanças de ponto de vista; e estas são possíveis devido à natureza paradoxal da realidade. Este poema que reconstitui o caminho inverso do da *Autopsicografia* (que descreve a formação da máscara) realiza a proeza de construir o eu *final* no termo de uma série de reviravoltas (já que as reviravoltas são sempre possíveis, é preciso também saber *construir* o fim da sua série, sem que seja possível nova reviravolta): mostra assim que o eu é uma construção, uma ficção – aquela que nos faz crer *numa* "verdade" de nós próprios, "sem máscara", a nossa "personalidade" – que já não deixa espaço aberto para outras reviravoltas, para o devir, para outras expressões. O poema acaba no términus de linha.

Aqui, Álvaro de Campos utiliza o paradoxo para provar *a contrario* a essência paradoxal do real. Outros textos o demonstram de outras maneiras. O mesmo acontece com o sonho: posso sonhar a vida; posso sonhar uma vida sem sonho. Se o artifício do sonho o separa da vida, é para melhor o aproximar dela: ambos são suscetíveis de se abrir por "inclusão especular". Estrutura que, embora mantendo a dicotomia sonho/realidade, a rebate sobre o sonho, incluindo-a nas possibilidades internas deste. A arte do sonhador revela-se, assim, de imediato, como uma arte do paradoxo: o sonhador pode sempre e ao mesmo tempo afirmar uma coisa e o seu contrário.

O certo é que a obra de Pessoa fervilha de enunciados aparentemente contraditórios, sempre paradoxais: ora faz o elogio da vida, da sua riqueza, da sua diversidade, da sua força; ora a acha insuportável, mesquinha, estreita; ora diz que, quanto mais é múltiplo, mais é ele próprio, ora afirma que se perdeu à força de tanto se multiplicar; etc. O sonho pode até (como essa reviravolta que conduz à personalidade-términus de linha) voltar-se contra o próprio sonhador: depois de ter dito e repetido que não é senão um sonhador, que consagrou toda a sua vida ao sonho, Bernardo Soares escreve inesperadamente: "Quem tenha lido as páginas deste livro, que estão antes desta, terá sem dúvida formado a ideia de que sou um sonhador. Ter-se-á enganado se a formou. Para ser sonhador falta-me o dinheiro."[69]

---

[69] LD, II, 377, p. 123.

No jogo de reviravoltas da singularidade ao eu, não há verdadeira simetria e sabemos já por quê: a singularidade é diferente do eu, é ela que fabrica o eu, ela que se torna um outro. Ilustraremos ainda esta diferença com um texto muito curioso, em que o paradoxo que faz de um (singularidade) um outro (eu) se estende à qualidade das sensações, se duplica e se cinde no próprio interior do eu: trata-se de um processo de transformar em prazer a dor provocada pela intensidade das sensações: "Outro método, mais sutil esse e mais difícil, é habituar-se a encarnar a dor numa determinada figura ideal. Criar um outro Eu que seja o encarregado de sofrer em nós, de sofrer o que sofremos. Criar depois um sadismo interior, masoquista todo, que goze com o seu sofrimento como se fosse de outrem."[70] Criar um eu masoquista, que sofre como um outro, mas cujo sofrimento transformado em gozo se transmita ao sujeito; sujeito de fruição que, assim, se forja um outro eu, um eu sádico de fruição: enquanto a dor é transferida para o outro-masoquista, o prazer deste último cabe a um sujeito do sadismo.

Se todo o devir-outro é paradoxal, nem todos os enunciados de paradoxos pressupõem um devir-outro. O paradoxo pode desenvolver-se, por assim dizer, no vazio e criar apenas um simulacro: é o caso das duplicações operadas no interior do sonho, que não implicam necessariamente um devir. O não sonhador, produto do sonho de uma vida sem dinheiro, é certamente uma semibrincadeira de momento. Outros artifícios, como a ironia ou o humor, podem enxertar-se nos processos de simulação – e temos então não devires-outros, mas puras brincadeiras. Como os modos de proceder são muito próximos, parece por vezes difícil distingui-los.[71] Mas, uma vez estabelecido um critério seguro da heteronímia – poeta-criador de multiplicidades, ou seja, uma figura dramática "durável" –, e uma vez fundamentado este critério na compreensão dos processos do devir-heterônimo, a questão da simulação fictícia já só se coloca quanto a certos aspectos menores da obra de Pessoa,[72] que só remotamente têm a ver com a criação poética.

×××

70 LD, II, 308, p. 41.

71 Fernando Pessoa confessou que um dos seus poemas, "Paúis", bem como o projeto de publicação de um "Manifesto do interseccionismo" eram brincadeiras (carta a Cortes-Rodrigues de 19/1/1915). Nesta mesma carta, reivindica como autêntica toda a obra heterônima.

72 Como o "caso", inteiramente forjado, do "assassinato" de Aleister Crowley (OPP, II, p. 1285).

"Tabacaria" condensa, ilustra e utiliza todos os processos da arte da insinceridade: Álvaro de Campos joga com o eu, nega o sujeito do devir e do sonho para melhor o afirmar, passa de reviravolta em reviravolta até à vertigem; e, no momento em que parece pôr-nos de novo de pés no chão – numa realidade desoladora –, parte, bate as asas, deixando-nos não sozinhos diante do dono da tabacaria, mas habitados por não sei que extraordinária "emoção metafísica" irrompendo da mediocridade menos metafísica do mundo.

Neste poema, a realidade chã e despojada de sonhos parece, desde o início, levar a melhor: o poeta parece falar do seu ponto de vista – do ponto de vista do "outro lado da rua", onde fica a tabacaria. A rua separa duas séries de oposições equivalentes que, atravessando o poema, podem fazer crer numa simples estrutura dicotômica: realidade/sonho, nada/tudo (não sou nada, fui tudo em sonho), eu-falhado/eu-ideal (gênio), fora/dentro, tabacaria/sensações, partida (distância)/proximidade. Para que lado da rua olha o poeta? Diz-se "dividido entre a lealdade que devo/ à Tabacaria, do outro lado da rua, como coisa real por fora,/ e a sensação de que tudo é sonho, como coisa real por dentro". E, no entanto, parece encarar, sem ambiguidades, toda a sua existência a partir do ponto de vista da realidade: falhei em tudo, não sou nada, todos os meus sonhos se desfizeram como ilusões, "serei sempre o da mansarda".

Se o poeta está dividido, não é em dois, mas em três: ele situa-se não do lado de uma das séries, observando a outra, não do lado da *rua*, observando as suas emoções (nem do lado destas, observando a rua), mas já, e sem que disso nos apercebamos, sob a aparente simplicidade dicotômica da classificação, em múltiplos lados ao mesmo tempo: está do lado de lá, do lado de cá, vê-se daqui como se se visse de lá, sonhando, aqui, do outro lado da tabacaria, com o que será estar aí e ser olhado de lá de cima. A estes dois lados da rua correspondem o eu-falhado e o eu-ideal; mas o sujeito que se move incessantemente, que incessantemente passa de um lado para o outro, é a singularidade plástica que não se vê, que não é nomeada. O seu movimento determina toda a dinâmica do poema.

Desde o início, o imbricamento: sonho com uma vida ideal; este sonho produz uma vida real falhada, sem sonhos; mas esta realidade que fala contra o sonho é, ela própria, ainda construída graças ao sonho – ou seja, à arte poética. "Tabacaria" levará às suas últimas consequências esta estrutura de inclusão, chegando a desacreditar a arte (e a sua metafísica) para melhor – e mais enigmaticamente, mais "metafisicamente" – a afirmar.

O eu-ideal ou sonhado (maior que Napoleão, que Cristo, que Kant), depois de se ter manifestado em oposição ao eu-falhado, apresenta-se como seu universo complementar, o eu não é nada porque os seus sonhos nunca foram realizados. Note-se que o eu-falhado resulta das duplicações da consciência sobre o intervalo entre a sensação e a consciência, que adapta aqui as formas da distância, da divisão entre si e si, da estranheza do mundo – que se reúnem todas numa sensação de vazio do eu.

Desde o início, os dados parecem estar lançados: não sou nada, sou apenas um sonhador que acreditou nos seus sonhos, destruídos pela realidade. Mas o que é essa realidade que se encontra "do outro lado da rua", essa realidade sem sonhos? O resultado de uma construção; mas que se apresenta como a "verdadeira", a única, realidade. Como o sonho é o mecanismo essencial da arte poética, aquele que, por negar a ação, produz as sensações mais diversas, mais intensas, mais abstratas, a realidade enquanto inverso do sonho deve conter as sensações mais monótonas, mais tênues, menos trabalhadas. Em suma, se esta maneira de negar a ação, própria do sonho, cria a poesia enquanto tal, a negação do sonho deverá fazer surgir uma realidade (e uma ação) que liquide toda a poesia. "Tabacaria" trata não da origem da poesia, mas do seu fim: dos processos de liquidação da emoção metafísica, ou seja, muito simplesmente, da emoção poética.[73]

Esta realidade chã e esvaziada de toda a emoção metafísica não pode, portanto, encerrar nem multiplicidades, nem devires-outros, nem heterônimos; pelo contrário, deve representar o seu inverso. Mas o que é o inverso de uma multiplicidade? São *séries homogêneas* produzidas pelo eu, séries que engendram entropia; falsas multiplicidades. A realidade começa por dar-se como negação do sonho, e o sonho prolifera em multiplicidades; a realidade apresentar-se-á então sob o aspecto de séries homogêneas e homogeneizantes, entrópicas: todos os sonhos de ação passam a equivaler-se no mesmo fracasso; todos os humanitarismos e religiões sonhados têm o mesmo valor enquanto ficção; todos os sistemas filosóficos pensados se assemelham na irrealização. Já não há diferenças, mas um rosto único. Em toda a parte, a massificação do eu:

---

[73] Ao contrário da "Ode marítima", que, como vimos, reconstitui o caminho da construção dessa emoção. Tal como a "Ode" não é única na sua qualidade de poema que se constrói descrevendo a sua própria construção, há muitos poemas (nomeadamente de Álvaro de Campos: aqueles onde a realidade chã vem destruir todos os sonhos) que dizem (poeticamente) esse fim da poesia. "Tabacaria" é, sem dúvida, o mais perfeito, o mais rico, o mais pungente.

sou apenas um entre milhões, todos semelhantes, que se julgam gênios como eu. O inimigo das multiplicidades são as séries entrópicas. É prova disso a ausência quase completa em "Tabacaria" do adjetivo indefinido "todos", que, em todos os outros poemas de Álvaro de Campos, surge inevitavelmente para designar a multiplicidade – e cuja função já examinamos. Aqui, quando o poeta fala dos sonhos falhados, ou da série de desaparecimentos das coisas no tempo, ou de qualquer outra série, nunca aparece a palavra "todos".

Mais eis que, de súbito, se manifesta a natureza específica da construção dessa sensação não metafísica de um eu-falhado e de uma realidade serial, indiferenciada e oca. No próprio momento em que atinjo a extrema negação e desvalorização do sonho, opero uma reviravolta e inscrevo todo "esse desprezo sem lágrimas", que a mim próprio consagro, em versos, na "caligrafia rápida destes versos"; e o gesto pelo qual me confesso falhado parece "nobre". Serei eu nobre, apesar de tudo? Não será querer ainda salvar um resto de sonho? Dobro a consciência sobre si própria, uma vez mais: e eis que escrevo isto, estes versos, para "provar que sou sublime". Doravante, a minha miséria não tem saída. Definitivamente? Não: dá-se uma nova reviravolta e, no preciso momento em que estou "calcando aos pés a consciência de estar existindo", e apesar da desvalorização a que condenei a poesia, a "essência musical dos meus versos inúteis" contém ainda uma derradeira promessa de vida (e de sonho). Para não sonhar, para destruir todo o sonho, é preciso viver como o dono da tabacaria. Este surge à porta da loja, trazendo consigo a realidade.

A estrutura de inclusão da consciência, em vez de abrir para o exterior, retrai-se, absorvendo todo o conteúdo (até mesmo a poesia que o poeta está a escrever), encurralando o eu em si mesmo, como eu-real-nada. A negação do sonho é acompanhada por uma negação de toda a realidade correspondente ao sonho, pois esta poderia estar ainda impregnada de sonho: talvez eu só tenha existido como um autômato (eu-vazio), como o lagarto existe na sua cauda cortada que ainda mexe: passa-se aqui do eu-sonhado ao eu-falhado, identificado com uma vida puramente animal. E é o paradoxo que opera estas mudanças de ponto de vista:

Vivi, estudei, amei, e até cri,
E hoje não há mendigo que eu não inveje só por não ser eu.
Olho a cada um os andrajos e as chagas e a mentira,
E penso: talvez nunca vivesses nem estudasses nem amasses nem cresses
Porque é possível fazer a realidade de tudo isso sem fazer nada disso;

Talvez tenhas existido apenas, como um lagarto a quem cortam o rabo
E que é rabo para aquém do lagarto remexidamente[74]

Quando surge o dono da tabacaria, irrompe no poema uma coisa extraordinária, um simulacro de plano de consistência, uma espécie de corpo--pleno todo esburacado: a superfície do tempo (onde se constroem as séries homogêneas), que engole toda a realidade, a do sonho e a do dono da tabacaria. Simulacro do plano de consistência, porque nele "coexistem" (na morte) o sonho e a realidade. Tempo de ruína e de nada, que se estende da tabacaria à rua, da rua ao país, do país ao planeta e, por fim, ao sistema solar e para além deste.

A lógica das reviravoltas continua, porém: depois das séries de ruína como inverso das multiplicidades surgem as (falsas) séries de vida, como inverso das primeiras. As séries de morte são bruscamente reforçadas por outras séries – é certo que sempre semelhantes, sempre entrópicas, mas também sempre proliferantes, infinitamente repetitivas:

Morrerá depois o planeta girante em que tudo isto se deu.
Em outros satélites de outros sistemas qualquer coisa como gente
Continuará fazendo coisas como versos e vivendo por baixo de coisas como tabuletas

Assim se prepara a apresentação da realidade chã, lisa, desprovida de metafísica, pior do que a morte:

Sempre uma coisa defronte da outra,
Sempre uma coisa tao inútil como a outra,
Sempre o impossível tão estúpido como o real,
Sempre o mistério do fundo tão certo como o novo de mistério da superfície,
Sempre isto ou sempre outra coisa ou nem uma coisa nem outra.

A realidade já não é de morte nem de vida, são séries *despojadas de sensações*. A realidade esvaziou-se de toda a emoção, de toda a força, de toda a metafísica. Este esvaziamento significa a neutralização emocional

---

[74] Assinale-se que os versos que se seguem imediatamente a estes repetem o tema do poema antes comentado ("Depus a máscara..."). Aqui, Álvaro de Campos retira a máscara, olha-se e encontra apenas um homem envelhecido. Criança ou velho, é a mesma coisa, quando se trata da "personalidade-términus de linha".

do real; e se, como fundamento da construção da emoção metafísica, há uma *exclusio oppositorum* por síntese às avessas que abre o espaço do mistério, a construção da sensação de ausência da emoção metafísica (que, numa primeira abordagem, se apresenta como ausência de qualquer sensação), a neutralização emocional da realidade implicam a equivalência absoluta dos contrários e dos não contrários, de todas as forças e de todas as coisas ou não coisas: "sempre isto ou sempre outra coisa ou nem uma coisa nem outra."

"Mas" eis que entra um homem na tabacaria,[75] "e a realidade plausível cai de repente em cima de mim". Que quer isto dizer? Então todas estas séries não pertenciam à ordem da realidade plausível? Não era ainda metafísica, "especulações" de que o poeta se sente libertado pelo fumo do cigarro.[76]

Este cigarro precipita uma cascata de reviravoltas: o poeta escreve versos para dizer que vai escrever versos em que dirá o contrário (ou seja, que a realidade não é vazia) – assim querendo abolir esses mesmos versos, esses versos reais que escreve, querendo dar um golpe definitivo à própria *ação* de escrever. Ele (o poeta falhado) pretende assim negar toda a metafísica poética, toda a poesia, toda a expressão – já que é precisamente da expressão que se serve. A *cascata de reviravoltas transforma-se numa série entrópica em que tudo se equivale* – atinge-se o último grau de esvaziamento da realidade, em que se mina a própria construção do objeto poético.

Todavia, toda esta arquitetura se volta contra si própria; (ainda) graças a uma (última) reviravolta. Enquanto nega o ato de escrever o poeta continua a escrever (e a instaurar, portanto, a poesia como sonho). Surge então a série inversa (que esteve sempre subentendida e agora se manifesta): escrevo versos para dizer que não escrevo, para dizer o contrário daquilo que escrevo. Em suma: por um lado, nego a escrita, a poesia e a emoção metafísica em nome da realidade chã e vazia; por outro, escrevo para afirmar a escrita poética. E *da exclusão destas duas séries pela sua síntese às avessas* nasce a estranha emoção metafísica final, inscrita nos seguintes versos:

---

[75] Antonio Tabucchi (em *Pessoana mínima*. Lisboa: IN/CM, 1984), num interessante comentário sobre "Pessoa, Campos e os cigarros", deu toda a sua importância a este "Mas".

[76] Segundo a brilhante análise de Tabucchi. Talvez se deva também ter em conta a estrutura de inversões imbricadas que parte deste cigarro: o poeta acende-o quando pensa em escrever versos "em que diz o contrário".

O homem saiu da Tabacaria (metendo troco na algibeira das calças?).
Ah, conheço-o: é o Esteves sem metafísica.
(O Dono da Tabacaria chegou à porta.)
Como por um instinto divino o Esteves voltou-se e viu-me.
Acenou-me adeus gritei-lhe Adeus ó Esteves!, e o universo
Reconstruiu-se-me sem ideal nem esperança, e o Dono da Tabacaria sorriu.

4. A VIDA

A arte da insinceridade não propõe nenhuma moral, nenhuma filosofia de vida: diz respeito apenas à arte poética. Se se fizer questão de ver nela uma prescrição de comportamentos e atitudes, diremos que tal prescrição se limita ao domínio daquilo que convém fazer para se ser bem-sucedido na aprendizagem dessa tão difícil técnica da simulação.[77] A heteronímia ou o devir-outro não ensinam nem a relatividade, nem a equivalência das crenças e das opiniões, nem o ceticismo, nem o ecletismo,[78] embora certos textos de Pessoa possam ter favorecido interpretações deste tipo.[79] Quando o poeta recomenda que não se tenha

---

[77] "A sinceridade é o grande obstáculo que o artista tem a vencer. Só uma longa disciplina, uma aprendizagem de não sentir senão literariamente as coisas, podem levar o espírito a esta culminância" (OPP, III, p. 30).

[78] Como observou Eduardo Lourenço em *Fernando, rei da nossa Baviera* (Lisboa: IN/CM, 1986, p. 140).

[79] Eis um desses textos: "Um homem pode percorrer todos os sistemas religiosos do mundo num só dia com perfeita sinceridade e trágicas experiências da alma. Para o poder fazer, tem de ser um aristocrata – no sentido em que empregamos esta palavra. Afirmei certa vez que o homem culto e inteligente tem o dever de ser ateu ao meio-dia, quando a luz e a materialidade do sol tudo penetram, e um católico ultramontano na hora precisa depois do sol-pôr, quando as sombras ainda não concluíram o seu lento envolvimento da presença nítida das coisas. Houve quem pensasse tratar-se de uma brincadeira. [...] Havendo-me habituado a não ter crenças nem opiniões, não fosse o meu sentimento estético enfraquecer, em breve acabei por não ter qualquer personalidade, exceto uma personalidade expressiva; transformei-me numa mera máquina apta a exprimir estados de espírito tão intensos que se converteram em personalidades e fizeram da minha própria alma a mera casca da sua aparência casual [...]. Isto não significa que nenhum sensacionista deva ter opinião política; significa, sim, que, como artista, não terá necessariamente nenhuma e terá todas. [...] A sinceridade é o grande crime artístico. A insinceridade é o crime que se lhe segue. O grande artista nunca deveria ter uma opinião verdadeiramente fundamental e sincera acerca da vida. Mas isso deveria dar-lhe a capacidade de sentir sinceramente, mais, de ser absolutamente sincero acerca fosse do que fosse durante determinado espaço de tempo – o necessário, digamos, para conceber e escrever um poema" (PI, pp. 215-6).

nenhuma opinião (política, religiosa, filosófica) para as ter todas, situa-se num plano que não é o das ideias – afirma o plano artístico como plano superior de experimentação da insinceridade, ou seja, da técnica poética. Afirma, sobretudo, através deste paradoxo (não ter nenhuma opinião e tê-las todas), que é preciso fazer fluir os fluxos de sensações, suscitar o máximo de ideias e emoções que produzem fluxos de expressão: não se fixar numa opinião e atravessá-las todas.

Quando se acreditou que a cada heterônimo correspondia uma verdade criou-se um falso problema: haverá um "verdadeiro" Fernando Pessoa? Estará ele em Caeiro, em Reis, em todos ao mesmo tempo? Será Campos-falhado ou Campos-sonhador? E como compreender – se compreender é "unir" – que Fernando Pessoa seja múltiplo?

Uma ideia estranha veio então instalar-se em boa parte da exegese pessoana: a ideia de que Fernando Pessoa construiu toda a sua obra em torno de uma negação fundamental da vida. Tendo dificuldade em aceitar que a lógica das multiplicidades seja uma lógica do pleno (porque sempre pressupunham um eu por trás dela), os críticos fizeram dele o poeta do não ser, do nada, do "não amor", da ausência; transformaram-no em "fantasma", naquele "que não existiu", que não soube amar, que não soube viver, habitado por um vazio central "ontológico".[80] Vítima das suas acrobacias egoicas, Fernando Pessoa ter-se-ia perdido nos seus labirintos interiores – daí todo um *pathos* trágico-existencial, que a neutralidade dos estudos linguísticos não conseguiu atenuar.

É estranho nunca ver evocada esta evidência: o *poder de vida* desta obra (poder que é o de toda a "grande poesia", diria Pessoa).

Num plano menos geral, Fernando Pessoa explicou-se muitas vezes, algumas delas longamente, acerca das suas relações com "a vida". De um modo que não deixa margem para ambiguidades ou simples paradoxos permitindo afirmações em contrário. É exemplo a seguinte passagem do

---

Ver também o "Ultimatum"; e ainda, no *Livro do desassossego*, um texto que fala de um momento em que Bernardo Soares se viu "na sua verdade nua", como se houvesse uma verdade acerca dele – e que se alimenta da mesma cascata de reviravoltas que "Tabacaria" (LD, I, 199, pp. 227-9).

80 Uma observação sobre um crítico, que define também Pessoa por um vazio: Adolfo Casais Monteiro, um dos raros, entre as primeiras gerações de comentadores portugueses, cuja generosidade crítica (mas sem complacências) só era igualada pela do próprio Pessoa; que não confundia os problemas do seu eu pessoal com a exegese de Fernando Pessoa; e cuja inteligência clara e penetrante deixa no leitor uma frescura pouco habitual, um sentimento *de vida*, muito raro nos comentários à obra pessoana.

Livro do desassossego, em que, depois de ter exposto as razões que o condenaram a "fugir à vida", fugir ao seu contato (porque tem "a experiência do [seu] temperamento em contágio do mundo"), escreve: "Nunca encarei o suicídio como uma solução, porque eu odeio a vida por amor a ela."[81] Ou ainda, a mesma ideia expressa-se através de dois paradoxos opostos e que dizem, portanto, uma única coisa: "Quero de mais à vida, para que a possa desejar vida; quero de mais a não viver para ter sobre a vida um anseio demasiado importuno."[82] Aqui se cruzam vários sentidos das palavras "vida" e "viver", opondo-se e reunindo-se todos na afirmação de uma vida mais intensa e mais rica do que a vida...

Uma coisa é certa: toda a investigação e experimentação de Pessoa (expressa e descrita, sobretudo por Bernardo Soares) visam produzir Vida – mesmo que seja necessário passar pela aparente negação ou, mais exatamente, pelo "pôr entre parênteses" da vida comum e da ação. Pessoa disse-o repetidamente, fundamentando esta ideia na sua arte poética.

Tantas experiências extraordinárias sobre si próprio, tantas vidas vividas em tão pouco tempo ("envelheci pelas sensações"), tantas regiões incríveis da alma visitadas, tanta inteligência consagrada à criação de dispositivos geradores de fluxos de vida, tanta arte na construção de todos os tipos de sensações – de plenitude e de vazio, de vida e de ausência de vida, de amor e de desertificação de si (pois "grandes são os desertos e tudo é deserto"), da ternura mais pungente ou da mais extrema ausência de ternura e de humanidade no seu formidável devir-inumano – tanta atividade, tanta produtividade, um tão incessante trabalho concentrado numa obra, não puderam realizar-se sem uma enorme capacidade de sentir, de pensar, de assimilar a vida para a preservar, a aumentar e a recriar.

Pessoa estava ébrio de sensações, embriagava-se de viver; Soares, o imperceptível, alguma coisa sabia disso: "Cada qual tem o seu álcool. Tenho álcool bastante em existir. Bêbado de me sentir, vagueio e ando certo. Se são horas, recolho ao escritório como qualquer outro. Se não são horas, vou até ao rio fitar o rio, como qualquer outro. Sou igual. E por trás disso, céu meu, constelo-me às escondidas e tenho o meu infinito."[83]

Um céu apenas na sua cabeça? Um infinito apenas em sonho? Eis que um outro, companheiro de Soares em experimentações de todo o tipo, mas bem perceptível este, ruidoso, móvel, sem fé, sem lei, astucioso,

---

81 LD, I, 226, p. 251.
82 LD, II, 380, p. 126.
83 LD, I, 55, pp. 60-1.

multiforme e mistificador, trágico e raciocinador, sempre cansado e viajante incansável das sensações, Campos, o incomparável, extravazando-se incessantemente, aplicando as suas forças a todas as metamorfoses da vida – tem também a sua palavra a dizer:

Tenho desejo forte,
E o meu desejo, porque é forte, entra na substância do mundo.

Dados Internacionais de Catalogação na Publicação (CIP) de acordo com ISBD

G463f   Gil, José

Fernando Pessoa, ou a metafísica das sensações / José Gil ; traduzido por Miguel Serras Pereira, Ana Luisa Faria. - n-1 edições, 2020.
240 p. ; 16cm x 23cm.

Tradução de: Fernando Pessoa, ou La metaphysique des sensations
Inclui índice.
ISBN: 978-65-86941-11-1

1. Literatura portuguesa. 2. Fernando Pessoa. I. Pereira, Miguel Serras. II. Faria, Ana Luisa. III. Título.

2020-1341   CDD 869
     CDU 821.134.3

Elaborado por Vagner Rodolfo da Silva - CRB-8/9410

Índice para catálogo sistemático:
1. Literatura portuguesa 869
2. Literatura portuguesa 821.134.3

n-1

O livro como imagem do mundo é de toda maneira uma ideia insípida. Na verdade não basta dizer Viva o múltiplo, grito de resto difícil de emitir. Nenhuma habilidade tipográfica, lexical ou mesmo sintática será suficiente para fazê-lo ouvir. É preciso fazer o múltiplo, não acrescentando sempre uma dimensão superior, mas, ao contrário, da maneira mais simples, com força de sobriedade, no nível das dimensões de que se dispõe, sempre n-1 (é somente assim que o uno faz parte do múltiplo, estando sempre subtraído dele). Subtrair o único da multiplicidade a ser constituída; escrever a n-1.

Gilles Deleuze e Félix Guattari

n-1edicoes.org